AUTISMUS

AUTISMUS

Ein kognitionspsychologisches Puzzle

Uta Frith

Aus dem Englischen übersetzt
von Gabriele Herbst

Spektrum Akademischer Verlag   Heidelberg · Berlin · New York

Originaltitel:
Autism. Explaining the Enigma.

Aus dem Englischen übersetzt von Dr. Gabriele Herbst

Die Deutsche Bibliothek – CIP-Einheitsaufnahme
Frith, Uta:
Autismus : ein kognitionspsychologisches Puzzle / Uta Frith.
Aus dem Engl. übers. von Gabriele Herbst. – Heidelberg ; Berlin ; New York :
Spektrum, Akad. Verl., 1992
ISBN 3-86025-058-2

Englische Erstausgabe 1989 bei Basil Blackwell, Ltd., Oxford in der Reihe Cognitive Development.
All rights reserved

Lektorat: Katharina Neuser-von-Oettingen, Margit Conrad (Assistenz)
Produktion: Brigitte Achauer, Susanne Tochtermann
Titelbild: Design Studio Henri Wirthner, Gengenbach
Druck und Verarbeitung: Colordruck Kurt Weber GmbH, Leimen

Spektrum Akademischer Verlag   Heidelberg • Berlin • New York

EIN VERLAG DER SPEKTRUM FACHVERLAGE GMBH

Gedruckt auf umweltfreundlichem Papier

Für Chris, Martin und Alex

Inhalt

Danksagung

Als ich anfing, am Institute of Psychiatry in London zu studieren, war Chris Frith mein erster Studienberater. Er unterrichtete mich nicht nur in Psychologie, sondern auch in Englisch. Chris ist mein erster und wichtigster Fachkollege, der alle Gedanken, die in diesem Buch formuliert werden, mitdiskutiert und umgestaltet hat, lange bevor sie experimentell geprüft waren und lange bevor irgendeiner davon niedergeschrieben wurde.

Beate Hermelin und Neil O'Connor regten mich an, nach einer Erklärung für Autismus zu suchen. Sie zeigten mir, daß man die Methoden der allgemeinen, kognitiven Psychologie auch auf die Probleme im Zusammenhang mit Entwicklungsabweichungen anwenden kann. Darin und in vielen anderen Dingen haben sie mich immer durch ihr Beispiel geleitet.

John Morton ist dafür verantwortlich, daß dieses Buch überhaupt geschrieben wurde. Er lehrte mich, mich nicht vor der Theorie zu fürchten und mir von den Daten nicht die Illusion von Wahrheit vorspiegeln zu lassen. Alan Leslie diskutierte mit mir Schritt für Schritt den theoretischen Rahmen und trug ständig zur Verfeinerung der Ideen bei, die hinter dem Text stehen. John und Alan haben beide die verschiedenen Entwürfe jedes Kapitels gelesen. Jedesmal führten ihre kritischen Anmerkungen zu tiefgreifenden Veränderungen von Form und Inhalt. Die Entwürfe wurden dann von vielen Sekretärinnen unter der Leitung von Amy Davies und Doris Long mehrmals und mit großer Geduld und Sorgfalt abgetippt.

Zahlreiche andere Freunde haben Teile des Buches gelesen und kommentiert. Ohne ihren fachlichen Rat wäre es viel schlechter und ungenauer geworden. Danken möchte ich insbesondere meinen Kollegen* von der Cognitive Development Unit, Mike Anderson, Rick Cromer, Mark Johnson und Annette Karmiloff-Smith. Ich danke auch Christopher Gillberg, Josef Perner, Ros Ridley, Mike Rutter und Deirdre Wilson für ihr wertvolles Feedback zu den Kapiteln, die sie gelesen haben.

Lorna Wing hat mir gewissenhafte Hilfe zuteil werden lassen, als ich mich mit epidemiologischen Untersuchungen und mit Langzeitstudien zur Entwicklung autistischer Kinder beschäftigte. Meine Freundin Heide Grieve hat mich bei historischen und literarischen Themen beraten. Philip Carpenter machte

---

* Die in diesem Buch verwendeten allgemeinen Maskulinformen schließen immer auch die jeweiligen Femininformen ein.

nützliche Vorschläge zum Aufbau verschiedener Kapitel des Buches. Vielleicht der erfreulichste Aspekt der Arbeit an dem Buch war die Zusammenarbeit mit Axel Scheffler. Ich erinnere mich an die vielen Zeichnungen, die er verwarf, bis er endlich meinte, daß seine wundervoll unkonventionellen Illustrationen genau das ausdrückten, was beabsichtigt war. Während der langen Zeit, in der ich an dem Buch geschrieben habe, ermutigten und ermunterten mich meine Söhne Martin und Alex oft, ganz zu schweigen von ihrer lebhaften, aber konstruktiven stilistischen Kritik!

Großen Dank schulde ich Anthony Attwood, Simon Baron–Cohen, Amitta Shah, Digby Tantam und Rita Jordan. Durch ihre kreativen und sorgfältigen Doktorarbeiten ließen sie mich den Autismus besser verstehen und leisteten so einen wichtigen Beitrag zu diesem Buch. Ich danke ihnen für ihre kritische Lektüre einiger Kapitel des Buches, doch noch mehr für ihren wichtigen Beitrag zu seinem Gehalt. Siné McDougall, Fran Siddons und Francesca Happé haben mir erst im Stadium des Korrekturlesens geholfen, doch ihre Hilfe und ihre Begeisterung waren unschätzbar.

Es gibt weitere Freunde, von denen ich viel über Autismus gelernt habe und die für mich vorbildliche Lehrer von autistischen Kindern sind. Insbesondere Wendy Brown, Mick Connelly, Sibyl Elgar und Elizabeth Graves haben meine Forschungen jahrelang wesentlich unterstützt.

Wenn dieses Buch lesbar ist, dann ist das weitgehend das Verdienst eines einzigen Menschen, nämlich von Margaret Dewey. Mit ihrem reichen Wissen über Autismus und ihrer ausgezeichneten Kommunikationsgabe hat sie alle Abschnitte dieses Buches im einzelnen durchgesehen. Darüber hinaus verhalf sie meinen Gedanken häufig durch Umstellen und Neuformulieren zu größerer Klarheit und glättete holperige Stellen des Textes. Ohne ihre einfühlsame Redaktion und ihre aufschlußreichen Fragen wären noch viel mehr Probleme ungelöst geblieben, als es zweifelsohne immer noch sind.

Die Autorin und der Verlag danken folgenden Autoren für Abdruckgenehmigungen: J. R. Bemporad, „Adult Recollections of a Formerly Autistic Child", *Journal of Autism and Developmental Disorders* und H. Lane, *The Wild Boy of Aveyron*, erschienen bei Unwin Hyman Limited.

1. Was ist Autismus?

„Sie war so hübsch – braune Augen mit langen, gebogenen Wimpern und fein auslaufende Augenbrauen, flachsfarbene Locken und ein so süßer, sehr abwesender Ausdruck; ich hoffte wider alle Vernunft, daß sich schließlich alles geben würde und daß sie einfach ein Spätentwickler sei." Dieser Auszug aus dem Brief einer Mutter zeigt uns das erste der zahlreichen Rätsel, die uns die als „Autismus des Kleinkindes" bezeichnete Störung aufgibt. Das typische Erscheinungsbild von Kindern, die an „Autismus" leiden, ist äußerst überraschend. Wer mit dem Erscheinungsbild von Kindern, die an anderen schweren Entwicklungsstörungen leiden, vertraut ist, weiß, daß diese Kinder behindert *aussehen*. Im Gegensatz dazu verblüfft das autistische Kleinkind den Betrachter in den meisten Fällen durch seine betörende Schönheit, die nicht von dieser Welt zu sein scheint. Man kann sich kaum vorstellen, daß sich hinter dem puppenhaften Aussehen ein subtiler, jedoch verheerender Defekt verbirgt, der für das Kind ebenso grausam ist wie für seine Familie.

Um was für einen Defekt handelt es sich? Wie kann man seine vielen paradoxen Merkmale erklären? Diesen Fragen wollen wir in diesem Buch nachgehen. Um sie zu beantworten, müssen wir gleich zu Beginn eine Reihe von Mißverständnissen ausräumen. Das erste besteht in dem Glauben, Autismus sei eine Störung, die ausschließlich im Kindesalter auftritt. Wir hören viel von autistischen Kindern, jedoch wenig über Erwachsene. In der Tat manifestiert sich der Autismus bereits in der Kindheit, er ist jedoch keine kindliche Störung. Er stellt vielmehr eine *Entwicklungsstörung* dar.

Man darf Autismus nicht wie in einer Momentaufnahme betrachten. Da diese Störung die gesamte psychische Entwicklung beeinflußt, sehen die Symptome auf verschiedenen Altersstufen notwendigerweise sehr unterschiedlich aus. Bestimmte Merkmale treten erst später in Erscheinung; andere verschwinden mit der Zeit. In der Tat finden enorme Veränderungen statt. Zur Illustration möchte ich ein ungeschöntes Bild vom Leben eines typischen autistischen Kindes umreißen. Peter liefert uns zu diesem Zweck eine fiktive Fallgeschichte. Ich habe dazu echte Beobachtungen aus vielen verschiedenen Fällen zusammengestellt, jedoch so, daß sie auch in Wirklichkeit in dieser Weise zusammen vorkommen könnten.

Für den Fall „Peter" mußte ich einen bestimmten soziokulturellen Hintergrund wählen. Das beeinflußt die grundlegende Eigenart der Symptome nicht, sondern nur ihre Erscheinungsformen. Es beeinflußt auch nicht den grundsätzlichen Verlauf der Störung, sondern nur untergeordnete Details. Diese Einsicht ist nicht neu. Schon vielfach ist das Erstaunen darüber formuliert worden, wie stark autistische Kinder einander ähneln, sogar wenn sie aus verschiedenen Ländern und sozialen Gemeinschaften kommen. Damit können wir ein weiteres Mißverständnis hinsichtlich Autismus ausräumen: Autistische Kinder werden nicht von Eltern, die sie nicht genügend lieben, autistisch gemacht. Autismus ist ein seltenes und tragisches Ereignis, das jeden Menschen, jede Familie ohne Vorwarnung treffen kann. Sein biologischer Ursprung liegt wahrscheinlich weit vor der Geburt.

Peter

Peter ist ein Wunschkind und wird von seinen Eltern sehr geliebt. Die gutsituierte Familie wohnt in London. Peter hat eine zwei Jahre ältere Schwester. In seinem ersten Lebensjahr schien sich Peter nicht von anderen Babys zu unterscheiden. Er weinte und lachte bei denselben Anlässen, wie es seine Schwester getan hatte. Auf Fotos sieht er aus wie ein prächtiges, gesundes und glückliches Kind. Wenn es verborgene Anzeichen für spätere Probleme gab, nahm sie niemand wahr. Erst als Peter ins Kleinkindalter kam, begannen seine Eltern, sich Sorgen zu machen. Er schien sich von den anderen Kindern seines Alters mehr und mehr zu unterscheiden. Anders als seine Schwester, die mit zwölf Monaten zu sprechen begonnen hatte, sagte er sein erstes Wort erst sehr viel später. Noch beunruhigender war, daß er nichts zu verstehen schien, was man zu ihm sagte. Er blickte nicht auf, wenn er mit Namen gerufen wurde. Er zeigte kein Interesse, Menschen zuzuhören oder anzuschauen, die ihn ansprachen. Hingegen konnte er völlig versunken in die genaue Untersuchung eines Bauklötzchens sein. Wenn jemand Peter auf dem Schoß hielt, saß er darauf wie auf einem weichen Möbelstück, und er war genauso damit zufrieden, allein in einem anderen Teil des Zimmers zu sitzen. Wenn seine Mutter ihn auf den Arm nehmen wollte, streckte er ihr – anders als sein kleiner Cousin im selben Alter – nie die Arme entgegen.

Zuerst dachten alle, Peter sei eben ein sehr unabhängiges, selbstgenügsames Kind, das ein wenig spät mit dem Sprechen dran war. Seine Großmutter schließlich bestand darauf, daß Peters Gehör untersucht werden müsse. War Peter vielleicht taub? Taubheit würde nicht nur erklären, warum Peter nicht sprach, sondern auch, warum er so sehr in seine eigene Welt eingesponnen schien und so wenig an der anderer teilnahm. Doch dieser Erklärungsversuch mündete in eine Sackgasse, da sich Peters Gehör als normal erwies und immer deutlicher wurde, daß er sogar ungewöhnlich intensiv auf Geräusche reagierte. Er hatte fürchterliche Angst vor Staubsaugerlärm. Er schrie dann ohne Unterlaß und war nicht zu beruhigen; auch gewöhnte er sich nie daran. Schließlich wurde der Staubsauger nur benutzt, wenn Peter außer Haus war. Dagegen war Peter fasziniert von den Geräuschen der Busse, die auf der Straße vorbeifuhren. Stets stürzte er zum Fenster, wenn er das vertraute Motorengeräusch hörte.

Dabei zeigte er nie auf den Bus oder rief aufgeregt, um jemandes Aufmerksamkeit darauf zu lenken. Dies hatte seine Schwester nie versäumt, wenn sie eine Micky Maus sah.

Peters Schwester fand ab einem Alter von 18 Monaten großes Vergnügen daran, „einkaufen", „Tee trinken" und „Puppen ins Bett bringen" zu spielen, doch Peter tat nie etwas Derartiges. Er hatte zahlreiche Spielzeugautos, doch statt mit ihnen wie sein kleiner Cousin zu spielen, stellte er sie nur in langen, geraden Reihen auf oder beobachtete gebannt, wie sich die Räder drehten. Er reagierte nie auf andere Kinder, die mit ihm spielen wollten. In seinem dritten Lebensjahr wußten seine Eltern, daß irgend etwas ganz und gar nicht stimmte. Er machte immer noch keine Anstalten zu sprechen und erschien gegenüber anderen Kindern seines Alters in vielfacher Weise zurückgeblieben. Er liebte jedoch Musik und hörte endlos Vivaldis *Vier Jahreszeiten*. Seine Eltern hatten von Autismus gehört, diese Idee jedoch verworfen, weil sie glaubten, autistisch sein hieße, Menschen zu meiden und überhaupt keine emotionalen Reaktionen zu zeigen. Peter, so hatten sie festgestellt, war gerne in Gesellschaft von Menschen, bevorzugte die seiner Mutter und seiner Schwester und war am glücklichsten, wenn sein Vater mit ihm herumtobte. Peter hatte Ausbrüche von Heiterkeit und gelegentlich heftige Wutanfälle, obwohl kaum zu verstehen war warum.

Im Alter von drei Jahren wurde Peter nach ausführlichen Interviews, Beobachtungen und Tests als autistisch diagnostiziert. In psychologischen Tests, die auch die Sprache erfaßten, schnitt Peter für sein Alter sehr schlecht ab, doch in einem Test, bei dem er geometrische Figuren zusammenfügen mußte, war seine Leistung außerordentlich gut. Zu Hause entwickelte er sich rasch zum Puzzlespezialisten; er konnte Puzzles sogar mit dem Bild nach unten zusammensetzen. Insbesondere diese Fähigkeit flößte Peters Mutter die Hoffnung ein, er werde sie schließlich doch noch alle überraschen und sich als ungewöhnlich begabtes Kind entpuppen.

Während der Zeit, in der sich normalerweise die sprachlichen und sozialen Fähigkeiten rasch entwickeln, also im Alter zwischen drei und fünf Jahren, lernte Peter extrem langsam, und er und seine Familie mußten ihre schwerste Zeit durchstehen. Er war äußerst schwierig im Umgang – insbesondere, wenn er nicht zu Hause war und seinen gewohnten Rhythmus nicht hatte. Unbeteiligte machten offen Bemerkungen darüber, daß das Kind hoffnungslos verzogen sein müsse. Peter durfte jedoch nur deshalb tun was er wollte, weil es einfach unmöglich schien, ihn dazu zu bringen, sich den Wünschen anderer anzupassen oder seine eigenen, gewohnten Aktivitäten zu unterbrechen. Schwere Wutausbrüche waren immer noch an der Tagesordnung.

Schließlich lernte Peter sprechen. Doch das öffnete nicht das Tor zur Kommunikation, worauf alle doch so fest gehofft hatten. Merkwürdigerweise plapperte er oft wie ein Papagei nach, was andere sagten. Peter verhielt sich recht gleichgültig gegenüber Als-ob-Spielen oder einfachen Gruppenaktivitäten. Kuscheltiere bereiteten ihm kein besonderes Vergnügen. Er behandelte sie genau wie seine Autos, das heißt als Dinge, die man in eine Reihe stellen konnte. Oft hatte die Familie das Gefühl, er sei von einer unsichtbaren Wand umgeben, die jeden echten Kontakt zu ihm verhinderte. So sehr sich alle auch bemühten, wurde er nie zum Teil irgendeiner Gruppe, ob es nun Kinder waren oder Erwachsene. Meist schien es, als schaue er einfach durch die Menschen hindurch.

Peter war sehr fixiert auf seine Gewohnheiten, und es war sehr schwierig, ihm die Haare zu schneiden; das ging nur, während er schlief. Häufig konnte man beobachten, wie er mit den Händen wedelte und sie dabei aus den Augenwinkeln beobachtete. Manchmal gab er auf der Straße oder in einem Geschäft ohne ersichtlichen Grund ein schrilles Kreischen von sich und hüpfte dabei wild auf und ab. Mit ihm an einen fremden Ort zu gehen, war prinzipiell schwierig. Die Familie paßte sich ihm und seiner Rigidität immer mehr an. Sie ertrug, was sich nicht ändern ließ, doch Peter die Fertigkeiten des alltäglichen Lebens wie Anziehen, Essen, Waschen beizubringen, war ein langer und ermüdender Kampf. Mit viel Beharrlichkeit wurden schließlich Fortschritte erreicht.

Nach seinem fünften Geburtstag wurde Peter viel einfacher zu behandeln. Seine Sprache verbesserte sich merklich, obwohl er immer noch Sätze nachplapperte und unangemessen verwendete. Wenn er nicht nachsprach, was andere sagten, redete er in einem seltsamen Singsang. Sein Sprachverständnis erschien merkwürdig begrenzt. Er kannte einige recht seltene Wörter und konnte alle Farbschattierungen benennen. Er wußte, was ein Dodekaeder ist, doch die Bedeutung eines Allerweltswortes wie „denken" schien er nicht zu kennen.

Peter machte in einer Sonderschule sehr gute Fortschritte. Er erwarb zahlreiche Fertigkeiten einschließlich Lesen, Schreiben und Rechnen. Er lernte schwimmen und liebte Basteln und Werken. Seine Zeichnungen waren bemerkenswert gekonnt. Peters Schwester merkte als erste, daß er alle Londoner Buslinien mit Nummer und Zielorten auswendig konnte. Niemand wußte, wie er das bewerkstelligt hatte und warum. Er begann alles zu sammeln, was irgendwie mit Bussen zu tun hatte – sehr zur Freude von Verwandten, die Geschenke für ihn suchten. Infolgedessen füllte sich sein Zimmer bald mit Modellen, Plakaten und Landkarten. Merkwürdigerweise war Peter nie besonders wild darauf, mit dem Bus zu fahren. Ein Besuch in einem Museum für Transportwesen ließ ihn kalt.

Im Alter von zehn Jahren wurde Peter von einem Psychologen getestet und erreichte bei nonverbalen Tests einen Wert innerhalb des normalen Intelligenzbereichs. Bei den verbalen Tests entsprach seine Leistung der eines leicht retardierten Kindes.

Aufgrund von Peters Fähigkeiten und schulischen Leistungen war die Familie optimistisch hinsichtlich Peters weiterer Entwicklung. Außenstehende bemerkten jetzt häufig, wie „umgänglich" Peter geworden sei. Er war überhaupt nicht schüchtern und ging häufig auf Besucher zu Hause oder in der Schule zu und fragte sie nach Namen und Adresse. „Dulwich", konnte er dann sagen, „das ist Linie 12". Wenn sie das nächste Mal kamen, wiederholte sich genau dieselbe Szene. Obwohl er oft beinahe zu redselig war – er wiederholte sich wie eine Gebetsmühle („Heute ist Montag, gestern war Sonntag, morgen ist Dienstag") –, war es häufig merkwürdig schwierig, wichtige Informationen aus ihm herauszubekommen. Als er sich zum Beispiel einmal bei einem Sturz ernstlich verletzte, erzählte er niemandem davon, und seine Mutter war entsetzt, als sie seine Kleider in die Waschmaschine stecken wollte und das Blut darauf entdeckte.

Als Peter zum Teenager wurde und seine normalen Altersgenossen unabhängiger und sich ihrer selbst bewußter wurden, sich insbesondere Gedanken über ihr Aussehen und ihre Wirkung auf andere machten, schien sich Peter seiner Wirkung überhaupt nicht bewußt zu sein. Doch fragte er oft: „Bin ich in Ordnung? Bin ich ein guter Junge?", was zeigte, daß ihn das Thema beschäftigte. Unglücklicherweise enthüllte gerade die Tatsache, daß er diese Fragen zu angemessenen wie auch zu unangemessenen Zeitpunkten stellte, sowie die Tatsache, daß er auf Kritik extrem niedergeschlagen reagierte, wie groß seine Entfremdung von der Realität war. Er war sehr groß geworden und sah immer noch sehr gut aus, doch er verblüffte jeden, der ihn nicht kannte, durch sein extrem kindisches Gebaren. Von jetzt ab wurde klarer, schon beim einfachen Hinsehen, daß er geistig behindert war. Er bewegte sich ungelenk und sprach laut und kreischend. Er grimassierte oft und verdrehte Hände und Finger. Er verhielt sich immer gleich, ob er in Gesellschaft war oder allein. Wenn jemand versuchte, mit ihm zu sprechen, gähnte er oft ausgiebig und bohrte in der Nase. Natürlich wurde er nie von Schulkameraden zu irgendwelchen Freizeitunternehmungen eingeladen. Seine Mutter sorgte dafür, daß Peter schwimmen ging, was er ausgesprochen gerne tat.

Eine junge Kassiererin im Supermarkt betrachtete Peter als seine Freundin, weil sie lächelte, wenn er bezahlte. Ihm fehlte eindeutig das Verständnis dafür, was eine Freundin war, auch wenn man es ihm auf alle möglichen Weisen zu erklären versuchte. Manchmal hatte er schlimme depressive Phasen. Er merkte, daß er anders war, doch er konnte nicht begreifen, inwiefern und warum. Er nahm alles extrem wörtlich. Als seine Mutter einmal sagte, seine Schwester weine sich die Augen aus, suchte er ängstlich den Boden nach den Augen ab. Neckereien schätzte Peter überhaupt nicht. Dabei wurde er nur böse.

Nach dem Schulabschluß lebte Peter zu Hause. Obwohl er sehr gut lesen konnte, las er nicht zum Vergnügen. Er war oft ruhelos und belästigte andere unausgesetzt mit ständig sich wiederholendem Geschwätz. Er sah gerne fern, insbesondere in Gesellschaft. Wenn es eine Slapstickkomödie gab, lachte er mit. Bei Familienserien jedoch, die seine Mutter leidenschaftlich liebte, konnte er der Handlung nicht folgen. Trotzdem kannte er die Namen aller Figuren und der Schauspieler, die sie verkörperten. Er mochte es, wenn die Guten gut und die Bösen böse waren, doch Figuren, die ein wenig von beidem hatten, verwirrten ihn.

Peter ist jetzt 30 Jahre alt und lebt immer noch bei seinen Eltern. Er führt ein einfaches Leben. Er hilft im Büro seiner Mutter in der Ablage, kocht Tee und beschriftet in hübscher Handschrift Etiketten. Auch hilft er bei der Garten- und Hausarbeit. Jeden Tag schreitet er auf exakt dem gleichen Weg um den Rasen. Peter ist immer noch völlig naiv und versteht viele menschlichen Gepflogenheiten nicht, zum Beispiel warum Menschen lügen oder betrügen. Erwachsensein ist für Peter kein Zustand der Reife, sondern der dauerhaften Unreife. Damit stimmt auch seine jugendliche Erscheinung überein. Seine Stimme ist immer noch laut und eigenartig, sein Gang steif und linkisch und seine Haltung krumm. Er hat keine Freundin, und das bekümmert ihn. Das unabhängige Leben, das seine Eltern für ihn erhofft hatten, scheint außer Reichweite.

Peters Familienmitglieder wissen, daß es andere autistische Menschen gibt, die kaum über praktische Fähigkeiten verfügen, die schwierig zu behandeln und für immer stumm geblieben sind. Sie sind froh, daß Peter es geschafft hat, nicht mehr durch Leute „hindurchzusehen" und sprechen zu lernen. Doch sie machen sich Sorgen, was aus ihm werden soll, wenn sie sich nicht mehr um ihn kümmern können. Sie fürchten, in einer gleichgültigen Umgebung könne er vernachlässigt oder ausgenutzt werden.

Was lernen wir aus Peters Geschichte? Am auffälligsten ist vielleicht, daß das klinische Bild des Autismus des Kleinkindes sich auf verschiedenen Altersstufen stark unterscheidet. Veränderungen sind nicht von der Hand zu weisen: Es gibt Hochs und Tiefs, Rückschläge und Fortschritte. Ebenso erfahren wir an Peter, daß ein relativ begabtes Individuum, das das Glück einer umfassenden Förderung genießt, durchaus eine gute Anpassung erreichen kann. Nichtsdestoweniger ist es immer noch behindert. Das ist traurig und merkwürdig rätselhaft zugleich. Die psychische Entwicklung wird nicht nur verzerrt und verzögert, sondern, wenn ihr Ziel die Reife ist, dann wird dieses Ziel auch niemals erreicht. Dagegen wird die körperliche Reife durchaus erreicht. In isolierten Bereichen kommen sogar beachtliche Leistungen vor. Wir finden beträchtliches Wissen und Beherrschung verschiedener Fähigkeiten. Obwohl viele Voraussetzungen für ein normales Erwachsenenleben vorhanden sind, bleiben die Existenzmöglichkeiten für jemanden wie Peter merkwürdig begrenzt und außerhalb des Üblichen.

Worin besteht nun diese außergewöhnlich rätselhafte Störung, die in ihren Auswirkungen so subtil und so tückisch zugleich ist, die so viele Entwicklungsfortschritte zuläßt und dennoch die volle Integration in die Erwachsenenwelt grausam verhindert? Seit diese seltsamen Entwicklungsmuster zum ersten Mal auffielen, versucht man, diese Frage zu beantworten. In den beiden folgenden Kapiteln werden wir einige Streitpunkte und einige – sowohl blumig wie nüchtern formulierte – Antworten betrachten, die sich in Geschichten und Geschichte finden lassen. Zunächst aber wenden wir uns den Anfängen der wissenschaftlichen Erforschung des Autismus zu.

Die Entdeckung des Autismus

Jede Behandlung des Themas „Autismus des Kleinkindes" muß mit den Pionieren Leo Kanner und Hans Asperger beginnen, die unabhängig voneinander die ersten Berichte über diese Störung veröffentlichten. Diese Publikationen – die von Kanner im Jahr 1943[1] und die von Asperger im Jahr 1944[2] – enthielten detaillierte Fallbeschreibungen und unterbreiteten auch die ersten theoretischen Erklärungsversuche für die Störung. Beide Fachleute glaubten, daß von Geburt an eine tiefreichende Störung vorliege, auf die die höchst charakteristischen Probleme zurückgingen.

Es scheint ein bemerkenswerter Zufall zu sein, daß beide das Wort „autistisch" wählten, um das Wesen der zugrundeliegenden Störung zu kennzeichnen. Im Grunde ist das aber eigentlich kein Zufall, denn der bedeutende Psychiater Ernst Bleuler hatte die Bezeichnung 1911 eingeführt. Ursprünglich bezog sie sich auf eine grundlegende Störung bei der Schizophrenie (ein weiterer Ausdruck, den Bleuler prägte), nämlich die Einengung der Beziehungen zu Menschen und zur Außenwelt, die so extrem ist, daß sie alles, außer dem eigenen Ich des Betroffenen, auszuschließen scheint. Diese Einengung konnte als ein Rückzug aus dem Gefüge des Soziallebens in das eigene Selbst beschrieben werden – daher die Wörter „autistisch" und „Autismus" vom griechischen *autos* für „selbst". Heute werden sie fast ausschließlich auf die Entwicklungsstörung angewandt, die wir Autismus nennen. Ich ziehe diesen Ausdruck den Bezeichnungen „frühkindlicher Autismus" und „Autismus des Kleinkindes" vor, da diese einen gewissen Gegensatz zum „Autismus der Erwachsenen" implizieren und fälschlicherweise die Vermutung nahelegen, der Autismus könne sich im Laufe der Entwicklung „verwachsen".

Sowohl Kanner in Baltimore als auch Asperger in Wien wurden seltsame Kinder vorgestellt, die einige faszinierende Eigenschaften gemein hatten. Vor allem schienen die Kinder unfähig, normale affektive Beziehungen zu Menschen zu unterhalten. Im Gegensatz zu Bleulers Schizophrenie lag die Störung offenbar von Geburt an vor.

Kanners Aufsatz wurde zum meistzitierten in der gesamten Literatur über Autismus; Aspergers Artikel, in Deutsch abgefaßt und während des zweiten Weltkrieges veröffentlicht, wurde weitgehend ignoriert. Es hat sich die Meinung verbreitet, Asperger habe einen ganz anderen Typus Kind beschrieben, der nicht mit dem von Kanner geschilderten verwechselt werden dürfe. Dieser Glaube entbehrt jeder Grundlage, wie wir bei einem Blick in die Originalartikel feststellen können. Aspergers Definition des Autismus oder, wie er ihn nannte, der „autistischen Psychopathie" ist weit umfassender als die von Kanner. Asperger bezog sowohl Fälle mit ein, die schwere organische Schäden aufwiesen, als auch solche, die in den Bereich des Normalen übergingen. Heutzutage behält man die Bezeichnung „Asperger-Syndrom" eher dem außergewöhnlich intelligenten und sprachfähigen, fast normalen autistischen Kind vor.[3] Das entspricht eindeutig nicht Aspergers Intentionen, doch diese besondere Kategorie hat sich als klinisch sinnvoll erwiesen. „Kanner-Syndrom" wird heute oft zur Kennzeichnung eines Kindes benutzt, das ein klassisches „Kernsyndrom" aufweist, welches oft bis ins Detail den Merkmalen ähnelt, die Kanner in seiner ersten, glänzenden Beschreibung herausgestellt hat. Wiederum ist die Kategorie klinisch nützlich, da sie ein typisches Muster bezeichnet.

In diesem Buch werden wir weder diese Bezeichnungen verwenden noch mögliche Unterkategorien von Autismus diskutieren. Vielmehr werden wir den gemeinsamen Nenner aller Autismusfälle ausfindig machen. Das schließt natürlich die Existenz von Unterkategorien nicht aus. In der Tat sind diese ein wesentlicher Schritt auf dem Weg zu einer weiteren Verfeinerung der diagnostischen Kategorien.

Die Beschreibung des Autismus nach Kanner und Asperger

Kanner veröffentlichte seinen Artikel unter dem Titel „Autistische Störungen des affektiven Kontakts" in der heute eingestellten Zeitschrift *Nervous Child*: „Seit 1938 hat eine Anzahl von Kindern unsere Aufmerksamkeit geweckt, deren Zustand so deutlich und einzigartig von allem bisher Berichteten abweicht, daß jeder Fall eine detaillierte Betrachtung dieser faszinierenden Eigenheiten verdient – und, wie ich hoffe, schließlich auch erhalten wird."

Er fährt fort mit der lebhaften Darstellung der elf Kinder, die nach seiner Ansicht an dieser Krankheit litten. Der Aufsatz schließt mit einer knappen Diskussion. Einige Zitate* aus diesem Teil des Aufsatzes sollen die Schärfe von Kanners Beobachtungen illustrieren. Auch dienen sie als Bezugspunkte für die wichtigsten Merkmale des klassischen Autismus. Diese Merkmale – autistische Isolation, Bedürfnis nach Eintönigkeit und „Inselbegabungen" – sind in allen echten Fällen trotz Variationen in Einzelheiten und trotz daneben bestehender, zusätzlicher Schwierigkeiten auszumachen.
Zur „autistischen Isolation":

> „Die auffälligste, „pathognomische", grundlegende Störung ist die Unfähigkeit der Kinder von Beginn ihres Lebens an, in der üblichen Weise Beziehungen zu Menschen und Situationen herzustellen."
> „Von Anfang an findet sich eine extreme autistische Isolation, die, wenn immer möglich, alles, was von außen an das Kind herantritt, wegschiebt, ignoriert und ausschließt."

---

* Das Zitat wurde anhand des von Frith zitierten englischen Wortlauts übersetzt. Bei Zitaten aus englischen Quellen, für die im Literaturverzeichnis keine Standardübersetzung angegeben ist, handelt es sich stets um solche Übersetzungen. (Anmerkung der Übersetzerin)

> „Er hat gute Beziehungen zu Objekten; er interessiert sich für sie, kann stundenlang völlig zufrieden mit ihnen spielen . . . die Beziehung des Kindes zu Menschen ist ganz anders . . . Tiefe Isolation beherrscht das gesamte Verhalten."

Zum „Bedürfnis nach Eintönigkeit":

> „Die Geräusche, die das Kind von sich gibt, seine Bewegungen und sein ganzes Gebaren sind genauso durch monotone Wiederholung gekennzeichnet wie seine sprachlichen Äußerungen. Es besteht eine deutliche Begrenzung der Vielfalt seiner spontanen Aktivitäten. Das Verhalten des Kindes wird beherrscht von einem ängstlich zwanghaften Bedürfnis nach der Aufrechterhaltung von Eintönigkeit . . ."

Zu den „Inselbegabungen":

> „Der erstaunliche Wortschatz der Kinder, die sprechen, das ausgezeichnete Gedächtnis für Ereignisse, die mehrere Jahre zurückliegen, das phänomenale mechanische Gedächtnis für Gedichte und Namen und die präzise Erinnerung komplexer Muster und Folgen sprechen für eine gute Intelligenz."

Kanners wichtigste Schlußfolgerung hat die Form einer kühnen Behauptung, die er in späteren Artikeln gerne selbst zitierte.

> „Wir müssen also annehmen, daß diese Kinder mit der angeborenen Unfähigkeit zur Welt gekommen sind, den normalerweise biologisch angelegten, affektiven Kontakt zu Menschen herzustellen, genau wie andere Kinder mit angeborenen körperlichen oder geistigen Behinderungen zur Welt kommen."

Im folgenden Satz dazu scheint Asperger konzise Formulierungen eher zu vermeiden, und er bietet weniger Gelegenheit zum Zitieren. Seine Stärke liegt in detaillierten, lebendigen und einfühlsamen Beschreibungen. Seine Versuche, autistisches Verhalten mit normalen Varianten von Persönlichkeit und Intelligenz in Beziehung zu setzen, stellen eine einzigartige Methode zum Verständnis des Autismus dar. Seine Fallstudien leitet er mit den folgenden, für ihn typischen Sätzen ein:

> „Es soll im folgenden ein Typus von Kindern geschildert werden, der uns in vieler Beziehung des Interesses wert erscheint: Eine einheitliche Grundstörung, die sich ganz typisch im Körperlichen, in den Ausdruckserscheinungen, im gesamten Verhalten äußert, bedingt beträchtliche, sehr charakteristische Einordnungsschwierigkeiten; steht auch in vielen Fällen das Versagen an der Gemeinschaft im Vordergrund, so wird es doch wieder in anderen Fällen kompensiert durch besondere Originalität des Denkens und Erlebens, die oft auch zu besonderen Leistungen im späteren Leben führen."

Die verhaltens- und ausdrucksbezogenen Phänomene, auf die Asperger abhebt, hält er in den folgenden Beobachtungen fest:

„Niemals fehlen die charakteristischen Eigenheiten des Blicks . . . das autistisch kontaktgestörte Kind . . . schaut darum auch den Sprechenden meist gar nicht an, sein Blick geht an ihm vorbei, streift ihn höchstens hie und da so beiläufig. Es ist überhaupt bezeichnend, daß diese Kinder nicht mit fest zupackendem Blick schauen – sondern so, als würden sie mehr mit dem peripheren Gesichtsfeld wahrnehmen."

„. . . daß die autistischen auch arm an Mimik und Gestik sind . . . obwohl sie oft reich an Bewegungen sind – das sind dann aber Bewegungsstereotypien, die keinen Ausdruckswert haben."

„Immer kommt uns bei den Autistischen Psychopathen . . . die Sprache abartig vor . . . Die Sprache wirkt auch auf den naiven Zuhörer unnatürlich, wie eine Karikatur . . ."

„In allem folgen diese Kinder ihren eigenen Impulsen, gehen ihren eigenen Interessen nach, unbekümmert um die Anforderungen der Umwelt."

„Diese Kinder . . . sind gar nicht darauf eingestellt, Kenntnisse von den Erwachsenen, etwa vom Lehrer, zu übernehmen."

„. . . die Probleme, die sie sich stellen, reichen weit über das hinaus, was anderen Kindern gleichen Alters Inhalt des Denkens ist . . . Gewöhnlich ist es ein eng umgrenztes, isoliertes Sondergebiet, das geradezu hypertrophisch entwickelt ist."

„. . . und doch haben sie . . . ein gutes logisches Denken und eine besonders gute Abstraktionsfähigkeit."

„Sie haben ein besonders schöpferisches Verhältnis zur Sprache: . . . neugebildete, wenigstens umgeformte Ausdrücke . . . reich an originellen, sprachlichen Produktionen . . ."

Wie Kanner, doch unabhängig von ihm, vermutete Asperger, daß eine „Kontaktstörung" auf einer tiefen Ebene des Affekts und/oder des Triebs vorliege. Beide Autoren stellten die Besonderheiten der Kommunikation und die Schwierigkeiten in der sozialen Anpassung autistischer Kinder heraus. Beide widmeten Bewegungsstereotypien und dem rätselhaften, sehr uneinheitlichen Muster der intellektuellen Leistungen (Inselbegabungen) besondere Aufmerksamkeit. Beide waren beeindruckt von gelegentlichen Beispielen überragender intellektueller Leistungsfähigkeit auf eng umgrenzten Gebieten.

Wie erklären sich diese seltsamen, disparaten Merkmale, und wie hängen sie zusammen? Im Verlauf dieses Buches werden wir versuchen, zu einer Theorie zu gelangen, die sowohl die Symptome selbst als auch ihr gemeinsames Auftreten erklären kann.

Kanners Kardinalmerkmale

Trotz der Vielfalt der individuellen Unterschiede, die in den Fallbeschreibungen auftreten, war Kanner überzeugt, daß nur zwei Merkmale zentrale Bedeutung hätten. Das heißt, er hielt sie für notwendig und hinreichend für die Diagnose „Autismus". Diese Kennzeichen beziehen sich nicht direkt auf das Verhalten, sondern auf psychologische Probleme auf einer so tiefen Ebene, daß sie ein breites Spektrum von Verhaltensweisen erklären. Wir werden diese Probleme vor dem Hintergrund neuerer empirischer Befunde noch ausführlich diskutieren.

Das Hauptmerkmal – dasjenige, das der Störung den Namen gegeben hat – ist die *autistische Isolation (autistic aloneness)*. Die autistische Isolation kann nicht mit einer einzelnen Verhaltensweise gleichgesetzt werden; sie kann nur aus dem Verhalten erschlossen werden. Insbesondere kann man aus bestimmten Beeinträchtigungen der gewöhnlichen, zweiseitigen Kommunikation auf sie schließen. Asperger drückte das so aus, daß autistische Kinder bei keiner Gruppenaktivität mit ihren unauffälligen Altersgenossen auf einer Wellenlänge seien. Dieses nicht greifbare Anderssein autistischer Kinder, das alle Verhaltensweisen durchdringt, fällt dem erfahrenen Kliniker sofort in die Augen. Die Kinder leiden nicht bloß an irgendeiner sozialen Auffälligkeit. Vor allem ist dieses Anderssein nicht gleichzusetzen mit Schüchternheit, Ablehnung oder Vermeidung menschlichen Kontaktes, obwohl das autistische Verhalten schon in dieser Weise interpretiert worden ist. *Autistische Isolation* hat, wie wir noch sehen werden, nichts zu tun mit physischem Alleinsein, wohl aber mit psychischem Alleinsein.

Das zweite Kardinalmerkmal bezeichnete Kanner als *zwanghaftes Beharren auf Eintönigkeit (obsessive insistence on sameness)*. Wiederum schloß Kanner auf eine Eigenschaft auf einer tieferen Ebene. Dieses knapp formulierte Konzept setzt sich aus mehreren Faktoren zusammen: monotones Wiederholen, Rigidität, Engstirnigkeit, Pedanterie und Unfähigkeit, die Bedeutung feiner Unterschiede zu beurteilen.

Beispiele für Verhaltensweisen im Rahmen von zwanghaftem Beharren auf Eintönigkeit stammen aus drei miteinander verbundenen Kategorien: erstens einfache, ständig wiederholte Bewegungen, Lautäußerungen und Gedanken; zweitens, und das kommt nur bei autistischen Kindern vor, sogenanntes ritualisiertes Verhalten (*elaborate routines*) in Handlung, Sprache oder Denken ohne erkennbaren Zweck; drittens Verfolgung extrem enger Interessensgebiete, auf die sich die Betroffenen fast ausschließlich konzentrieren. Es überrascht nicht, daß Diagnoseschemata mit dem Begriff des ritualisierten Verhaltens besondere Schwierigkeiten haben. Dieses Kennzeichen des Autismus ist von allen am wenigsten erforscht, trotz seines Status als Kardinalsymptom.

Heutige diagnostische Kriterien

Die Fachleute haben in internationaler Zusammenarbeit bestimmte, am Verhalten orientierte Diagnosekriterien für Autismus entwickelt. Diese wurden in allgemein zugänglichen Nachschlagewerken dargelegt. Die ausführlichste und neueste Aufstellung findet sich im *Diagnostic and Statistical Manual* (DSM-III-R) der American Psychiatric Association.[4] Ein sehr ähnliches diagnostisches Schema bietet die *International Classification of Diseases* (ICD-10) der Weltgesundheitsorganisation (WHO).[5] Das DSM spezifiziert die wesentlichen Kriterien anhand konkreter Beispiele unter den folgenden Überschriften:

Qualitative Beeinträchtigung der zwischenmenschlichen Beziehungen
Beeinträchtigungen der Kommunikation und Phantasie
Deutlich eingeschränktes Repertoire von Aktivitäten und Interessen

Kanners Hauptsymptom, die „autistische Isolation", ist immer noch das erste und wichtigste Symptom bei allen Diagnoseversuchen. Auch herrscht allgemeiner Konsens, daß die Störung früh einsetzt, das heißt vor dem Alter von drei Jahren. Trotzdem gibt es anerkannte Ausnahmefälle, bei denen sie aufgrund einer plötzlichen Viruserkrankung oder aus ähnlichen Gründen später ausbricht.

Ein wichtiges, modernes Diagnosekriterium betrifft Beeinträchtigungen von Sprache und Kommunikation. Seine Bedeutung gründet darin, daß diese Beeinträchtigungen vermutlich am häufigsten zum ersten Klinikkontakt führen. Die Beeinträchtigungen reichen von gänzlich fehlendem Sprechen bis zu bloß verzögertem Erwerb und seltsamem Gebrauch von Sprache einschließlich Gestik und Körpersprache. Man hat festgestellt, daß trotz ausreichender Sprachfähigkeit eine tiefgreifende Beeinträchtigung der Fähigkeit zu sinnvoller Kommunikation bestehen kann. Besondere Aufmerksamkeit räumen die gegenwärtigen Diagnoseschemata auch dem abnormen Fehlen jeglicher Phantasietätigkeit ein. Dies bezieht sich auf das Fehlen sowohl von symbolischem Spiel als auch von Interesse an typischen Kindermärchen.

Ein überdauerndes Diagnosekriterium betrifft die verschiedenen repetitiven und restriktiven Phänomene, die sich in Kanners zweitem Kardinalsymptom, dem „zwanghaften Bedürfnis nach Eintönigkeit", verbergen. Ritualisiertes Verhalten, eigentümliche Beschäftigungen und seltsam verengte Interessen sind einzigartige Kennzeichen von weniger behinderten autistischen Kindern. Sie kommen faktisch bei keiner anderen Krankheit in der frühen Kindheit vor. Schwer geistig behinderte autistische Kinder zeigen in der Regel nur einfachste, repetitive Verhaltensweisen, diese jedoch exzessiv. Sogar intelligente autistische Kinder neigen zu einfachen stereotypen Bewegungen, etwa Händewedeln, zusätzlich zu komplexeren Wiederholungsritualen. Häufig besteht ein Widerstand gegen Veränderungen von eingeschliffenen Gewohnheiten, dieser muß jedoch nicht in allen Fällen vorliegen.

Ob ein Symptom nun als primär, sekundär oder akzessorisch eingestuft wird, hängt von der Gesamtinterpretation des klinischen Bildes ab. In den folgenden Kapiteln werden wir die vorliegenden wissenschaftlichen Ergebnisse prüfen und zu einem begründeten Standpunkt hinsichtlich des Charakters und der Bedeutung der verschiedenen Anzeichen und Symptome von Autismus kommen. Unser Ziel ist dabei, den inneren Zusammenhang der Symptome zu ermitteln. Sind sie alle Oberflächenmanifestationen einer einzigen, ihnen zugrundeliegenden Abweichung von der Norm? Worin besteht diese Abweichung? Bevor wir uns unmittelbar mit diesen Fragen auseinandersetzen können, müssen wir einige Voraussetzungen klären. Wir müssen Wahrheit und Dichtung unterscheiden und einige althergebrachte Verwechslungen und Mißverständnisse beseitigen, die sich um das Erkennen und die möglichen Ursachen von Autismus ranken. Dieser Aufgabe stellen wir uns in den Kapiteln 2 bis 6. Drei häufig auftauchenden Fragen können wir uns jedoch sofort zuwenden: Ist die Diagnose von Autismus schwierig? Wie früh ist er erkennbar? Was geschieht mit dem autistischen Kind nach dem Heranwachsen?

Ist die Diagnose von Autismus schwierig?

Die Diagnose von Autismus beruht auf dem Verhalten. Die Interpretation der Bedeutung eines abweichenden, fehlenden oder verzögert auftretenden Verhaltens erfordert solides klinisches Hintergrundwissen.[6] Da Autismus selten vorkommt, gibt es relativ wenige Spezialisten, die über die Erfahrung aus einer großen Anzahl Fälle verfügen. Doch die Erfahrung spielt eine wesentliche Rolle; Sie ermöglicht es dem Diagnostiker, die autistische Isolation, dieses schwer faßbare Kennzeichen, rasch zu spüren. In diesem Stadium wird er jedoch „Autismus" nur als eine Hypothese betrachten, die er noch systematisch prüfen muß. Er wird der Familie ausführlich zuhören und den Patienten oder die Patientin sorgfältig beobachten. Er wird psychologische Tests durchführen und eine Verlaufsgeschichte der Störung von Beginn an erstellen. Auf diese Weise kann er Autismus zuverlässig diagnostizieren.

Um autistische Symptome zu bewerten, muß das Alter des Kindes und, was noch wichtiger ist, sein geistiges Alter berücksichtigt werden. Es gibt Verhaltensweisen, zu denen Kinder unter einem bestimmten geistigen Alter nicht in der Lage sind. Vor einem Alter von zwei Jahren kann das durchschnittliche Kind zum Beispiel keine grammatikalisch richtigen Sätze bilden. Für einen Fachmann dürfte das auf der Hand liegen, doch der wohlmeinende Laie erkennt oft nicht, welch einen Unterschied das geistige Alter ausmacht.

Die Meinungen von Diagnostikern teilen sich häufig bei Grenzfällen. Es ist daher möglich, daß ein Kind in einem Krankenhaus die Diagnose „autistisch" erhält und in einem zweiten eine andere. Den Laien kann das verwirren, und er mag fälschlicherweise auf den Schluß verfallen, es sei unmöglich, Autismus zu diagnostizieren, und verschiedene Fachleute sprächen von verschiedenen

Krankheiten, wenn sie von autistischen Kindern reden. Diese Schlußfolgerung entbehrt jeder Grundlage, denn unter erfahrenen Klinikern besteht Einmütigkeit über das Krankheitsbild.

Wenn ein kleines Kind wegen Zweifeln bezüglich der sozialen und intellektuellen Entwicklung vorgestellt wird, muß immer Autismus in Betracht gezogen werden. Jedoch muß man auch viele andere Möglichkeiten bedenken. Unter anderem sind folgende Fragen abzuklären: Entwickelt sich das betreffende Kind nur mit einer gewissen Verzögerung, die es später wieder aufholen wird? Liegt ein ernsthafter neurologischer oder sensorischer Defekt vor, der eine normale Entwicklung behindert? Ist die Sprachentwicklung des Kindes besonders beeinträchtigt? Ein Blick in ein Lehrbuch der Kinderpsychiatrie zeigt, daß es eine große Anzahl von Entwicklungsstörungen gibt.[7] Zusätzlich gibt es Borderline- oder unklassifizierbare Störungen. Häufig werden entsprechende Diagnosen gestellt, um die Gefahr einer falschen Zuordnung zu vermeiden. In dieser Hinsicht bildet Autismus keine Ausnahme.

Wie früh ist Autismus erkennbar?

Wenn Autismus eine Störung ist, die in den meisten Fällen angeboren ist, könnte man erwarten, daß sich innerhalb der ersten paar Monate Anzeichen davon offenbaren. Wenn jedoch sehr früh etwas Ungewöhnliches festgestellt wird, entpuppt es sich häufig als falscher Alarm. Ist das Kind noch sehr klein, muß immer eine Entwicklungsverzögerung – ebenso ein mögliches späteres Aufholen – in Betracht gezogen werden. Liegt eine ausgeprägte Hirnschädigung mit entsprechend schwerer geistiger Retardierung vor, gibt es eindeutige, frühe Anzeichen. Wie früh sich jedoch spezielle Anzeichen von Autismus zeigen, ist eine andere Frage. In Kapitel 4 werden wir sehen, daß fehlende soziale und emotionale Ansprechbarkeit bei nicht autistischen, geistig behinderten Kindern sehr verbreitet vorkommt. Auch bei ansonsten normalen Kindern können vorübergehende Probleme bei der sozialen Entwicklung auftreten, die in ihren Erscheinungsformen dem Autismus des Kleinkindes ähneln. Natürlich offenbart sich der temporäre Charakter der Schwierigkeiten im Nachhinein. Es wäre lächerlich, in einem derartigen Fall von „geheiltem Autismus" zu sprechen. Trotzdem sind solche Ansprüche erhoben worden!

Wir können weiterhin annehmen, daß der Autismus in den meisten Fällen von Geburt an besteht. Das heißt aber nicht, daß wir annehmen müssen, es müßten auch von Geburt an Symptome vorhanden sein. Ein schlagendes Beispiel dafür, wie wenig der Beginn einer Krankheit mit dem ersten Auftreten von Symptomen verbunden sein kann, ist die Chorea Huntington. Hier manifestiert sich ein genetischer Schaden, der seit der Empfängnis besteht, erst im späten Erwachsenenalter.

In den gut dokumentierten Fällen von Elly (Park)[8], David (Everard)[9] und Simon (Lovell)[10] berichteten alle Eltern, daß irgendwann im zweiten Lebensjahr des Kindes zum ersten Mal Ängste in ihnen aufgeflackert seien. Anne Lovell, die Mutter von Simon, meint: „Für mein Empfinden ist einer der allergrausamsten Aspekte des frühkindlichen Autismus, daß den Eltern erst ganz allmählich dämmert, daß mit dem Kind etwas nicht stimmt."

Damit sind wir wieder bei dem beängstigenden Bild des gesunden und hübschen Kindes, das unschuldig die verheerende Zeitbombe Autismus in sich trägt.

Was geschieht mit dem autistischen Kind nach dem Heranwachsen?

Kanner und vor allem Asperger wiesen in ihren frühen Beschreibungen darauf hin, daß Autismus keine fortschreitende Krankheit ist. Aus diesem Grund zog Asperger die Bezeichnung der Störung als „Psychopathie" dem Begriff „Psychose" vor. Er betonte, daß seine Patienten, im Gegensatz zu dem bei Erwachsenenpsychosen häufig zu beobachtendem Absinken des geistigen und sozialen Leistungsniveaus, verbesserte Anpassung und Kompensation zeigten. Er war davon so überzeugt, daß er durchaus ein zu optimistisches Bild des Endzustands gezeichnet haben mag. Möglicherweise hat dieser positive Ausblick dazu beigetragen, daß man das Asperger-Syndrom als etwas vom Autismus völlig Verschiedenes mißverstanden hat. Man muß jedoch Aspergers recht rosige Sicht vor dem Hintergrund seines leidenschaftlichen Glaubens an die Macht der Erziehung und an die Kompensationsmöglichkeiten für eine Schwäche sehen, die er selbst als dauerhaft anerkannte.

Welche Ergebnisse haben Untersuchungen von mittlerweile erwachsenen autistischen Personen erbracht? Die allgemeine Schlußfolgerung ist sicherlich, daß der Autismus – wie die geistige Retardierung – trotz Änderungen im Verhalten nicht vergeht.[11] Nichtsdestotrotz können autistische Menschen ihre Behinderung in bemerkenswertem Maße ausgleichen. Man kann sie zu sozialen Nischen leiten, wo sie ihre Gaben sinnvoll einsetzen können. So können sie zu Hause bleiben und ihren Eltern, die sie verstehen, im Alter hilfreiche Gefährten sein. Natürlich gibt es auch weniger günstige Endstadien. Man muß sich jedoch vor Augen halten, daß die Vorhersage der Zukunft eines einzelnen autistischen Kindes ein genauso unsicheres Unternehmen ist, wie es das bei einem normalen Kind wäre. Soweit es das Sozialverhalten betrifft, so läßt die extreme Distanziertheit vieler autistischer Kleinkinder häufig nach. Doch egal, welche Art Therapie oder Unterricht auch angewandt wird und welche Verbesserungen auch immer eintreten mögen, nach Einschätzung des erfahrenen Klinikers bleibt immer ein dauerhaftes, wenn auch möglicherweise geringfügiges Defizit bestehen. Dieses Weiterbestehen ist ein weiteres Rätsel und auch ein weiterer Hinweis auf unserer Suche nach einer Antwort. Offenbar gibt es etwas, das fehlt, etwas, das nicht korrigiert oder ersetzt werden kann.

Autismus ist ein erkennbares Ganzes, nicht nur wegen der charakteristischen Gruppe klinischer Merkmale, sondern auch wegen eines charakteristischen zeitlichen Verlaufs. Auf einen ganz wichtigen Gesichtspunkt werden wir immer wieder zurückkommen: Der Autismus ist eine Entwicklungsstörung. Das bedeutet, daß die Entwicklung in ihrer Gesamtheit von der Säuglingszeit an beeinträchtigt wird. Wenn sich eine psychische Störung erst dann manifestiert, wenn die Entwicklung verschiedener Fähigkeiten bereits abgeschlossen ist, erwarten wir einen Zusammenbruch, vielleicht eine Regression oder eine fortschreitende Verschlechterung – dies alles ist jedoch zuvor aufgebauten Fähigkeiten überlagert. Bei einer Entwicklungsstörung von Anfang an dagegen wird der Prozeß des Lernens durch Erfahrung selbst beeinträchtigt. Dies bedeutet für unsere Suche nach Erklärungen, daß es falsch wäre, sich nur auf einzelne Merkmale zu konzentrieren, so faszinierend diese auch sein mögen. Nur zu leicht läßt man sich von bizarren und auffälligen Details ablenken, doch wir müssen diese Details als Einzelteile eines größeren Puzzles sehen. Diese Stücke müssen wir zu einem stimmigen Bild zusammensetzen, das auch die Kräfte berücksichtigt, die die Entwicklung steuern.

2. Wolfskinder

Autismus ist kein Phänomen unserer Zeit, auch wenn erst in unserer Zeit erkannt wurde, daß er eine eigene Krankheit darstellt. Die kurze Geschichte der Psychiatrie und die noch kürzere Geschichte der Kinderpsychiatrie lehrten uns, daß eine erst neuerdings beschriebene Störung nicht notwendigerweise eine neuartige Störung ist. Ein Ansteigen der Anzahl diagnostizierter Fälle bedeutet nicht notwendigerweise ein Ansteigen der Anzahl der Fälle. Es gibt überdeutliche Hinweise auf Autismus in historischen medizinischen Aufzeichnungen.

Eine Fallbeschreibung des Apothekers des Bethlem Hospital, der Londoner Nervenheilanstalt, ist oft als früher Beleg für Autismus zitiert und nie in Zweifel gezogen worden. Es handelte sich um einen fünfjährigen Knaben, den man 1799 einlieferte. Besonders hervorgehoben wurde, daß dieser Junge nie mit anderen Kindern spielte oder ihnen Zuneigung zeigte, sondern sich völlig hingegeben und isoliert mit Spielzeugsoldaten beschäftigte.

Es gibt noch mehrere andere interessante Berichte, die möglicherweise historische Belege für Autismus darstellen. Da haben wir die „gesegneten Narren" des alten Rußland, deren Bedeutung in Hinsicht auf Autismus erst vor kurzem erkannt wurde, als der herausragende Kenner der russischen Geschichte, Horace W. Dewey, auf einen möglichen Zusammenhang hinwies. Wir werden im folgenden Kapitel kurz darauf eingehen. Die Nachweise, die wir in diesem Kapitel diskutieren, sind schon häufig im Zusammenhang mit Autismus angeführt worden und beziehen sich auf die sogenannten „wilden", „verwilderten" oder „Wolfs"kinder. Man versteht darunter die seltenen Fälle von Kindern, die in der Wildnis, außerhalb jeden menschlichen Kontakts aufwuchsen, nicht sprechen konnten und sich so sehr von gewöhnlichen Menschen unterschieden, daß sie Linné in seinem *Natursystem* von 1766 als eigene Spezies des „Wildmenschen" (*homo ferus*) aufführte. Wurden diese unglücklichen Geschöpfe aufgegriffen und in die Gesellschaft gebracht, begegnete man diesen „wilden" Kindern wie etwa seltenen Zootieren. Sie riefen Verblüffung und Unverständnis hervor, jedoch auch freundliche Fürsorge und wissenschaftliche Neugier.

Wir haben zwei gut dokumentierte Fälle aus dem späten 18. und dem frühen 19. Jahrhundert: den „wilden Knaben von Aveyron" und den rätselhaften Fall des Kaspar Hauser. Wir werden diese Berichte im einzelnen betrachten, da sie nicht nur von historischem Interesse sind. Unter anderem erlauben sie uns, zwei Ursachen von Autismus zu untersuchen, die damals diskutiert wurden und heute noch von Belang sind: biologische Gründe und soziokulturelle Umwelt. Den gemeinsamen Hintergrund der beiden Fälle bildet eine Situation extremer, ja herzzerreißender sozialer Deprivation. Kann langfristige, absolute Entbehrung menschlichen Kontaktes zu Autismus führen? Die beiden Fälle helfen uns vielleicht, diese Frage zu beantworten. Wiesen beide das so schwer greifbare Merkmal der „autistischen Isolation" auf? Dieses Kennzeichen ist, wie wir gesehen haben, nicht gleichzusetzen mit dem völligen Rückzug von menschlichem Kontakt, sondern etwas Unterschwelligeres, etwas, das viele verschiedene Formen annehmen und sich in verschiedenen Entwicklungsstadien sehr unterschiedlich manifestieren kann. Kann man dieses Merkmal über einen großen zeitlichen und kulturellen Abstand noch ausmachen? Können wir bei Fällen, die vor 200 Jahren beschrieben wurden, entscheidende Ähnlichkeiten mit Kindern feststellen, die heute als autistisch diagnostiziert werden? Wenn das so wäre, müßten wir diese Merkmale, die das Wesen der Störung darstellen, auch jenseits unserer Gegenwart und unseres kulturellen Kontextes herausdestillieren können.

Der Fall des wilden Knaben von Aveyron

In den letzten Jahren des 18. Jahrhunderts zog der Fall eines verwilderten Knaben, den man in einem Wald im Herzen von Frankreich auffand, intellektuelle und mondäne Kreise in seinen Bann. Der Junge, der etwa zwölf Jahre alt sein mußte, sprach nicht, reagierte nicht auf Fragen, nicht einmal auf Geräusche, die in seiner Nähe erzeugt wurden. Er hatte keine Kleider, und sein Körper war von Narben bedeckt. Seine ganze Erscheinung und sein gesamtes Verhalten wirkten völlig asozial.

Es schien sich hier also um einen Knaben zu handeln, der ein ideales Beispiel dafür bot, was aus einem menschlichen Wesen wird, das völlig außerhalb der menschlichen Gesellschaft aufwächst. Manche glaubten, solch ein Kind müsse ein „echter Wilder" ohne jegliches moralisches Empfinden sein. Andere dagegen dachten, es müsse die menschlichen Tugenden rein, unverdorben von der Gesellschaft entwickeln. Einige wenige jedoch vermuteten, daß ein solches Kind möglicherweise hirngeschädigt war. Sollte diese Vermutung zutreffend gewesen sein, können wir diesen Fall nicht zur Klärung des Phänomens Autismus heranziehen. In der Tat stellten einige bedeutende Mediziner, die das Kind untersuchten, fest, daß es anderen Kindern „von unterentwickelter und geschädigter Konstitution" ähnele. Sie glaubten, daß die Stummheit und Seltsamkeit des Jungen auf „konstitutionellem Schwachsinn" beruhe. Diese Theorie lieferte auch eine Erklärung dafür, warum der Junge überhaupt in der Wildnis gelebt hatte. Vielleicht hatten ihn verzweifelte, verarmte Eltern ausgesetzt, weil er sich völlig abnorm entwickelte. Vielleicht hatten sie ihn sogar töten wollen, eine Vermutung, die auf einer schweren Wunde an seiner Kehle gründete.

DE L'ÉDUCATION

D'UN HOMME SAUVAGE,

OU

DES PREMIERS DÉVELOPPEMENS PHYSIQUES ET MORAUX

DU

JEUNE SAUVAGE DE L'AVEYRON.

Par E. M. ITARD, Médecin de l'Institution
Nationale des Sourds-Muets, Membre de la
Société Médicale de Paris, etc.

Quand on dit que cet enfant ne donnait aucun signe de
raison, ce n'est pas qu'il ne raisonnât suffisamment pour
veiller à sa conservation; mais c'est que sa réflexion, jusqu'alors
appliquée à ce seul objet, n'avait point eu occasion de se porter
sur ceux dont nous nous occupons................................
.... Le plus grand fonds des idées des hommes est
dans leur commerce réciproque.

CONDILLAC.

A PARIS,

Chez GOUJON fils, Imprimeur-Libraire, rue Taranne,
Nᵒ. 737.

VENDÉMIAIRE AN X. (1801).

2.1 Titelseite der Abhandlung von Itard *Über die Erziehung eines wilden Mannes oder Die Anfänge der körperlichen und moralischen Entwicklung des wilden Knaben von Aveyron.* (Wiedergabe mit freundlicher Genehmigung der British Library)

Das Interesse der Öffentlichkeit galt aber nicht dieser relativ einfachen Erklärung, sondern vielmehr einer, die auf soziale und Umweltfaktoren abhob. Man vermutete, der Junge – man nannte ihn Victor – sei als völlig normales Kind geboren worden und aufgrund eines unbekannten Schicksales verlorengegangen oder ausgesetzt worden, als er noch sehr klein war. Da er außerhalb der menschlichen Gesellschaft heranwuchs, wurde seine Entwicklung so sehr gehemmt, daß er geistig behindert wirkte. Natürlich konnte er nicht sprechen gelernt haben; dazu hatte er ja gar keine Möglichkeit gehabt. Die brennende Frage lautete: War Victor bildungsfähig? Konnte er aus seinem „wilden" Zustand in die zivilisierte Welt zurückgeführt werden? E. M. Itard, ein Arzt, den dieses Problem sehr reizte, nahm die Herausforderung an und wurde damit zu einem der Pioniere der Heilpädagogik. Die Geschichte von Victors Erziehung ist durch einen großartigen Film von François Truffaut, der sich eng an Itards Aufzeichnungen hielt, bekannt geworden.

2.2 Zeitgenössisches Portrait von Victor (ca. 1775–1828).

War Victor autistisch?

In seiner wissenschaftlichen Studie des wilden Knaben von Aveyron diskutiert Harlan Lane, ob Victor ein autistisches Kind gewesen sein könnte.[1] Lane stellt aus Übersetzungen von Itards Berichten über Victors Erziehung sowie anderen relevanten Dokumenten eine äußerst wertvolle und umfassende Fallgeschichte zusammen. Zwar weist er darauf hin, daß viele von Victors Verhaltensauffälligkeiten denen von autistischen Kindern sehr ähneln, doch er lehnt Autismus als korrekte Diagnose ab. Merkwürdigerweise schließt er Autismus auf der Grundlage der folgenden, gut belegten Beobachtungen aus: 1) Victor zeigte rasche Stimmungsumschwünge, die von erkennbaren Ursachen hervorgerufen wurden, gewöhnlich durch Umgang mit anderen Menschen. 2) Er zog sich nicht grundsätzlich, von innen heraus von anderen zurück, sondern zeigte denen, die ihm freundlich begegneten, Zuneigung. Er hatte das Bedürfnis zu gefallen, reagierte jedoch auch häufig mit Wut auf Menschen, die ihn provozierten. 3) Er zeigte keinen manischen Ordnungsdrang. 4) Er hatte keine Schwierigkeiten bei praktischen Verrichtungen. 5) Er verfügte über Gestensprache und war im Rahmen seiner Möglichkeiten kommunikativ. Die Frage ist nur: Schließen diese Beobachtungen Autismus wirklich aus?

Wir haben im vorangegangenen Kapitel gesehen, daß jede dieser Beobachtungen auch sehr gut auf ältere autistische Kinder zutreffen würde. Warum sollen sie unvereinbar mit Autismus sein? Eine derartige Meinung ergibt sich aus der irrtümlichen Vorstellung, Autismus könne auf jeder Stufe der kindlichen Entwicklung aufgrund immer derselben Verhaltenskriterien diagnostiziert werden. Die Erwartung, der tiefe Rückzug in sich selbst und das Beharren auf Eintönigkeit eines autistischen Kleinkindes blieben lebenslang typische Kennzeichen, ist jedoch schlicht falsch. Vielleicht mußten erst 20 oder 40 Jahre vergehen – also so viel Zeit, bis die erste Generation psychiatrisch diagnostizierter, autistischer Kinder erwachsen geworden waren –, bevor sich diese Wahrheit durchsetzen konnte. Das voll entwickelte Bild der Störung stellt, wie ich bereits betont habe, eine Entwicklungsstörung dar. Völlige Indifferenz gegenüber sozialen Kontakten oder tiefgehender Rückzug findet sich nach einem Alter von fünf Jahren kaum noch und ist in keinem Fall ein Verhaltenskriterium, das einzig und allein für Autismus spräche. Das Kardinalmerkmal „autistische Isolation" zeigt sich im gesamten Leben des autistischen Menschen auf subtilere Weise.

Deshalb schließt die Beobachtung, daß Victor auf Menschen reagierte (Lanes Punkte 1 und 2), nicht aus, daß er autistisch war. Die Hinweise in bezug auf ein zwanghaftes Bedürfnis nach Ordnung (Punkt 3) sind zweideutig. Doch das ist vom Standpunkt des gegenwärtigen diagnostischen Verfahrens aus nicht entscheidend. Repetitives Verhalten tritt bei Autismus häufig, jedoch nicht notwendigerweise ständig auf und kann sehr viele verschiedene Formen annehmen. Der Hinweis auf Victors gute praktische Fähigkeiten (Punkt 4), also der Umgang mit Dingen oder die Erledigung bestimmter Routineaufgaben, ist mit Autismus vollkommen vereinbar. In der Tat beobachtet man hier häufig ausgezeichnete Fähigkeiten im Umgang mit Objekten – oft im Gegensatz zu den geringen Fähigkeiten im Umgang mit Menschen. Auch zeigen autistische Kinder in der Gestensprache beträchtliche, wenn auch begrenzte Kompetenz und haben zumindest in einem gewissen Maße die Fähigkeit zur Kommunikation (Punkt 5). Berücksichtigt man daher das aktuelle Wissen, dann erschüttert keiner der betrachteten Einwände Harlan Lanes die Diagnose „Autismus".

Weitere Belege für Autismus

Wenn wir die Einwände so leicht zurückweisen können, wie verhält es sich dann mit den Anzeichen, die man als unmittelbare Hinweise auf Autismus deuten kann? Zur Klärung dieser Frage können wir den ersten wissenschaftlichen Aufsatz über den Fall heranziehen. Der berühmte Abbé Pierre-Joseph Bonnaterre, Professor für Naturgeschichte an der Department-Schule von Aveyron, schrieb ihn 1800, bevor Victor eine systematische Erziehung erhalten hatte.

Anzeichen einer schweren Beeinträchtigung in wechselseitigen sozialen Interaktionen

„Seine Gemütsbewegungen waren so begrenzt wie sein Wissen; er liebt niemanden; er ist niemandem zugeneigt; er zeigt eine gewisse Bevorzugung seines Pflegers, doch als Ausdruck eines Bedürfnisses und nicht aus einem Gefühl von Dankbarkeit heraus; er folgt ihm, weil der Mann bemüht ist, seine Bedürfnisse zu befriedigen und seinen Hunger zu stillen . . . Ich führte ihn eines Tages in das Haus von Bürger Rodat . . . Alles war zu seinem Empfang bereitet. Bohnen, Kartoffeln, Kastanien und Walnüsse standen bereit, die einzige Nahrung, die Victor anfangs zu sich nehmen wollte. Die Fülle an Nahrung gefiel ihm sehr. Ohne den Menschen um ihn herum Aufmerksamkeit zu schenken, griff er nach den Bohnen, gab sie in einen Topf, fügte Wasser hinzu und stellte den Topf aufs Feuer . . ."

Diese Anekdote erinnert auf skurrile Weise an eine Episode, die mir Margaret Dewey berichtete. Sie lud einen hochbegabten, autistischen jungen Mann zum ersten Mal zum Essen zu sich nach Hause ein. Sidney hatte kaum das Haus betreten, als er schon stracks in die Küche marschierte und das gesamte Essen nach seinem Geschmack würzte. Erst danach kam er zurück und akzeptierte die dargebotene Hand und Begrüßung.

Während die Anekdote über Victor durchaus seinem völligen Mangel an Umgangsformen zugeschrieben werden kann, darf Sidney diese Entschuldigung nicht für sich in Anspruch nehmen, da dessen kultivierte Familie alle Anstrengungen unternommen hatte, ihm die grundlegenden Regeln der Höflichkeit einzurichten.

Die Seltsamkeit von Victors Beziehung zu Menschen läßt sich anhand späterer Berichte, als er schon eine mehrjährige Erziehung in Itards Haus hinter sich hatte, klarer bewerten. Höchst entlarvend ist die Aussage, Victor habe „kein Gefühl der Dankbarkeit dem Mann gegenüber, der ihn ernährt, sondern nimmt die Nahrung an, als nähme er sie von der Erde auf". Auch sei er sich, so wird berichtet, überhaupt nicht bewußt gewesen, daß niemand verpflichtet war, ihn zu ernähren, und auch nicht, daß er von einem hübschen Mädchen bedient wurde. Diese Beobachtungen scheinen genauso für heutige autistische Jugendliche zu gelten wie damals für Victor. Alle diese Verhaltensauffälligkeiten verweisen auf das schwer greifbare, jedoch entscheidende Merkmal „autistische Isolation".

Anzeichen spezifischer intellektueller Beeinträchtigung

„Er denkt über nichts nach, besitzt daher auch kein Urteilsvermögen, keine Einbildungskraft, kein Gedächtnis. Seine Schwachsinnigkeit manifestiert sich in seinem Blick, da er seine Aufmerksamkeit auf nichts richtet. Sie manifestiert sich in seinen Lautäußerungen, die mißtönend und unverständlich sind und die er Tag und Nacht von sich gibt; in seinem Gang, so daß Gehen bei ihm immer ein Trab oder Galopp ist; in seinen Handlungen, die jeden Zwecks und jeder Bestimmung ermangeln."

Mögliche Zeichen verborgener Intelligenz könnte man allenfalls in Victors fachmännischer Zubereitung der Bohnen sehen. Dabei zeigte er ökonomische, flüssige Bewegungen, Planung und Koordination mehrerer Handlungen, etwa beim Schälen der Bohnen, Herauslesen der schlechten, Ins-Feuer-Werfen der leeren Schalen und Wasserholen. Eine solche Leistung würde man normalerweise von einem schwer retardierten Kind nicht erwarten. Doch sie entspricht exakt der Art von Aufgaben, die eine autistische Person, die Interesse daran hat, als Routinehandlungen zuverlässig ausführen kann. So können sehr schwer retardierte und stumme autistische Jugendliche lernen, Autos zu waschen, Räume zu putzen, Gemüse zuzubereiten, den Tisch zu decken und so weiter.

Interessant ist, daß in der ersten, oben zitierten Gesamteinschätzung von Victors intellektuellen Fähigkeiten Blick, Stimme und Gang als auffällig erwähnt werden. Diese drei Arten nonverbalen Ausdruckes spielen in der zwischenmenschlichen Kommunikation eine ähnlich entscheidende Rolle wie die Sprache. Hier gibt es bei autistischen Personen unter einem Alter von zehn Jahren immer deutliche Abweichungen von der Norm. Auffälligkeiten in der gewöhnlichen Kommunikation deuten ebenfalls auf Autismus hin.

Anzeichen einer charakteristischen Beeinträchtigung der sensorischen Aufmerksamkeit

„Die schrillsten Schreie, die harmonischsten Töne beeindrucken sein Ohr nicht . . . und er zeigt keine Wahrnehmung von Geräuschen, die in seiner Nähe erzeugt werden; doch wenn ein Schrank, der seine Lieblingsnahrung enthält, geöffnet wird, wenn man Walnüsse, für die er eine besondere Schwäche hat, hinter ihm knackt . . . dreht er sich herum, um sie zu ergreifen.“

Es ist verblüffend, daß in fast allen Berichten über autistische Kinder erwähnt wird, man habe sie anfänglich für taub gehalten, später jedoch sehr wohl eine ungewöhnlich scharfe Sinneswahrnehmung für bestimmte Geräusche festgestellt.

Anzeichen fehlenden symbolischen Spieles Von Victor wird berichtet, er sei „gleichgültig gegenüber allen kindlichen Vergnügungen“ gewesen. „Wenn er allein ist, schläft er gerne, denn er hat nichts zu tun, nachdem er gegessen hat, und er spielt fast nie . . . Er zieht gerne Strohhalme zwischen seinen Zähnen hindurch und saugt den Saft daraus – das ist seine Lieblingsunterhaltung.“

Anzeichen von Stereotypien Die ersten Berichte beschreiben mehrfach, wie Victor die leeren Stunden füllt, die sich sowohl aus seinem Mangel an Phantasie als auch aus seinem fehlenden sozialen Umgang oder Interesse ergeben mußten.

> „Normalerweise erwacht er im Morgengrauen: Dann nimmt er eine sitzende Stellung ein, wickelt Kopf und Körper in seine Decke. Er schaukelt vor und zurück und legt sich dazwischen immer wieder hin, bis es Zeit zum Frühstück ist. Während dieser Zeiten, die man Ruhezeiten nennen könnte, will er weder aufstehen und den Tag beginnen noch sein Zimmer verlassen . . . [später am Nachmittag] wenn er keine Bohnen zu schälen hat, zieht er sich in sein Zimmer zurück, streckt sich auf dem Stroh aus, wickelt sich in seine Decke und schaukelt vor und zurück oder legt sich schlafen.“

Was wurde aus Victor?

Mit außerordentlichem Mut nahm Itard 1801 die gewaltige Aufgabe auf sich, Victor in seinem eigenen Haus zu erziehen. Dieser Mut war umso bemerkenswerter, weil Pinel, der bedeutendste Arzt seiner Zeit und Experte für Geistesstörungen, Victor untersuchte und erklärte, er sei „von Geburt an schwachsinnig“ und es gebe keine Hoffnung, ein normales Kind aus ihm zu machen. Pinel hatte recht, doch Itard bewies, daß sich durch Erziehung die Lebensqualität Victors deutlich verbessern konnte. Obwohl Victor stumm blieb, erlernte er viele Fertigkeiten; so erwarb er in gewissem Umfang eine nützliche Zeichensprache. Der junge Wilde aus dem Wald von Aveyron hatte unglaubliche Fortschritte gemacht.

Niemand, nicht einmal diejenigen, die ihm ohnehin nur geringe Chancen gaben, hatten jedoch damit gerechnet, daß er die Bedeutung einiger grundlegender sozialer Werte nie lernen würde. Er zeigte nie Anzeichen von Freundschaft oder Mitgefühl, auch nicht von Verlegenheit, und er behielt immer einen „grenzenlosen" Egoismus bei. Diese Beobachtung paßt wiederum außerordentlich gut zu heutigen autistischen Erwachsenen. Nach fünf Jahren engagierter Bemühungen resignierte Itard schließlich und stellte in seinem abschließenden Bericht fest, daß die Erziehung des jungen Mannes immer noch unvollständig sei und wahrscheinlich immer bleiben werde.

Ironischerweise war Victor, der allein in der Wildnis hatte überleben können, außerstande, ein selbständiges Leben in der Gesellschaft zu führen. Madame Guérin, die Frau, die Itard zur Pflege Victors angestellt hatte, bekam ein Gehalt dafür, daß sie sich weiterhin um ihn kümmerte. Er lebte bei ihr bis zu seinem Tode im Alter von etwas mehr als 40 Jahren. Viele Autoritäten, darunter Edouard Séguin, einer der Begründer der wissenschaftlichen Psychologie, und Franz Gall, der berühmte Begründer der Phrenologie, untersuchten Victor im Erwachsenenalter. Sie kamen alle zu der Schlußfolgerung, daß er „ein echter Schwachsinniger" sei und anderen Menschen ähnele, die ihnen als von Geburt an geistig behindert bekannt waren.

Das Rätsel um den wilden Knaben

Lane versucht die Hypothese, daß Victor autistisch gewesen sei, mit drei Fragen zu entkräften: 1) Hätte ein psychotisches Kind in der Wildnis überleben können? 2) Muß man *alle* verwilderten Kinder als psychotisch einstufen? 3) Welche von Victors Verhaltensauffälligkeiten kann man nicht mit seiner Anpassung an das Leben im Walde erklären?

Eine Antwort auf die erste Frage ist genauso schwierig zu finden wie eine Erklärung dafür, weshalb ein normales Kleinkind allein überlebt haben könnte. Wir wissen nicht, in welchem Alter Victor ausgesetzt wurde. Lane vermutet, daß er etwa fünf Jahre alt war, da man sich kaum vorstellen kann, daß ein jüngeres Kind, ob gesund oder nicht, unter solchen Bedingungen überlebt hätte. Geht man jedoch davon aus, daß er viel später sich selbst überlassen wurde, wäre seine Stummheit schwerer zu erklären. Doch es gibt einen recht guten Hinweis auf Victors Alter bei seiner Aussetzung. In den zwei Jahren, bevor man ihn aufgriff, war er mehrmals gesichtet worden, und während eines harten Winters waren die Leute immer bereit, ihm zu essen zu geben und sich um ihn zu kümmern, wenn er in der Nähe eines Dorfes auftauchte. Als man ihn einfing, wieder in einem harten Winter, hielt man ihn für etwa zwölf. Das würde darauf hindeuten, daß er nicht viel früher als mit zehn Jahren ausgesetzt worden war. Sogar in diesem Alter ist es erstaunlich, daß er zwei Jahre lang überleben konnte. Ohne Behausung und Kleidung mußte er die Unbilden der Witterung und Hunger ertragen, nicht nur mangelnde Bequemlichkeit. Könnte ein autistisches Kind das schaffen? Merkwürdigerweise wird in unabhängigen Berichten häufig erwähnt, daß autistische Menschen extreme Schmerzen und Temperaturen sowie Hunger klaglos ertragen können. Insgesamt scheinen autistische Kinder in besonderer Weise dazu geeignet – jedenfalls besser als normale Kinder – das rauhe, einsame Leben Victors zu führen, als er die Wälder durchstreifte. Wäre er ein normales Kind gewesen, wäre schwieriger zu erklären, warum er nicht Zuflucht bei den Menschen suchte. Es waren allen Berichten zufolge häufig Dorfbewohner in seiner Nähe und bereit, ihm zu helfen. Wenn er autistisch war, mag ihm diese Idee gar nicht gekommen sein. Vielleicht war es ihm unmöglich, wohlgesinnte Menschen von Geschöpfen der Wildnis zu unterscheiden.

Damit nähern wir uns schon der Antwort auf Lanes zweite Frage: Sind alle „wilden" Kinder autistisch? Aus dem, was wir gerade besprochen haben, kann man schließen, daß ein übermäßig hoher Anteil verwilderter Kinder an Autismus litt, bevor man sie aussetzte. In der Tat kann Autismus mit seinen oft gravierenden Verhaltensproblemen der wichtigste Grund für das Aussetzen gewesen sein. Andererseits wäre die Annahme lächerlich, daß alle verwilderten Kinder autistisch waren. Es gibt zweifelsohne verschiedene Gründe dafür, daß kleine Kinder verlorengehen, versteckt, isoliert oder ausgesetzt werden, und ebenso verschiedene Gründe, weshalb sie in der Isolation überlebt haben.

In der dritten Frage geht es um Erklärungsökonomie. Was außer Victors langandauernder sozialer Deprivation braucht man noch zur Erklärung seines seltsamen Verhaltens? Nehmen wir als Beispiel eine andere Behinderung, und vergleichen wir jemanden, der taub ist, mit einer Person mit normalem Gehör, die in einer völlig geräuschlosen Welt aufgewachsen ist. Wären die unangemessenen Reaktionen der beiden Menschen bei Tests in einer normalen Umgebung nicht zu unterscheiden? Selbst wenn dem so wäre, würden wir dann sagen, daß es uns keinen Erkenntnisgewinn bringt, wenn wir wissen, daß einer der beiden wirklich taub ist? Der hörenden Person könnte man, sofern ihr Gehör durch den fehlenden Gebrauch nicht dauerhaften Schaden gelitten hat, durchaus beibringen, die Bedeutung von Lauten zu verstehen und zu sprechen. Für die taube Person dürfte Unterricht in Zeichensprache angemessener sein. Ich glaube, das Wissen, daß Victor autistisch war, trägt viel zur Bewertung seiner begrenzten Lernfortschritte bei. Er konnte nicht verstehen lernen, was er nicht wahrnehmen konnte.

Vielleicht können wir die Frage auch auf andere Weise beantworten. Im Falle des wilden Knaben von Aveyron ist es kaum einsichtig, wieso sein charakteristisch seltsames Verhalten einzig und allein als Anpassungsleistung an sein Leben in der Wildnis erklärt werden sollte. Er war zu klein und hatte Untergewicht, er hatte zahlreiche Narben, und er wurde schließlich von extremen Witterungsverhältnissen in die Nähe von Dörfern getrieben. Als er „gezähmt" war, zog er menschliche Gesellschaft der Wildnis vor. Sein in späteren Jahren aufgezeichnetes Verhalten weist große Veränderungen und einen hohen Anpassungsgrad an die Erfordernisse des Itardschen Haushalts auf. Zugleich stimmt die Seltsamkeit seiner neuerworbenen Verhaltensweisen, die aus zahlreichen Beispielen hervorgeht, so gut mit modernen Beschreibungen autistischer Kinder überein, daß die Ähnlichkeit schon unheimlich ist. Ein letztes Beispiel aus Lanes Wiedergabe eines Augenzeugenberichtes illustriert dies.

Die Schilderung ist stark durch die Vorstellung beeinflußt, daß es tatsächlich die Zivilisation ist, die den modernen Menschen vom Wilden abhebt. Nur durch eine aufgeklärte Erziehung von Kindheit an, so glaubte man, entwickle sich ein moralisches Verhalten. Nur durch Erziehung werde ein Kind in die Gesellschaft integriert. Diese Theorie war Bestandteil der vorherrschenden Philosophie der Aufklärung, die im 18. Jahrhundert ihre Blüte hatte.

Itard und Victor waren Gäste bei einem Abendessen im Hause der berühmten Madame Récamier.

> „Madame Récamier ließ ihn [Victor] an ihrer Seite Platz nehmen; vielleicht dachte sie, daß dieselbe Schönheit, die zivilisierte Männer gefesselt hatte, von diesem Kind der Natur, das noch nicht 15 Jahre alt schien, ähnliche Huldigung erfahren würde ... Zu beschäftigt mit dem Überfluß an Speisen, die er mit verblüffender Gier verschlang, sobald sein Teller gefüllt wurde, schenkte der junge Wilde den schönen Augen, deren Aufmerksamkeit er auf sich zog, kaum Beachtung. Als das Dessert serviert wurde und er geschickt seine Taschen mit allen Leckereien, die er stibitzen konnte, gefüllt hatte, verließ er still die Tafel ... Plötzlich kam ein Geräusch aus dem Garten, und Monsieur Itard vermutete, daß sein Zögling der Grund sei ... Bald erblickten wir [ihn], wie er mit der Schnelligkeit eines Kaninchens über den Rasen rannte. Um sich mehr Bewegungsfreiheit zu verschaffen, hatte er sich bis auf das Unterhemd ausgezogen. Als er die Hauptfahrstraße des Parks erreichte ... zerriß er sein letztes Bekleidungsstück, als ob es nur aus Gaze bestünde; dann erkletterte er den nächsten Baum mit der Leichtigkeit eines Eichhörnchens und ließ sich inmitten der Äste nieder."

Der Bericht fährt damit fort, daß der Junge Itards inständige Bitten, herunterzukommen, nicht befolgte und von Baum zu Baum sprang. Schließlich lockte ihn der Gärtner mit einem Korb Pfirsiche herunter. Victor ließ zu, daß man ihn eilends bedeckte und in einer Kutsche nach Hause schaffte. Die Gäste blieben zurück und besprachen die „Vollkommenheit des zivilisierten Lebens und den traurigen Anblick der ungezähmten Natur".

Dieser Bericht illustriert sehr lebendig, wie offenkundig sich „autistische Isolation" darstellt, auch wenn die autistische Person sich inmitten einer Gesellschaft befindet und sich wohlfühlt. Die Isolation durchdringt alles, weil der autistische Mensch unfähig ist, psychische Zustände zu deuten. Es ist so, als ob Victor sich der Existenz oder Gefühle anderer nicht bewußt gewesen wäre. Daraus folgt, daß er sich überhaupt nicht darum kümmerte, welche Auswirkungen sein Verhalten auf die Meinung anderer Menschen über ihn hatte. Sein Verhalten schien weder beeinflußt durch die Absicht zu gefallen, noch durch Dankbarkeit oder Gefallen daran, im Mittelpunkt des Interesses zu stehen. Madame Récamiers Gärtner muß das gewußt haben, als er ihm Pfirsiche bot, statt sich aufs Bitten zu verlegen.

Nach meiner Ansicht erlauben die dargestellten Belege den Schluß, daß Victor autistisch war. Natürlich kann es in einem Fall, der sich vor 200 Jahren ereignete, keine endgültigen Antworten geben. Wie verhält es sich bei anderen historischen Fällen ähnlich extremer sozialer Deprivation? Würden wir wieder zu dem Schluß kommen, daß das betreffende Kind autistisch war? Wäre das so, dann müßten wir ernsthaft die Möglichkeit in Betracht ziehen, daß Autismus und „wilde" Existenz ursächlich zusammenhängen. Falls nicht, können wir alle Behauptungen einer solchen Verbindung zurückweisen. Es gibt in der Tat einen zweiten Fall schwerer sozialer Deprivation, bei dem wir über eine ausgezeichnete Dokumentation des Verhaltens verfügen. Anhand dieses Falles können wir nochmals prüfen, ob „autistische Isolation" sich aus beträchtlicher zeitlicher und kultureller Entfernung beurteilen läßt.

Der Fall Kaspar Hauser

Am Pfingstmontag 1828 tauchte ein sehr seltsam aussehender Bursche auf dem Unschlittplatz zu Nürnberg auf (Abbildung 2.3). Er bewegte seine Füße, als ob er nicht wüßte, wie man läuft, und er schien überhaupt nichts zu verstehen. Zuerst hielt man ihn für betrunken oder verrückt, da er immer wieder den offensichtlich auswendig gelernten Satz wiederholte: „Reiter werden, wie mein Vater gewesen ist." Er hatte einen Brief an den Hauptmann der Kavallerie in Nürnberg bei sich. Der Brief enthielt das Ersuchen, ihn als Soldat in die Dienste des Königs aufzunehmen, und nannte als sein Geburtsdatum den 30. April 1812. Demnach war er 16 Jahre alt, jedoch maß er nur 1,45 Meter. Zu aller Erstaunen konnte er seinen Namen schreiben: Kaspar Hauser. Doch er konnte nicht sprechen, von einigen Satzbruchstücken abgesehen. Es stellte sich heraus, daß er so seltsam aussah und sich so eigenartig verhielt, weil er sein ganzes bisheriges Leben in einem Keller zugebracht und seinen Wärter niemals gesehen hatte. Bald merkte man – da er jede andere Nahrung verweigerte –, daß er ausschließlich von Brot und Wasser gelebt hatte. Ein hölzernes Pferd, um das er sich ständig sorgte, war seine einzige Gesellschaft gewesen. Man steckte Kaspar zunächst in eine Zelle für Landstreicher, doch die Familie des Aufsehers kümmerte sich sehr freundlich um ihn. Danach lebte er bei verschiedenen, mehr oder weniger wohlwollenden Familien und erhielt sporadisch Unterricht. Er galt als eine der Sehenswürdigkeiten Nürnbergs und wurde von der Stadt offiziell adoptiert.

Die Sensation, die der Fall hervorrief, löste viele Spekulationen aus: War er ein Schwachsinniger, ein Wilder, ein Irrer oder ein Betrüger? Daß letzteres nicht zutraf, stellte sich rasch heraus. Doch es hielten sich Gerüchte, er sei königlichen Geblütes. Diese Spekulationen erhielten durch einen Mordanschlag, den er überlebte, neue Nahrung. Schließlich wurde Kaspar nur fünf Jahre nach seinem Auftauchen tatsächlich von einem Unbekannten ermordet. Das geschah zu einem Zeitpunkt, als er Gerüchten zufolge seine Autobiographie schrieb. 1908 schrieb der erfolgreiche Schriftsteller Jakob Wassermann einen epischen Roman auf der Grundlage dieses Falles und zitierte darin jede Spur eines Beweises, der dafür sprach, daß Kaspar ein tragisches Opfer einer Hofintrige war. In der Tat gibt es kaum einen Grund, an dieser Darstellung zu zweifeln, außer daß sie phantasievoll und romantisch ist. Doch das Leben soll ja oft seltsamer spielen als die Phantasie. Werner Herzogs beeindruckender Film *Kaspar Hauser* zeichnet eindringlich die traurige Lage von Kaspar nach, der aufgrund seines so grausam beeinträchtigten Lebens ein Fremder in der Welt blieb.

Dieser Fall soll im vorliegenden Kontext diskutiert werden, da er einen detaillierten, direkten Bericht über den körperlichen und geistigen Zustand von Kaspar und zahlreiche, genaue Beobachtungen enthält. Dieser Bericht über Kaspar Hauser, der von frühester Kindheit an bis zum Alter von 17 Jahren in einem Kerker ohne jeglichen Kontakt zur Außenwelt gefangen gehalten worden war, stammte von Anselm von Feuerbach, damals Präsident des Appellationsgerichtes in Ansbach bei Nürnberg.[2] Als berühmter Jurist interessierte sich Feuerbach für den Fall als Beispiel eines Verbrechens, das in der Rechtsprechung noch nie behandelt worden war, ein „Verbrechen am Seelenleben des Menschen".

Aus Feuerbachs Bericht, der mitfühlend, aber dennoch objektiv ist, können wir ein klinisches Bild von Kaspars Verhaltensauffälligkeiten rekonstruieren. Diesem Bericht zufolge konnte Kaspar, als er gefunden wurde, nur wenige wirre Satzbruchstücke hervorbringen. Doch er lernte rasch sprechen, offensichtlich von den Kindern des Gefängnisaufsehers. Auch erhielt er Spielsachen und Zeichnungen, an denen er Gefallen zu finden schien. Besonders hing er an dem erwähnten Spielzeugpferd, dem er fürsorglich von seiner eigenen Nahrung anbot.

Anfangs suchte Kaspar die Dunkelheit und saß am liebsten mit ausgestreckten Beinen auf dem Boden. Dies gab einige Hinweise auf die fürchterlichen Bedingungen in seinem Kerker. „Er schien zu hören, ohne zu verstehen, zu sehen, ohne etwas zu bemerken". Er zeigte ausgeprägte Gefühlslabilität und war leicht erregbar.

Kaspar entwickelte rasch und leicht persönliche Bindungen, zuerst zu Julius, dem elfjährigen Sohne des Gefängniswärters, dann auch zu anderen. Er gehorchte Autoritäten ohne Widerrede. Er war begierig zu lernen, insbesondere wollte er schreiben und zeichnen. Sein Gedächtnis für Namen und Titel galt als erstaunlich gut und schmeichelte den Leuten. Hingegen hatte er praktisch keinerlei Erinnerungen an sein Leben im Kerker. Innerhalb kurzer Zeit nahm er umfangreiches Wissen auf, unter anderem lernte er sogar Latein. Aufgrund seiner besseren Ernährung – andere Nahrungsmittel als Wasser und Brot hatte er nur sehr zögernd angenommen – wuchs Kaspar in einigen Wochen um mehr als fünf Zentimeter.

Feuerbach interessierte sich besonders für Kaspars Sinneswahrnehmung und für seine abweichenden physiologischen Reaktionen. Es gab Parallelen zu einem anderen berühmten Fall, den Voltaire publiziert hatte; es handelte sich dabei um einen Menschen, der seit seinen ersten Lebenswochen blind gewesen war und dessen Sehkraft durch eine Kataraktoperation wiederhergestellt wur-

Kaspar Hauser

2.3 Zeitgenössisches Portrait von Kaspar Hauser.
(Wiedergabe mit freundlicher Genehmigung der British Library)

de. In beiden Fällen wurden wissenschaftlich kontrollierte Beobachtungen angestellt. Kaspar gelang es wie dem vormals blinden Mann nicht, Größenkonstanz und Tiefe wahrzunehmen. Zum Beispiel hielt er Gegenstände, die aus einer gewissen Entfernung klein aussahen, für Spielzeuge. Diese Beobachtungen erhärteten die Vermutung, daß Kaspar ohne normale visuelle Stimulation aufgewachsen war. Das stimmt mit Kaspars späteren Berichten überein. Er

Kaspar Hauser.

Beispiel

eines

Verbrechens

am

Seelenleben des Menschen

von

Anselm Ritter von Feuerbach.

Ansbach, bei J. M. Dollfuß.

1 8 3 2.

2.4 Titelseite von Anselm von Feuerbachs *Beispiel eines Verbrechens am Seelenleben des Menschen*. (Wiedergabe mit freundlicher Genehmigung der British Library)

41

schilderte, daß Männer und Pferde auf Bildern ihm anfangs wie in Holz geschnitzt erschienen. Eine Landschaft erschien ihm häßlich, Mauern jedoch nicht. Auch erklärte er, ihm sei die Welt, als er sie zum ersten Mal sah, wie ein mit Farbe bespritzter Fensterladen dicht vor seinen Augen vorgekommen. All diese neuen Empfindungen ordneten sich schließlich durch seine rasch wachsende Erfahrung, und soweit wir wissen, verbesserte sich allmählich seine visuelle Wahrnehmung.

Feuerbach interessierte sich vor allem für Kaspars anscheinend besonders scharfe Sinneswahrnehmung. Sie war eindeutig nicht durch die Erfahrung abgestumpft. Seine Sehkraft, sein Gehör und sein Geruchssinn erwiesen sich als äußerst fein. Jedoch schien sich diese Sinnesschärfe allmählich abzuschwächen. Man stellte fest, daß Kaspar vor allem den Geruch der damals üblichen Brotgewürze (Fenchel, Anis und Kümmel) liebte und den Geschmack von Opium verabscheute, der ihm vermutlich aus seiner Kerkerzeit vertraut war.

Kaspar lernte Schachspielen und Gärtnern und erfuhr, daß Pflanzen nichts Künstliches und Tiere nicht wie Menschen sind. Und er lernte reiten, wofür er Begabung zeigte. Viele Menschen kamen, um ihn zu sehen, und man sprach in ganz Europa über ihn. Ein Jahr nach seinem plötzlichen und immer noch geheimnisvollen Auftauchen begann er, Trauer und Erbitterung darüber zu zeigen, daß er so lange eingesperrt gewesen war.

Viele Leute waren sehr erstaunt über Kaspars ausgesprochene Vorliebe für Ordnung und Sauberkeit. Alles mußte seinen Platz haben, und Kaspar bürstete sorgfältig jedes Stäubchen von Kleidern. Auch war er offensichtlich sehr bedacht und stolz auf seine Hunderte kleiner Besitztümer. Jedes hatte seinen eigenen, symmetrisch ausgerichteten Platz. Eine solche Kultiviertheit erwartete man nicht bei jemandem, der in einem dunklen Keller gefangengehalten worden war.

Etwa einen Monat nach seinem Auftauchen begann Kaspar zu träumen. Die Träume hielt er zunächst für real. Das geschah, als er im Hause eines bedeutenden Wohltäters, des freundlichen Professors Daumer, lebte. Diese Beobachtung sowie der Vermerk, daß Kaspar später zwischen Traum und Wirklichkeit unterscheiden konnte, sind sehr interessant, da sie dafür sprechen, daß Kaspar sich seiner eigenen psychischen Zustände durchaus bewußt war und darüber sprechen konnte. Das unterscheidet ihn stark von dem wilden Knaben von Aveyron, der keinerlei Anzeichen eines solchen Bewußtseins zeigte.

Man war neugierig, ob Kaspar ein religiöses Empfinden habe. Ihm war jedoch einfach nicht begreiflich zu machen, wovon die Geistlichen sprachen. Er war „sehr erstaunt über die Entdeckung der unkörperlichen Natur seines inneren Wesens". Diese Beobachtung legt wiederum die Vermutung nahe, daß er sich einer solchen inneren Welt allmählich bewußt wurde. Wie sonst hätte er darüber staunen können?

Trotzdem blieb Kaspar ein Fremder in der Welt. Er muß sich in der Tat stark von den gewöhnlichen Menschen abgehoben haben. Seine Sprache wurde wahrscheinlich nie ganz normal. Er sprach unbeholfen, in einfachen Sätzen und neigte zu wortwörtlichem Verständnis. Manchmal nahm seine Stimme einen rauhen und fremdartigen Klang an. Seine Bewegungen blieben steif und ungelenk. Feuerbach spricht von einer seltsamen Mischung aus kindlicher und erwachsener Psyche. Er stellte viele Widersprüche in Kaspars Urteilen, Fähigkeiten und Gefühlen fest. Zum Beispiel war Kaspar mild und sanft, ihm tat der Wurm leid, auf den er trat, er war furchtsam bis zur Feigheit, aber auch rücksichtslos, stur und fähig, auf seinen Rechten zu bestehen. Feuerbach schilderte Kaspar als „ohne ein Fünkchen Phantasie, unfähig, irgendeinen Witz zu machen". Bezeichnenderweise jedoch bescheinigte er ihm, er sei „von trockenem, aber kerngesundem Menschenverstand".

War Kaspar autistisch?

Die zeitgenössischen Berichte über Kaspar gestatten uns die Rekonstruktion eines klinischen Bildes, das sich von dem Victors stark unterscheidet. Dieses Bild verbietet uns den Schluß, Kaspar sei autistisch gewesen. Ich bin beispielsweise ziemlich sicher, daß ein so sorgfältiger Beobachter wie Feuerbach bei einer autistischen Person den „gesunden Menschenverstand" nicht als besonderes Attribut erwähnt hätte. Sogar sehr begabten autistischen Menschen, deren hochentwickelte sprachliche Fähigkeiten und abstruse Kenntnisse sehr zu beeindrucken vermögen, mangelt es auf frappierende Weise an gesundem Menschenverstand. Zu diesem gehört unter anderem eine Reihe von meist impliziten Vorannahmen, die alle Mitglieder einer Gemeinschaft teilen. Wenn autistische Menschen daran teilhaben könnten, wären sie auch in der Lage, Mißverständnisse aufgrund wörtlichen Verstehens zu vermeiden, über Insider-Witze zu lachen und so weiter. Kurz, sie wären nicht mehr sonderbar.

Einige der Beobachtungen an Kaspar könnten als Anzeichen für Autismus gelten: seltsame Sinneswahrnehmung, allgemeine Unbeholfenheit, Ordnungsliebe, relativ geringe sprachliche Ausdrucksfähigkeit, allgemeine Naivität und fehlende Weltgewandtheit. Dieselbe Frage, die wir uns beim wilden Knaben von Aveyron gestellt haben, sollten wir uns auch hier stellen: Können alle Eigenheiten auch als Auswirkungen langandauernder und tiefreichender Deprivation ökonomisch erklärt werden? Die sensorischen und motorischen Beeinträchtigungen könnten sehr wohl unmittelbar auf die Gefangenschaft in einem dunklen Keller zurückgehen, in dem es wenig zu sehen und kaum Bewegungsfreiheit gab. Das gleiche gilt für sein fehlendes Wissen über die Welt, seine Einfachheit und seine Verwirrung. Seine sonderbare Sprache mag darauf zurückzuführen sein, daß er erst so spät im Leben sprechen lernte. Wie verhält es sich mit Kaspars Pedanterie, seinem Beharren auf Ordnung? Im gewöhnlichen Leben scheint es so, als müßten die meisten kleinen, „unzivilisierten" Kinder ständig zur Ordnung angehalten und sehr mühsam zur Reinlichkeit erzogen werden. Viele Leute schätzen diese Werte vielleicht überhaupt nicht. Kaspar tat es offenbar. Doch das braucht uns nicht mehr zu überraschen als jede Neigung zur Pedanterie bei irgend jemand anderem. Das muß kein pathologisches Zeichen sein.

Die Hauptgründe gegen die Diagnose „Autismus" bei Kaspar liegen darin, daß nichts auf „autistische Isolation" hindeutet. So finden sich zahlreiche Beispiele für gute Kommunikation und affektiven Kontakt. Wir sehen, daß er sich der moralischen Probleme seines Falles bewußt ist und sich darüber empört. Wir finden kein Beispiel peinlichen Verhaltens (zum Beispiel, sich bei einem gesellschaftlichen Ereignis auszuziehen und in die Bäume zu klettern, wie Victor das tat). Vielmehr scheint es, daß Kaspar sich der Reaktionen und Interessen anderer Menschen durchaus bewußt war. Wir hören, daß er das Wohlgefallen anderer erregte, weil er sich ihre Namen und Titel merkte, und daß er Beziehungen auf der Grundlage von Vertrauen herstellte. Diese soziale Ansprechbarkeit ist umso bemerkenswerter, als man eher erwarten würde, daß Kaspar – der grausam behandelt worden war und noch dazu einen Mordanschlag erleben mußte – Menschen emotional und physisch meiden und ihnen mißtrauen würde.

Ein anderes wichtiges Kennzeichen von Autismus fehlt, wenn wir annehmen, daß Kaspar sich einen Großteil seiner einsamen Zeit im Kerker durch symbolisches Spiel mit seinem Spielzeugpferd vertrieb. Wir erfahren, wie begierig er war, sprechen zu lernen und mit anderen zu kommunizieren Offensichtlich nahm er es mit seinem Besitz und seinen Rechten sehr genau; beides sind sehr differenzierte soziale Konzepte, die häufig über dem Begriffshorizont autistischer Menschen liegen. Alle diese Gesichtspunkte stehen in krassem Gegensatz zum Fall des wilden Knaben von Aveyron, und alle sind entscheidend, da ihr Vorhandensein offensichtlich gegen Autismus spricht. Andererseits sind manche Ähnlichkeiten zwischen den beiden Jungen für die Diagnose „Autismus" nicht entscheidend und können durch die langandauernde Isolation in der Kindheit erklärt werden.

Der Verlauf von Kaspars „Rehabilitation" unterscheidet sich, soweit wir sehen können, stark von der Victors. Kaspar erhielt nur eine zufällig zusammengestückelte Erziehung, die nicht im entferntesten so fachlich qualifiziert und engagiert war wie die von Victor. Nichtsdestoweniger machte er offenbar enorme Fortschritte. Es bestehen jedoch kaum Zweifel, daß Kaspar physische und psychische Deprivation in einem Ausmaß erlitten hatte, daß möglicherweise irreversible, organische Schädigungen vorlagen. Eine gewisse Merkwürdigkeit blieb eindeutig bestehen.

Wir haben hier also einen Gegensatz zwischen zwei Fällen schwerer sozialer Deprivation, von denen nur einer deutlich die typischen Merkmale von Autismus zeigt. Solch ein Nachweis steht jeder Theorie einer sozialen oder umweltbedingten Ursache von Autismus entgegen. Im Falle Victors dürfte Autismus eher die Ursache als die Folge der Aussetzung gewesen sein. Es ist und bleibt ein Rätsel, warum Kaspar so behandelt wurde. Es ist nicht undenkbar, daß er als kleines Kind in gewisser Weise zurückgeblieben war, woraufhin man ihn aus einer vornehmen Familie ausstieß. Was auch immer die Wahrheit sein mag

– die wir nie erfahren werden –, man muß sich Feuerbachs Urteil anschließen, daß hier ein verabscheuungswürdiges Verbrechen am Seelenleben eines Menschen begangen wurde.

Der Fall Genie

Es ist außerordentlich schwierig, den Schleier der Zeit über Fällen merkwürdiger Kinder zu lüften, die vielleicht oder vielleicht auch nicht autistisch waren. Wenn wir Kaspar und Victor vor und nach ihrer Isolation hätten sehen können, könnten wir eindeutige Schlüsse ziehen. Doch so können wir uns nur auf die vorhandenen Belege stützen und spekulieren. Im Falle von Genie trifft dies jedoch nicht zu. Erstaunlicherweise stellt Genie eine enge, moderne Parallele zu Kaspar Hauser dar. Genie war ein Mädchen, das 1970 nach 13 Jahren extremer physischer und sozialer Deprivation gefunden wurde. Sie war fast ihr ganzes Leben in einem kleinen Zimmer eingesperrt gewesen – festgeschnallt auf einem Toilettenstuhl – und hatte nur minimale Pflege erhalten. Als man sie entdeckte, wies sie viele Ähnlichkeiten mit Kaspar Hauser auf. Sie war nur 1,35 Meter groß, völlig unsozialisiert, konnte nicht sprechen und war unfähig, aufrecht zu stehen. Im Falle Genies liegen medizinische Befunde aus ihrer frühen Kindheit vor, die beweisen, daß sie sich, abgesehen von einer angeborenen Hüftluxation, normal entwickelte. Das schreckliche Schicksal, das sie traf und ihre Entwicklung ab einem Alter von etwa zwei Jahren hemmte, war zumindest teilweise auf einen psychotischen Vater und eine verängstigte, blinde Mutter zurückzuführen, die beide davon überzeugt waren, Genie müsse jung sterben.

Das Interesse an ihrem Fall war so groß, daß er umfassend dokumentiert und diskutiert wurde; Susan Curtiss hat ein Buch darüber geschrieben.[3] Ohne ins Detail zu gehen, wollen wir auf die Ähnlichkeiten zwischen Genie und Kaspar hinweisen. Beide waren begierig auf Kommunikation mit anderen und konnten Bindungen an andere Menschen herstellen. Über die Sprachentwicklung Genies besitzen wir ausgezeichnete Informationen, bei Kaspar unglücklicherweise nicht. Es scheint jedoch, daß die Sprache in beiden Fällen anfangs rasch erlernt wurde, jedoch Auffälligkeiten bestehen blieben – ein Befund, der deutlich dafür spricht, daß es eine sensible Phase für das Sprechenlernen gibt.

Autismus wurde bei Genie eindeutig ausgeschlossen. Nur vier Wochen nach ihrer Befreiung aus ihrer Gefangenschaft war sie „lebhaft, mit wachem Blick, geworden, nahm bereitwillig an einfachen sozialen Spielen mit Ballons, Taschenlampe und Spielzeug, mit bekannten und unbekannten Erwachsenen teil. Sie zeigte lebhafte Neugier, gute visuell-motorische Koordination, ausreichendes Hör- und Sehvermögen und emotionale Ansprechbarkeit. Sie verfügte über eine breite Skala latenter Affekte und Reaktionen."

Dieser Fall bestärkt also unsere Schlußfolgerungen, daß die Entwicklungsabweichungen, die von schwerer sozialer Deprivation herrühren, den Störungen bei autistischen Kindern nicht sehr ähnlich sind. Insbesondere umfassen sie nicht die autistische Isolation.

Auf der Grundlage der vorläufigen Definition von Autismus, die wir in Kapitel 1 aufgestellt haben, konnten wir uns das vorhandene Material über einige der rätselhaftesten Fälle in der Geschichte der Kinderpsychologie plausibel machen. Victor und Kaspar boten uns die ungewöhnliche Gelegenheit, das Wesen des Autismus über die Grenzen der aktuellen wissenschaftlichen Darstellung hinaus zu erforschen.

Diese Fallbeispiele zeigen, daß die verheerenden Auswirkungen sozialer Deprivation gemildert, jedoch nicht gänzlich beseitigt werden können. Der Fall Victor, bei dem nur begrenzte Chancen zur Besserung bestanden, zeigt, daß Autismus weit schwerer therapeutisch zu beeinflussen ist als die Folgen schwerer Deprivation. Genie, die in der frühen Kindheit ein normales Kind gewesen war und auch in ihrer schlimmsten Verfassung kurz nach ihrer Befreiung nicht als autistisch gelten konnte, machte beeindruckende Fortschritte. Wenn diese Fälle Extremzustände emotionaler Ablehnung und sozialer Deprivation keinen Autismus hervorrufen, dann ist es unwahrscheinlich, daß weniger gravierende Umstände zu Autismus führen. David Skuse hat das Material über neuere Fälle von Kindern zusammengestellt, die unter Bedingungen sozialer und körperlicher Vernachlässigung und Isolation verschiedenen Grades aufgefunden wurden.[4] In keinem dieser Fälle war Autismus die Folge. Vielmehr scheint es, als gebe es für die Opfer von früher Deprivation eine ausgezeichnete Prognose, vorausgesetzt, es liegt keine organische Schädigung vor.

Wenn wir die Geschichte durchforsten, können wir feststellen, wie verschiedene Experten versucht haben, Probleme zu lösen, die bis heute Probleme geblieben sind. Im nächsten Kapitel werden wir noch tiefer schürfen und bis in die Bereiche von Mythos und Märchen vordringen. Auch hier werden wir auf Belege stoßen, daß es Autismus schon vor langer Zeit gegeben hat; zudem werden wir dort eine reiche Quelle von Vorstellungen über das Wesen von Autismus finden.

3. Jenseits von Zauberbann und Märchenglauben

Dornröschen

Die klassischen Märchen *Schneewittchen* und *Dornröschen*, die Anfang des 19. Jahrhunderts durch die Brüder Grimm populär gemacht wurden, enthalten eine Reihe verschiedener Motive. Eines davon ist das des todesähnlichen Schlafes oder vielmehr des lebensähnlichen Todes. Dieses merkwürdig paradoxe Bild übermittelt etwas von der spezifischen Erfahrung, die alle kennen, welche mit einem autistischen Kind Umgang haben; das schöne Kind ist zum Greifen nahe und doch so fern. Die Dornenhecke oder der Glassarg symbolisieren hervorragend die Unmöglichkeit, das Kind zu erreichen. Beim Autismus zeigt die soziale Isolation des Kindes, so sehr seine Erscheinung auch für ein normales und gesundes Kind („wach") sprechen mag, daß es das eben nicht ist („schlafend").

Interessanterweise werden in den beiden Geschichten zwei verschiedene Ursachen für den Tod/Schlaf genannt: Bei Schneewittchen ist es eine simple physische Ursache – der Biß in den vergifteten Apfel –, bei Dornröschen ist es ein Fluch. Obwohl sich die beiden Fälle in ihren Erklärungen unterscheiden, ist die Heilung jedesmal einfach und direkt auf die Ursache bezogen; der Apfel wird entfernt, der Fluch gebrochen. Wenn wir den Ursachen von Autismus nachgehen, stoßen wir auf genau diese beiden Extreme biologischer und psychogener Erklärungen. Die Märchen erinnern uns daran, daß keine der beiden Erklärungen eine Heilung ausschließt und daß beide die Wahrscheinlichkeit, daß man das Mittel findet („den Prinzen"), gleich einschätzen. Natürlich sollte man nicht auf das Happy-End hereinfallen; schließlich handelt es sich dabei nur um einen Kunstgriff des Märchens, um die moralische Quintessenz zu betonen.

Den Menschen der Vergangenheit müssen Fälle von Autismus begegnet sein, und sie müssen versucht haben, damit zurechtzukommen. Die unheimliche und faszinierende Kombination von kindlicher Unschuld und Wahnsinn schreit förmlich nach symbolischer Ausarbeitung. So ist es denn auch nicht verwunderlich, daß es viele Geschichten, Märchen und Mythen gibt, die Bilder von autistischen Kindern heraufbeschwören. Ich bin überzeugt, daß diese Mythen nicht vom Himmel gefallen sind. Sie schulden ihre Existenz und ihre Überlieferung teilweise dem realen Erleben von Autismus. Wilhelm Grimm schrieb in seiner Einführung in die Märchensammlung, die er 1812 gemeinsam mit Jakob Grimm herausgab: „So einfach sind die meisten Situationen, daß

3.1 Der Heilige Franziskus und ein Schüler. Fresko von Giotto, Chiesa Superiore, Assisi. (Wiedergabe mit freundlicher Genehmigung von The Mansell Collection/Alinari)

viele sie wohl im Leben gefunden, aber wie alle wahrhaftigen doch immer wieder neu und ergreifend."

Das Phänomen Autismus mit seinen vielen Rätseln hat für Menschen, die es aus erster Hand erleben, tiefe Bedeutung. Doch darüber hinaus hat es auch eine breitere, kulturelle Bedeutung. Die Behauptung, daß wir uns selbst besser verstehen werden, wenn wir den Autismus verstehen, ist durchaus nicht übertrieben. Es wird sich zeigen, daß dieser Verstehensprozeß vor langer Zeit begonnen hat.

Mythen im weitesten Sinne dieses Wortes können unsere Erfahrung bereichern und formen, jedoch auch die Entwicklung wissenschaftlicher Theorien hemmen. Es ist daher aus zwei Gründen wichtig, Mythen über Autismus zu untersuchen: Zum einen können wir aus früheren Versuchen, Autismus zu verstehen, neue Einsichten gewinnen, und zum anderen können wir einem besseren Verständnis den Weg ebnen, indem wir Mythen als das ansehen, was sie sind.

Wenden wir uns zunächst historischen Belegen zu, die dafür sprechen, daß Autismus in der Gestaltung von Vorbildern für religiöses und politisches Verhalten eine Rolle gespielt hat.

Die „gesegneten Narren" des alten Rußland

Heilige (oder „gesegnete") Narren wurden im alten Rußland seit Jahrhunderten verehrt. In einem faszinierenden Artikel verdeutlichen Natalia Challis und Horace W. Dewey die außerordentlichen Parallelen zwischen den heiligen Narren und der modernen Diagnose „Autismus".[1] Die Schlußfolgerung, daß viele der heiligen Narren in Wirklichkeit autistisch waren, ist ebenso überraschend wie überzeugend. In der Bezeichnung „gesegnet" schwingt die Konnotation „geistig arm", sowie „Unschuld vor Gott" mit. Es lebten noch Augenzeugen, die sich an den Narren Grischa erinnern konnten, der vor der Revolution in Sankt Petersburg gelebt hatte.

> „Er war eine furchteinflößende Gestalt: ausgemergelt, barfuß und zerlumpt, mit Augen, die „durch einen hindurch sahen" und langem, zotteligem Haar. Er trug immer Ketten um seinen Nacken . . . Manchmal liefen die Kinder des Viertels ihm nach, lachten und riefen seinen Namen. Ältere begegneten Grischa in der Regel mit Ehrerbietung und ein wenig Furcht, besonders wenn er einen seiner periodischen Anfälle erlitt und zu schreien und zu toben begann. Dann umringten ihn erwachsene Zuschauer und hörten zu, weil sie glaubten, der Heilige Geist spräche aus ihm."

Challis und Dewey weisen darauf hin, daß es eine ähnliche Beschreibung von einem englischen Besucher Rußlands im 16. Jahrhundert gibt. Der Gesegnete Simon von Jurjew, der 1584 starb, ist besonders bedeutsam, da ihn russische Bauern als „wilden Knaben" im Wald gefunden hatten. Die heiligen Narren sind nicht nur die Domäne von Wissenschaftlern, sondern sie sind auch ins Allgemeinwissen vorgedrungen, nicht zuletzt aufgrund von Dostojewskis Roman *Der Idiot*.

Die Merkmale, die am deutlichsten für Autismus sprechen, umfassen „exzentrisches, irrationales Benehmen", „offensichtliche Schmerzunempfindlichkeit" (Ertragen von extremer Winterkälte wird immer erwähnt, ebenso von Hunger), ein Leben außerhalb der Gesellschaft, Arglosigkeit und Gleichgültigkeit gegenüber sozialen Konventionen. Zudem führt die Erwähnung, daß die

Narren häufig Ketten trugen, Challis und Dewey zu der Vermutung, daß man sie gelegentlich damit fesselte, genau wie andere Verrückte. Ebenso litten sie häufig an Epilepsie, ein klares Zeichen für eine Gehirnpathologie, die sich bei einem hohen Anteil autistischer Erwachsener findet, jedoch selten bei schizophrenen Patienten.

Die Berichte weisen auch darauf hin, daß viele der gesegneten Narren stumm waren. Diejenigen, die sprachen, reagierten nicht auf Fragen, sondern plapperten nur Gehörtes nach. Ein Großteil der festgehaltenen Äußerungen war stereotyp und entsprach dem, was heute als *idiosynkratische Äußerungen* bezeichnet wird. Interessanterweise wurden all diese Spracheigentümlichkeiten – die auf Autismus hinweisen – als Beweis ihrer prophetischen Gaben angesehen. So unterlegte man unverständlichen Bemerkungen, Echolalie oder sogar dem Fehlen von Äußerungen sowie bizarren, manchmal stereotypisierten Handlungen Bedeutung und überhöhte sie oft in Legenden. Warum zum Beispiel warf der gesegnete Narr Nikolaus Kohlköpfe nach einem heiligen Mann, der eigens aus einem anderen Stadtteil gekommen war, um ihn zu sehen? Die Einwohner von Nowgorod glaubten, daß er ihnen eine Lektion erteilen wollte und ihre internen Streitereien symbolisch darstellte, indem er Kohlköpfe warf.

Ein weiteres Beispiel, diesmal einer gesegneten Närrin, aus dem 19. Jahrhundert illustriert präzise die Zwanghaftigkeit und die Absonderlichkeit ihres Verhaltens, das trotz des völlig anderen kulturellen Hintergrunds für Autismus spricht: Pelagija Serebrenikowa sammelte umherliegende Ziegel oder Steine, trug sie zu einer überfluteten Grube und warf sie einen nach dem anderen hinein. Dann tauchte sie selbst ins Wasser, holte die Steine, die sie hineingeworfen hatte, einzeln wieder heraus und stieß sie weg, „und viele Jahre lang plagte sie sich so".

Charakteristisch ist auch, daß die gesegneten Narren kein Gefühl für sozialen Status hatten und daher von den üblichen Regeln der Höflichkeit ausgenommen waren. Damals konnten sich die Narren Macht- und Würdenträgern von Kirche und Staat straflos nähern. Die Narren waren sogar berühmt dafür, daß sie sich Bischöfen und Zaren entgegenstellten, oftmals mit weitreichenden Folgen. Vielleicht haben sie auf diese Weise Macht und Einfluß ausgeübt, und diese Möglichkeit wurde auch von einer Reihe Betrügern ausgenutzt (unter anderem von dem berüchtigten Rasputin). Aus diesen Gründen gab es Regeln, die festlegten, wer als echter Narr galt. Zum Beispiel mußte ein echter Narr immer „närrisch" sein. „Von diesen gab es nicht viele, weil es ein sehr harter und kalter Beruf ist, in Rußland nackt herumzulaufen, besonders im Winter."

Die Narrheit der Narren war, so scheint es, in erster Linie eine soziale Narrheit, die auf der Unfähigkeit beruhte, in der üblichen Weise Beziehungen zu Menschen herzustellen. Damals nahm man allgemein an, daß Narrheit auf einer bewußten Entscheidung beruhe und ein Zeichen tiefen religiösen Glaubens sei. Natürlich müssen wir jene heroischen Menschen berücksichtigen, die es in allen Religionen gibt und die freiwillig ein Leben der sozialen Isolation und der Entbehrungen auf sich nehmen. Wir müssen auch die Möglichkeit in Betracht ziehen, daß bei den gesegneten Narren andere Formen von Geisteskrankheit vorkamen, etwa Schizophrenie.

Besonders interessant an den gesegneten Narren von Rußland ist, daß es zumindest bei einigen von ihnen Belege für „autistische Isolation" gibt. Das ist nicht dasselbe wie bloßes Meiden von Menschen, sondern vielmehr eine Unfähigkeit, normale Beziehungen zu Menschen anzuknüpfen.

Bruder Ginepro

Nicht nur die Tradition der Ostkirche liefert Belege für den Einfluß von Autismus auf das religiöse und politische Denken. Aus einem Zufallsfund, auf den ich gestoßen bin, geht hervor, daß es sehr viel mehr und sogar noch ältere relevante Beispiele geben könnte. Es handelt sich um *Die Blümlein des heiligen Franziskus von Assisi*, eine Legendensammlung aus dem 13. Jahrhundert. Diese Legenden haben historischen Wert, da sie die oral tradierten Ordensregeln der ersten oder zweiten Generation der Franziskaner widerspiegeln. Doch abgesehen davon gehören sie zu den Schätzen der Weltliteratur. Ein ganzes, 14 Legenden umfassendes Kapitel dieser Sammlung enthält die bezaubernden und merkwürdigen Geschichten über einen Bruder Ginepro (vom italienischen *ginepro* = Wacholder). Diese Geschichten wirken nicht mehr so sonderbar, ja sie werden im Grunde absolut verständlich, wenn man davon ausgeht, daß sie eigentlich Episoden aus dem Leben eines autistischen Mannes unter den ersten Gefährten des heiligen Franziskus berichten.

Ein längeres Zitat aus der ersten der Legenden lohnt sich.[2]

> „*Wie Bruder Ginepro einem Schwein einen Fuß abschnitt, nur um ihn einem Kranken zu geben*
> Einer der auserwählten Jünger und ersten Genossen des heiligen Franziskus war Bruder Ginepro, ein Mann von tiefer Demut, großem Eifer und Hingebung . . . Einst besuchte er in Santa Maria degli Angeli, ganz erfüllt von der Hingabe an Gott, einen Kranken und fragte ihn teilnahmsvoll: „Kann ich dir irgendeinen Dienst erweisen?" Antwortete der Kranke: „Es wäre mir eine große Tröstung, wenn du mir einen ordentlichen Schweinsfuß verschaffen könntest." Sofort sagte Bruder Ginepro: „Laß mich nur machen; ich werde gleich einen haben." Und er geht, ergreift ein Messer – ich glaube, aus der Küche – und durchstreift in heiligem Eifer den Wald, wo eine Anzahl von Schweinen zur Weide gingen; auf eines von denen wirft er sich, schneidet ihm den Fuß ab, läuft davon und läßt das Schwein mit abgeschnittenem Fuße zurück. So kehrt er heim, wäscht und putzt und kocht den Fuß; dann bringt er ihn, sorgsam und wohl zubereitet, in eifriger Liebe dem Kranken. Dieser verzehrt ihn voll Begierde . . .
> Unterdessen hinterbrachte der, welcher die Schweine hütete und der den Bruder den Fuß hatte abschneiden sehen, die ganze Geschichte, wie sie sich zugetragen, mit größter Bitterkeit seinem Herrn. Als dieser so von der Tat in

Kenntnis gesetzt war, ging er zur Niederlassung der Brüder und schimpfte sie Heuchler, Spitzbuben, Fälscher, Gauner und Nichtsnutze: „Warum habt ihr meinem Schwein den Fuß abgeschnitten?" Auf den Lärm, den er vollführte, kam der heilige Franz samt allen Brüdern heraus, versicherte ihm, in aller Unterwürfigkeit seine Brüder entschuldigend, daß er von der Sache nichts wisse und versprach, ihm allen Schaden zu ersetzen, um ihn zu beschwichtigen. Aber durch all das wurde jener keineswegs besänftigt, sondern verließ unter Drohen und Schimpfen in Zorn und Erregung die Brüder . . . ; er nahm auch kein Pfand und keinerlei Versprechen entgegen, sondern ging derart in Ärger von dannen.

Da bedachte sich der heilige Franziskus in seiner Weisheit . . . und ließ [Bruder Ginepro] heimlich zu sich rufen und fragte ihn: „Hattest du etwa einem Schwein im Walde den Fuß abgeschnitten?" Worauf Bruder Ginepro, nicht wie einer, der etwas Böses begangen hat, sondern wie einer, den es dünkt, als habe er etwas besonders Gutes vollbracht, ganz vergnügt erwiderte: „Mein lieber Vater, es ist wahr, daß ich dem besagten Schwein den Fuß abgeschnitten habe; doch höre, mein Vater, wenn du es willst, in Nachsicht den Grund davon. Ich kam aus Teilnahme, um jenen kranken Bruder zu besuchen . . ." und der Reihe nach erzählte er ihm den ganzen Vorfall . . . Hierauf antwortete Franziskus im Bestreben, gerecht zu sein, voll Verdruß: „O Bruder Ginepro, warum hast du so großes Ärgernis gegeben? Nicht ohne Grund beschwert sich dieser Mann und ist gegen uns so aufgebracht; vielleicht, daß er uns jetzt in der Stadt wegen einer so großen Untat in schlechten Ruf bringt; und er hat alle Ursache dazu. Daher befehle ich dir, bei dem gelobten Gehorsam, daß du ihm hinterherläufst, bis du ihn triffst, dich vor ihm zur Erde niederwirfst, ihm deine Schuld eingestehst und versprichst, ihm Genugtuung zu geben, derart und dergestalt, daß er keinen Grund mehr haben solle, sich über uns zu beklagen. Denn gewißlich, das war zu weit gegangen."

Bruder Ginepro war über diese Worte sehr erstaunt; und erschrocken stand er da und wunderte sich, daß man sich über eine so liebevolle Tat solle aufregen müssen . . .

Und so setzte er sich in Trab und holte den Mann ein; der aber war noch mehr entrüstet, kannte keinerlei Maß, und kein Deut von Geduld war ihm übriggeblieben. Dem erzählte er nun, wie und aus welchem Grunde er dem besagten Schwein den Fuß abgeschnitten hatte; und dies mit solchem Eifer, solcher Hingebung und Freude, als ob er ihm damit einen besonderen Dienst erwiesen hätte, für den er von ihm reich belohnt zu werden verdiene. Er aber, voll von Zorn und Wut, überhäufte den Bruder Ginepro mit Schimpfreden, indem er ihn einen Faselhans und Toren, einen Spitzbuben und Gauner der schlimmsten Art nannte. Bruder Ginepro aber kehrte sich nicht an diese so häßlichen Worte, sondern nahm sie als etwas Wunderbares; denn er hatte seine Freude an schmählicher Behandlung. Da er aber glaubte, jener habe ihn falsch verstanden, weil ihm ja die Sache kein Grund zum Groll, sondern zur Freude schien, wiederholte er ihm von neuem die schon erzählte Geschichte, warf sich ihm um den Hals, umarmte und küßte ihn und sagte, wie dies alles bloß aus Liebe geschehen, wobei er ihn gleicherweise inständig um den Rest des Schweines bat. Und dies in solcher Liebe, Einfalt und Demut, daß der Mann in innerer Wandlung nicht ohne viel Tränen sich zur Erde niederwirft, das Unrecht einsieht, das er den Brüdern getan, das Schwein einfängt, schlachtet, brät und es ehrerbietig selbst in großer Rührung nach Santa Maria degli Angeli trägt. Dort gibt er es den heiligen Brüdern zum Mahle, in Reue über das Unrecht, das er ihnen zugefügt hat.

St. Franziskus aber, die Einfalt Bruder Ginepros und seine Geduld in den Widerwärtigkeiten des Lebens überdenkend, sagte zu den Jüngern und den anderen, die umherstanden: „So meine Brüder, wolle es Gott, daß ich solcher Ginepros einen ganzen Wald hätte."

Wenn Bruder Ginepro autistisch war, dann hatte er auch eine bewundernswürdige Persönlichkeit. Er unterscheidet sich so sehr von Peter, dem Jungen, den wir in Kapitel 1 geschildert haben, und von dem wilden Knaben von Aveyron, daß eine Verbindung zwischen diesen Fällen fast nicht vorstellbar ist. Und trotzdem können wir einen gemeinsamen roten Faden erkennen. Peter mit seiner guten Sprachfähigkeit nahm alles vollkommen wörtlich, Bruder Ginepro ebenso. Weder Peter noch Victor, der stumme Junge, zeigten in ihren Handlungen, daß sie sich bewußt waren, daß Menschen unterschiedliche Gedanken und Überzeugungen haben können. Den Kern der Geschichte von dem Schweinsfuß bildet die Tatsache, daß Bruder Ginepro nicht verstehen konnte, daß andere Leute seine Tat anders einschätzten als er selbst. Dieses fehlende Gespür dafür, daß andere Menschen Dinge oder Ereignisse anders einschätzten, stellt einen äußerst wichtigen Hinweis auf das Wesen der „autistischen Isolation" dar. Umgekehrt zeigt das Material über Kaspar Hauser oder Genie, daß ihnen ein solches Wissen nicht fehlte. Obwohl sie sozial schwer geschädigt waren, konnten sie über ihre eigenen psychischen Zustände sprechen und zu verstehen geben, daß sie wußten, daß andere Menschen Gedanken und Gefühle haben, die sich von ihren eigenen unterscheiden können.

Auch in anderen Geschichten wird Bruder Ginepros Ehrlichkeit und Demut bezeugt, jedoch auch seine Unfähigkeit, die möglichen Auswirkungen seiner Handlungen auf andere über den unmittelbaren Zusammenhang hinaus abzuschätzen. Einmal zum Beispiel tadelte ihn Franziskus laut und heftig für eine besonders unsinnige Tat (er hatte Essen für ganze zwei Wochen auf einmal zubereitet, ohne zu bedenken, daß das meiste davon verderben würde). Statt nun mit der angemessenen Zerknirschung zu reagieren, merkte Bruder Ginepro nur eines: Franziskus wurde bei seiner Strafpredigt heiser. Und war tat Bruder Ginepro? Er besorgte – unter beträchtlichen Schwierigkeiten – heißen Haferbrei. Diesen versuchte er, dem zornigen Franziskus anzubieten, zur Linderung seiner Heiserkeit. Da es mittlerweile schon Mitternacht war, weigerte sich Franziskus aufzustehen. Schließlich akzeptierte Bruder Ginepro die Ablehnung, doch bat er jetzt Franziskus, herauszukommen und die Kerze zu halten, damit er selbst den Haferbrei essen könne! Franziskus erstaunte angesichts solcher Frömmigkeit und Einfalt und gab nach. Er kam aus seiner Zelle und nahm an der Mahlzeit teil.

Eine ähnliche Lektion in Demut erteilte Bruder Ginepro den Einwohnern Roms, die ihn bei seiner Ankunft auf seiner Pilgerreise willkommen hießen. Er nahm keine Notiz von dem Auflauf, sondern wandte seine ganze Aufmerksamkeit einer Wippe zu. Stunden später, als sich die verwunderte Menge längst verlaufen hatte, hörte er mit dem (charakteristisch repetitiven) Wippen auf und setzte seine Reise fort.

Bruder Ginepro pflegte jedem zu geben, um was dieser bat, häufig auch seine Kleider. Einmal schnitt er sogar die „silbernen Glöckchen von großem Werte" von einem goldenen Fries am Altar, um sie einer armen Frau zu geben. Er nahm damit die franziskanischen Tugenden der Armut und Barmherzigkeit wörtlich. Seine wortwörtliche Interpretation führte zu peinlichen Übertreibungen. Die Brüder mußten ihn ständig im Auge behalten, und man verbot ihm strengstens, seine Kleider wegzugeben. Nichtsdestotrotz betrachtete man ihn als ein Paradebeispiel des echten franziskanischen Geistes, und dafür wurde er hoch geachtet. Man kann sich des Eindruckes nicht erwehren, daß er nicht nur ein idealisiertes Vorbild für das Verhalten der Brüder darstellte, sondern daß sie auch eine gewisse Absurdität in diesem Vorbild erblickten. Sie konnten über ihn, das „Spielzeug Gottes", wie ihn die heilige Klara so treffend nannte, auch lachen.

Der Fall des Bruders Ginepro erhellt einen der vielen erstaunlichen Aspekte des Autismus, nämlich die absolute Arglosigkeit. Wenn seine Demut tatsächlich einen bewußt gewählten Lebensstil darstellte, würden wir die eindeutig lächerlichen Übertreibungen und die zahlreichen „Mißgeschicke", die daraus folgten, nicht erwarten. In der Tat kamen sie bei anderen Brüdern, so heilig ihr Ruf auch war, nicht vor. Es gibt andere Legenden in den *Blümlein*, die von den ersten Gefährten des heiligen Franziskus handeln. Doch keine gleicht denen über Bruder Ginepro!

Andere überraschende Aspekte des Autismus bieten ebenfalls Stoff für Mythen, wie wir in den folgenden Abschnitten sehen werden. Ein besonders interessantes Motiv ist das eiskalte, zu warmherzigen Beziehungen unfähige Verstandesgeschöpf. Dieses Motiv spielt auf das Phänomen Autismus, kombiniert mit hoher Intelligenz, an. Im wirklichen Leben gibt es dieses Phänomen tatsächlich, und es wurde auch in der Literatur verarbeitet.

Sherlock Holmes

Die distanzierten Detektive der klassischen Kriminalgeschichten sind nicht nur exzentrisch und verschroben, sondern erinnern auch an sehr intelligente autistische Menschen. Sie verkörpern einen besonderen Typus des Sonderlings, in dem sich durchaus hochbegabte autistische Individuen wiederfinden könnten. Diese Verschrobenheit ist gepaart mit einer scharfen Beobachtungsgabe und einem ausgeprägten Talent, logische Schlüsse zu ziehen, unbeeindruckt von den alltäglichen Gefühlen gewöhnlicher Menschen. Geistige Abwesenheit in bezug auf andere Menschen, jedoch volle geistige Konzentration in bezug auf bestimmte Ideen vervollständigen das Bild. Offensichtlich neigt jemand, dessen Gedanken um die Lösung von Rätseln (kriminalistischen oder wissenschaftlichen) kreisen, nicht dazu, an soziale Artigkeiten zu denken. Die einfachen Alltagsvorkommnisse berühren seinen Geist gar nicht. Andererseits achtet der geniale Professor oder der geniale Detektiv auf Dinge, die dem Durchschnittsmenschen trivial erscheinen. Gewöhnlich enthüllt sich gegen Ende der Geschichte die „Bedeutung des Bedeutungslosen". Genau deshalb kann dieser Typus genialer Menschen Probleme auf der Grundlage von scheinbar nebensächlichen, geringfügigen Hinweisen lösen. Traditionsgemäß handelt es sich dabei um Hinweise, die gewöhnliche Menschen in die Irre führen. Die Leser von Kriminalromanen sitzen ihren eigenen, völlig normalen emotionalen und sozialen Vorurteilen auf; diese zeigen ihnen bestimmte Ereignisse und Tatsachen in einem besonderen Licht, doch nicht so, wie sie in Wirklichkeit sind. Conan Doyle hat mit Sherlock Holmes das Urbild aller Detektive geschaffen, und mit Doktor Watson das Urbild des Durchschnittsmenschen mit seinen Gefühlen und Vorurteilen. Auch in der Wissenschaft kann das echte Genie Daten in anderem Licht sehen und nicht nur so, wie andere sie aus Gewohnheit interpretieren.

Sherlock Holmes steht für die soziale Nützlichkeit und die Originalität des brillanten, jedoch sozial zurückgezogenen Menschen. Doch es gibt noch ein autistisches Merkmal, das viele fiktive Genies besitzen, nämlich das Interesse an einem eng begrenzten Spezialgebiet. Man denke nur an Sherlock Holmes' „kleine Monographie über die Asche von 140 verschiedenen Sorten Pfeifen-, Zigarren- und Zigarettentabaks". Ein anderer klassischer Detektiv, der Nero Wolfe von Rex Stout, ist besessen von Orchideen und von der Aufrechterhaltung seines rigiden Tagesablaufs. Eindeutig zwanghafte Züge weist auch Hercule Poirot bei Agatha Christie auf; er besteht auf Sauberkeit und Rechtwinkligkeit in jeder Hinsicht. So findet er Vergnügen daran, Toastschnitten auf seinem Teller in kleine Dreiecke zu zerschneiden, und als er einmal jemanden tötet, weist man das anhand des völlig symmetrisch plazierten Einschußloches nach.

Miss Marple, die zweite unsterbliche Detektivgestalt Agatha Christies, ist in allem gerade der Gegentyp: Sie trägt nicht den geringsten autistischen Wesenszug; sie löst Kriminalfälle durch Intuition und stürzt sich ohne analytische Deduktion mitten ins Geschehen. Beispielsweise spürt sie, daß mit der Atmosphäre in Bertrams Hotel etwas nicht stimmt, lange bevor sie weiß warum. Im Gegensatz dazu läßt sich der klassische, distanzierte Detektiv vom Schlage des Sherlock Holmes von der Atmosphäre nicht anstecken. In der Tat ist es auch gerade diese Atmosphäre, die alle anderen außer ihm dazu verleitet, die falsche Person zu verdächtigen. Der distanzierte Detektiv ist objektiv und unbestechlich und nimmt in gewisser Weise auch häufig alles extrem wörtlich. Wenn alle anderen denken, R-A-C-H-E sei der Anfang eines Frauennamens, weiß Sherlock Holmes, daß das deutsche Wort „Rache" gemeint ist und handelt aufgrund dieses einfachen Indizes. Oder das letzte Wort, das ein Mordopfer hervorstößt, erweist sich schließlich als der Name des Mörders. „Das ist doch ganz einfach" – so lautet das übliche Urteil des Detektivs, was Doktor Watson die Sprache verschlägt.

Asperger prägte den Ausdruck „autistische Intelligenz". Er glaubte, daß die autistische Intelligenz besondere Eigenschaften besäße und das Gegenteil zu konventioneller Bildung und Weltklugheit darstelle. Er hielt sie sogar für eine Grundvoraussetzung aller großen Leistungen in Kunst und Wissenschaft. Die Literatur um den „verrückten Professor" oder seine Varianten liefert zahlreiche Beispiele, die zu Aspergers Vorstellungen passen würden. Ist ein Schuß Autismus das Markenzeichen originellen Denkens? Diese Frage greift weit über den Zauber des Geschichtenerzählens hinaus. Es gibt keinen Grund, weshalb man sie nicht mit wissenschaftlichen Methoden in Angriff nehmen sollte. Die Antwort ist verlockend offen.

Im nächsten Abschnitt werden wir das Thema ungewöhnlicher intellektueller Gaben weiter behandeln.

Der „Pin-Ball Wizard"

Die Rockoper *Tommy* von den *Who* dreht sich um eine Hauptfigur mit stark autistischen Zügen – obwohl Autismus niemals erwähnt wird und obwohl sich diesem andere Themen überlagern.

Durch die Figur des Vaters werden wir daran erinnert, wie gern normale Kinder am Morgen des Heiligen Abend voller Erwartung erwachen. Er könnte durchaus von einem autistischen Kind sprechen, wenn er sagt: „Und Tommy weiß nicht, welcher Tag ist . . . umgeben von seinen Freunden sitzt er so schweigsam da und kriegt überhaupt nichts mit . . . er spielt Flipper (pin-ball), bohrt in der Nase und lächelt und leckt alles mit der Zunge ab."

Die Oper *Tommy* ist für uns besonders deshalb interessant, weil sie einen Aspekt von Autismus darstellt, der in anderen Mythen keinen Ausdruck gefunden hat: Die seltsame und scheinbar widernatürlich leistungsfähige Sinneswahrnehmung des autistischen Kindes. Bei Tommy funktioniert nichts wie bei einem normal sehenden, hörenden, sprechenden Kind. („Ich frage mich oft, was er fühlt. Hat er jemals ein Wort gehört, das ich gesagt habe?") Trotzdem gibt es ein paradoxes Phänomen: Er flippert perfekt, und das erfordert mit Sicherheit hervorragende Wahrnehmungsleistungen. „Er wird nicht abgelenkt, kann die Summer und Klingeln nicht hören, die Lichter nicht flackern sehen, spielt nach dem Geruchssinn . . . Er steht da wie eine Salzsäule, wird zum Teil der Maschine . . . Dieser taubstumme, blinde Junge flippert wie ein Weltmeister." Es ist bekannt, daß Pete Townsend, der das Werk komponierte, zu dieser Zeit über Autismus Bescheid wußte und sich, seinen eigenen Angaben zufolge, schon seit langem für diese Störung interessierte. Zumindest in diesem Fall haben wir den unmittelbaren Beweis, daß das Phänomen Autismus sich in Kunst und Kultur niedergeschlagen hat.

Der Wechselbalg

John Wyndhams Science-Fiction-Roman *Kuckuckskinder* behandelt das Thema des „fremden" Kindes, das einer nichtsahnenden Familie untergeschoben wird.[3] Dieses Motiv des Wechselbalges könnte natürlich auf jedes Kind mit besonderen Behinderungen oder Begabungen zutreffen. In dieser Geschichte haben fremde Wesen hübsche und außerordentlich kluge Kinder in die ahnungslose Einwohnerschaft eines kleinen englischen Dorfes eingeschmuggelt. Diese Kinder müssen schließlich von ihren verzweifelten, verständnislosen menschlichen Eltern sich selbst überlassen werden. Da jedoch diese Eltern wie alle anderen Eltern auch elterliche Gefühle haben, ist diese Erfahrung für sie sehr qualvoll.

Eltern autistischer Kinder erinnert diese Geschichte oft stark an das, was sie erlebt haben. Die Geschichte verarbeitet symbolisch die so schwer verständliche, „fremde" Wesensart der Kinder. Sogar die Aspekte von Autismus, die zuerst so positiv erscheinen, wie die gelegentlich bemerkenswerten Fähigkeiten, erscheinen weit vom Normalen entfernt, wenn sie als Zeichen einer „fremden" Intelligenz gedeutet werden.

Der Roboter

Vom Motiv des genialen Detektivs zu dem des intelligenten, doch seelenlosen Automaten ist es nur ein kleiner Schritt. Dieses Motiv hat zweifellos einige der wirkungsvollsten modernen Mythen hervorgebracht. Nach meiner Überzeugung hat der Autismus in nicht geringer Weise zu diesem Motiv beigetragen. Doch ist dies nicht der einzige Grund, sich eingehender damit zu befassen. Ich habe dieses Motiv gewählt, weil es nicht nur die Wahrnehmung autistischer Isolation durch Nichtbehinderte, sondern auch Reaktionen auf dieses Phänomen reflektiert.

Da Roboter ausschließlich logischen Prinzipien gehorchen, berührt sie nichts, was in gewöhnlichen menschlichen Beziehungen eine Rolle spielt. Trotzdem sind sie faszinierende Partner in solchen Beziehungen. Die ersten Roboter der Science-Fiction kannten weder Liebe noch Haß, Neugier, Eifersucht oder Rache und konnten sich diese Gefühle bei anderen auch nicht erklären. Sie waren leicht als Maschinen zu erkennen. Neue Roboter, die wie R2D2 in dem Film *Star Wars* programmierte Gefühle haben, sind schwieriger als Maschinen zu klassifizieren. Wie autistische Menschen haben die frühen Roboter keinen Sinn für Humor und verstehen alles wortwörtlich. Doch neigt man – trotz ihres metallenen Äußeren – dazu zu vergessen, daß sie Maschinen sind. Menschen behandeln die Roboter überwiegend so, als ob sie ebenfalls intrigante Wesen wären. Das ist verständlich, wenn wir annehmen, daß es eine Art universellen psychischen Druck gibt, menschenähnlich handelnden Wesen psychische Zustände zuzuschreiben.

Als Metapher für Autismus eignen sich Roboter in vielfacher Hinsicht. Die alles vernichtenden, kegelförmigen Daleks aus der britischen Fernsehserie *Dr. Who* haben der mechanisch wirkenden Stimme („Dalek-Stimme"), die man autistischen Individuen häufig zugeschrieben hat, den Namen gegeben. Der charakteristisch steife Gang autistischer Erwachsener wird von den metallenen, humanoiden Geräten „nachempfunden". Roboter führen Aufgaben aus, auf die sie spezialisiert sind, ohne Berücksichtigung des Kontextes, mit Präzision und vor allem in einer unveränderlichen Abfolge. Das maschinelle Verhalten erinnert uns an viele Charakteristika des autistischen Verhaltens: Wir finden monotone Wiederholungen, stereotype Bewegungen, fehlenden emotionalen Ausdruck und fehlende spontane Verspieltheit.

So viele menschliche Eigenschaften sich bei einer intelligenten Maschine auch finden mögen, ein gewisses schwer greifbares, doch wesentliches Element der Menschlichkeit fehlt. Eine der ersten und immer noch besten Gestaltungen dieses Themas findet sich in den Erzählungen *Der Sandmann* und *Der Automat*, die E. T. A. Hoffmann zu Beginn des 19. Jahrhunderts schrieb.[4] Hoffmann war einer der ersten, die die paradoxe Beziehung zwischen Rationalität und Grauen beschrieben. Dieser Zwiespalt findet Widerhall bei vielen Menschen, die modernen Maschinen wie Computern gegenüber Unbehagen empfinden. *Frankenstein*, Mary Shelleys Meisterstück, befaßt sich ebenfalls mit dem Paradoxon des Irrationalen im Rationalen. Auch der Frankenstein-Mythos ist im Hinblick auf bestimmte, tiefliegende Aspekte, die dem Autismus ähneln, aufschlußreich. Ich möchte hier nur die Unschuld des Monsters und die krassen Unterschiede zwischen seinen Fähigkeiten und seinen Fehlern erwähnen.

Das beunruhigende Motiv des mechanischen Menschen lebt in modernen Filmen und Geschichten fort. Es gibt zahlreiche faszinierende Bearbeitungen, beispielsweise Philip K. Dicks Buch *Blade Runner*[5], das dem gleichnamigen Film zugrundeliegt. Hier wird unmittelbar das Problem des schmalen Grates thematisiert, wo Mensch und Android kaum noch zu unterscheiden sind. Dies wirft wiederum eine Frage auf, die man mit wissenschaftlichen Methoden untersuchen kann: Handelt es sich um ein Kontinuum oder um einen grundlegenden Unterschied? Gilt diese Fragestellung auch für den Versuch, autistische und nichtautistische Individuen zu unterscheiden?

Eine besonders interessante Variante des Robotermotivs stellt der großartige Mr. Spock aus der Fernsehserie *Raumschiff Enterprise* dar. Seine psychische Konstitution ist so nichtmenschlich, daß alle seine Handlungen von der Logik und nicht vom Gefühl geleitet werden. Er steht über den Irrungen und Wirrungen gewöhnlicher persönlicher Beziehungen und ist daher außerordentlich vorurteilsfrei. Das verleiht seinem Denken Klarheit und Objektivität. Insofern ähnelt er Sherlock Holmes.

Die Robotermetapher erfaßt symbolisch das Nebeneinander der physischen und intellektuellen Leistungen autistischer Individuen und – in scharfem Kontrast dazu – des erkennbaren emotionalen Ungenügens in persönlichen Beziehungen. Der Mythos ermöglicht es, diesen besonderen Gegensatz als überraschend konstruktiv darzustellen: Die emotionale Distanz selbst kann als positiv oder sogar attraktiv gesehen werden. Die Grenze zwischen Mensch und Maschine ist dadurch noch schwieriger zu definieren. Wenn wir versuchen, Roboter zu verstehen, wie auch, wenn wir autistische Individuen verstehen wollen, müssen wir sie als Wesen betrachten, die an der *conditio humana* teilhaben. Ein berühmtes Beispiel dazu ist *Eliza*. Anhand dieses Beispieles können wir ermessen, wie vielschichtig die Probleme sind, auf die wir stoßen, wenn wir diese Zusammenhänge aufschlüsseln wollen.

Eliza

Nicht nur in der Literatur, sondern auch bei der Erforschung der Künstlichen Intelligenz stellt sich die Frage, was das Menschliche des Menschen überhaupt ausmacht. Das Computerprogramm *Eliza* basiert auf der Analyse eingegebener Sätze. Es wurde von seinem Erfinder, Joseph Weizenbaum, so angelegt, daß eine „Unterhaltung" mit dem Computer möglich ist. Das Programm schafft die Illusion, seine „Gesprächspartner" vollkommen zu verstehen.

Ein Dialog mit *Eliza* entspinnt sich etwa wie folgt[6]:

Mensch: Ich bin oft deprimiert.
Eliza: Es tut mir leid von Ihnen zu hören, daß Sie deprimiert sind.
Mensch: Das stimmt, ich bin unglücklich.
Eliza: Glauben Sie, daß dieses Gespräch Ihnen hilft, nicht mehr unglücklich zu sein?
Mensch: Ich brauche jedenfalls Hilfe, das steht fest.
Eliza: Was würde es für Sie bedeuten, Hilfe zu bekommen?
Mensch: Vielleicht könnte ich lernen, mit meiner Mutter auszukommen.
Eliza: Erzählen Sie mir mehr über Ihre Familie.
Mensch: Meine Mutter erledigt alles für mich.
Eliza: Wer in Ihrer Familie erledigt noch alles für Sie?
Mensch: Mein Vater.
Eliza: Ihr Vater.
Mensch: Sie sind ein wenig wie mein Vater.
Eliza: Welche Ähnlichkeit sehen Sie?
Mensch: Sie sind nicht besonders aggressiv, aber ich glaube, Sie möchten nicht, daß ich das beachte.
Eliza: Was läßt Sie vermuten, daß ich nicht sehr aggressiv bin?
Mensch: Sie streiten nicht mit mir.
Eliza: Wieso glauben Sie, daß ich nicht mit Ihnen streite?

Die Unterhaltung wird allmählich einer psychotherapeutischen Sitzung immer ähnlicher. Es ist kein Wunder, daß viele Gesprächspartner von *Eliza* um eine

„Unterredung" unter vier Augen baten. Sie glaubten eindeutig, daß diese Art Kommunikation ihnen nützte.

Eliza wurde zur Legende; beispielsweise benutzte sie David Lodge in seinem Roman *Schnitzeljagd*[7], um zu zeigen, wie sich eine therapeutische Beziehung zwischen Mensch und Maschine entwickelt. *Eliza* demonstriert, wie schwer es Menschen tatsächlich fällt, in der laufenden Kommunikation zwischen „maschinenhaft" und „menschenhaft" zu unterscheiden. Beim Kommunizieren schreibt der Mensch der Maschine aktiv und kontinuierlich Ideen, Intentionen und Gefühle zu. Solche Attributionsprozesse gehören offenbar unvermeidlich zur wechselseitigen Kommunikation dazu. Sie finden sogar dann statt, wenn nur einer der beiden „Gesprächspartner" (der Mensch, nicht aber die Maschine), dem anderen bestimmte Regungen und Intentionen zuschreibt! Doch so wie sie funktionieren, so täuschen sie auch. In Wirklichkeit findet in dieser Situation gar keine wechselseitige Kommunikation statt: Der „Partner" ist nur ein raffiniertes Computerprogramm, das Schlüsselwörter aufnimmt und sie in bestimmten, neutralen, doch offensichtlich provozierenden Sätzen wiederverwendet.

Ähneln autistische Individuen, die sprechen, aber nicht eigentlich kommunizieren können, in dieser Hinsicht *Eliza*? Diese Möglichkeit wäre sicherlich mit wissenschaftlichen Methoden zu prüfen, doch bis jetzt hat das noch niemand unternommen. Wenn sich die Ähnlichkeit bestätigen würde, hätte dies eine ziemlich überraschende Konsequenz: Als Gesprächspartner oder Therapeuten autistischer Kinder könnten wir nicht anders, als ihnen Intentionen zu unterstellen, auch wenn sie ihrerseits das nicht täten, und auch wenn die Attributionen ungerechtfertigt wären. Mir scheint, daß Psychotherapeuten, die mit autistischen Kindern arbeiten und symbolisch interpretieren, was diese tun oder sagen, gut beraten wären, diese Möglichkeit zu prüfen. Die Psychotherapie autistischer Kinder ist umstritten. Da ihr eine allgemeine, solide wissenschaftliche Grundlage fehlt, überrascht es nicht, daß Mythen hier einen starken Einfluß ausüben können. Ein solcher Mythos, der die Aufmerksamkeit der Therapeuten geweckt hat, ist eindeutig eine Variante eines alten Märchenmotives: der Fall der „kalten Mutter".

Die Mutter

Schneewittchen wurde von ihrer Stiefmutter vergiftet, Dornröschen traf der Fluch der nicht eingeladenen Fee. Ein moderner Beitrag zu diesem Motiv der bösen Stiefmutter ist die emotional distanzierte, intellektuelle Mutter, die ansonsten ihre mütterlichen Pflichten durchaus gewissenhaft erfüllen mag. Die Grausamkeit dieser Mutter ist weit subtiler als die der traditionellen Stiefmutter. Beispielsweise erzieht sie ihr Kind nach Büchern und Expertenratschlägen, statt sich auf ihr instinktives Gefühl zu verlassen. Damit jedoch vergißt sie, wie wichtig das Herz ist, mehr noch als der Verstand. Das Ergebnis, wiederum

Experten zufolge, ist möglicherweise ein emotional verkümmertes, autistisches Kind. Diese Karikatur falschen „Bemutterns" deckt sich mit der Karikatur der Karrierefrau, insbesondere des „intellektuellen" Typs. Ein auffällig distanziertes Kind – ein Kind, das keine liebevollen Beziehungen eingehen kann – als passende Strafe für eine Frau, die sich weigerte, eine hingebungsvolle Vollzeitehefrau und Mutter zu sein.

Der Ausdruck „kalte Mutter" trifft den Kern dieses Mythos, den Kanner denn auch im Zusammenhang mit Autismus aufgriff. Es handelt sich jedoch *wirklich* um einen Mythos, sofern hier eine Kausalbeziehung zum Autismus postuliert oder eine Hoffnung auf Heilung begründet werden soll.

Leider hat sich diese Einsicht noch nicht überall durchgesetzt. Der Mythos lebt noch, und so leiden die Eltern zusätzlich zu der Tragödie eines autistischen Kindes unter Schuldgefühlen und gegenseitigen Schuldzuweisungen und sind der Kritik von Seiten glücklicherer Eltern ausgesetzt.

Mythos und Wissenschaft

In diesem Kapitel haben wir kurz einige Legenden und Mythen betrachtet, die offenbar bestimmte zentrale Aspekte von Autismus symbolisch darstellen. Mit ihrer Hilfe können wir zu einem teilweisen Verständnis einiger der rätselhaftesten Aspekte des Phänomens gelangen. Die Angehörigen eines autistischen Kindes machen oft Schlimmes durch. Möglicherweise finden sie Trost in symbolischen und künstlerischen Bearbeitungen von Autismus. Andererseits vermittelt dieses Medium Außenstehenden, die keine persönlichen Erfahrungen mit Autismus haben, vielleicht eine Ahnung davon, was es bedeutet, für ein autistisches Kind zu sorgen.

Daß diese verschiedenen Motive so oft literarisch gestaltet wurden und immer noch werden, zeugt davon, daß die Facetten des Autismus nicht nur der persönlichen Erfahrung angehören, sondern auch Teil des öffentlichen Bewußtseins sind. Doch so sehr uns Mythen auch ansprechen mögen, es bleiben doch nur Mythen, und die in ihnen enthaltenen Halbwahrheiten können nur kurzfristig trösten. Sie helfen uns im Grunde nicht, das Wesen des Autismus wirklich zu verstehen. Dazu müssen wir zu den exakten, systematischen Methoden der wissenschaftlichen Untersuchung greifen. Die nächsten Kapitel schildern, welche Ergebnisse damit bisher erzielt wurden. Wir wollen diese Ergebnisse miteinander in Zusammenhang bringen und versuchen, sie zu einem einheitlichen, stimmigen Bild zusammenzufügen. Anders als in der literarischen Bearbeitung muß ein derartiges Vorgehen alle wichtigen Erscheinungen des Autismus miteinander in Einklang bringen und nicht nur jeweils einen faszinierenden Aspekt aufgreifen. Es ist reizvoll, ein oder zwei erstaunliche Phänomene in eine „zauberhafte" Geschichte einzubauen, doch in einer wissenschaftlichen Untersuchung muß man sich über Zauberbann und Märchenglauben hinwegsetzen.

Die wissenschaftliche Erforschung hat erst begonnen, und so ist unser Wissen über Autismus noch sehr begrenzt. Es reicht jedoch bereits aus, um die Verwirrung etwas zu verringern und einige Mißverständnisse auszuräumen. Es ist durchaus möglich, die „weißen Flecke" auf der Landkarte bereits bekannter Tatsachen abzugrenzen. Um unsere Wissenslücken zu schließen, können wir plausible Hypothesen für die weitere Forschungsarbeit vorschlagen und unplausible, mit denen man nur Zeit verschwenden würde, ausschließen.

In diesem Buch betrachten wir den Autismus des Kleinkindes in einem neuen Licht. Wir werden die vorhandenen statistischen, biologischen und psychologischen Befunde sichten und prüfen, um ein klareres Bild von dieser rätselhaften Störung zu zeichnen. Anhand dieses Bildes gelingt es uns dann möglicherweise besser, zu ermessen, was es bedeutet, an „Autismus" zu leiden.

4. Grundlegende Sachverhalte

Epidemiologische Studien haben eindeutig ergeben, daß Autismus kein schillerndes Konstrukt mit literarischen Bezügen ist, sondern ein ganz reales Phänomen. Auf der Grundlage anerkannter Verhaltenskriterien können verschiedene Ärzte und Psychologen in verschiedenen Ländern Autismus zuverlässig identifizieren.

Wann und wo tritt Autismus auf? Welche Beziehung hat Autismus zu geistiger Behinderung? Zu Schizophrenie? Wie früh kann Autismus diagnostiziert werden? Solche grundlegenden Fragen sind außerordentlich schwierig mit Gewißheit zu beantworten, doch durch epidemiologische Studien sind Antworten möglich und auch erzielt worden. Damit beschäftigt sich das vorliegende Kapitel.

Wie viele autistische Kinder gibt es?

Man könnte meinen, es sei nicht möglich, „Köpfe zu zählen", da wir noch nicht wissen, was Autismus überhaupt ist. Doch das ist mitnichten so. Epidemiologische Studien können auf der Grundlage bestimmter, spezifizierter Verhaltenskriterien durchgeführt werden. Das mag zunächst willkürlich erscheinen, da man nur dann von einem identifizierbaren Syndrom sprechen kann, wenn die konstituierenden Symptome wirklich vereint auftreten. Eine statistische Erhebung kann jedoch feststellen, ob dies der Fall ist. Sie kann uns auch darüber informieren, in welchem Maße die Symptome zwischen den Individuen variieren, welche Symptome zuverlässig festgestellt werden können und welche nicht und welches die frühesten diagnostischen Zeichen sind. Ergebnisse aus großangelegten Untersuchungen sind eine wichtige Ergänzung zu den detaillierten Ergebnissen aus Einzelfallstudien.

1966 schloß Victor Lotter die erste epidemiologische Feldstudie über Autismus in einem geographisch begrenzten Gebiet ab.[1] Schirmherr war die Social Psychiatry Unit des britischen Medical Research Council, die auf dem Gebiet der psychiatrischen epidemiologischen Forschung Pionierarbeit leistete. Wir wollen diese Studie – die wie alle Feldstudien mit großem Aufwand verbunden war – genauer betrachten. Lotter unterzog zunächst *alle* Kinder zwischen acht und zehn Jahren, die zu einem bestimmten Zeitpunkt in der Grafschaft Middlesex wohnten, einem Screening. Es handelte sich dabei um insgesamt etwa 78 000 Kinder. Lotter verschickte an Lehrer und andere beruflich mit Kindern dieses Alters befaßte Personen Fragebögen und ermittelte so zunächst alle Kinder, die möglicherweise autistisch waren. Dann konsultierte er Krankenblätter und führte Einzelinterviews. Auf diese Weise konnte er 135 Verdachtsfälle identifizieren, die er einer sehr gründlichen Einzelprüfung unterzog Nach mehreren Durchgängen ermittelte er schließlich eine Gruppe von 35 Kindern, die den ursprünglich von Kanner beschriebenen Fällen ähnelten. Er stellte damit eine Prävalenz von 4,5 auf 10 000 Kinder im Alter von acht bis zehn Jahren fest. Das Geschlechtsverhältnis betrug 2,6 Jungen auf ein Mädchen.[2]

Alle 35 Kinder in der Endgruppe zeigten dauerhaft fehlenden affektiven Kontakt und zwanghaftes Beharren auf Eintönigkeit, und diese Symptome waren vor dem Alter von fünf Jahren aufgetreten. Lotter teilte diese Gruppe in zwei Untergruppen auf, von denen eine diese Merkmale ausgeprägt, die zweite in geringerem Maße aufwies. Auf diese Weise trennte er eine „Kerngruppe" von einer „Peripheriegruppe". Die Kerngruppe bestand aus 15 Kindern (Prävalenz zwei auf 10 000), die zweite Gruppe aus 20. Der Jungenüberschuß war in der Kerngruppe größer (2,8 : 1) als in der Peripheriegruppe (2,4 : 1). Außer diesen Kindern gab es 26 weitere, bei denen die beiden klassischen Autismusmerkmale noch schwächer ausgeprägt waren. Zudem gab es eine beträchtliche Anzahl schwer retardierter Kinder, die stumm und kontaktgestört waren. Wir können davon ausgehen, daß Lotters Kernfälle Musterbeispiele für Autismus nach Kanners Beschreibung darstellten. Es ist jedoch klar, daß es eine große Anzahl weniger typischer Fälle gibt. Von Klinikern, die sich weniger streng an Kanners Kriterien orientieren, werden diese möglicherweise als „autistisch" diagnostiziert. Daher ist eine höhere Prävalenz zu erwarten, wenn sowohl leichte als auch schwere Fälle erfaßt werden. Dies geschah in einer neueren, gut kontrollierten Studie in Neuschottland.[3] 20 800 Kinder zwischen sechs und 14 Jahren wurden einem ausführlichen Screening unterzogen, aufgrund dessen 21 Kinder als autistisch eingestuft wurden. Das entspricht einer Häufigkeit von zehn auf 10 000, gegenüber früheren Schätzungen also einer Verdoppelung, jedoch genau demselben Jungenüberschuß (2,5 : 1).

Der Überschuß autistischer Jungen

Die höhere Anzahl autistischer Jungen gegenüber Mädchen wurde sowohl von Kanner als auch von Asperger festgestellt und ist heute gut bestätigt. Eine Studie, die dieses Thema in neuer Weise beleuchtet, führten Lord, Schopler und Revicki durch.[4] Die Autoren berichten Ergebnisse aus einer der größten je zusammengestellten Stichproben autistischer Kinder: 384 Jungen und 91 Mädchen im Alter zwischen drei und acht Jahren. Diese Stichprobe wurde an der Universitätsklinik von North Carolina in Chapel Hill identifiziert; sie umfaßte nicht nur Kernfälle von Autismus, sondern auch solche, die weniger ausgeprägte autistische Symptome zeigten. Alle Kinder wurden zwischen 1975 und 1980 vorgestellt und mittels psychologischer Tests und Interviews, die die

Entwicklungsstufe jedes Kindes berücksichtigten, gründlich untersucht. Das Verhältnis von Jungen zu Mädchen betrug 5 : 1 am höheren Ende der Begabungsskala und nur 3 : 1 an deren unterem Ende.

Man kann dieses Ergebnis auch anders interpretieren: Die autistischen Mädchen waren im Durchschnitt bei fast jeder getesteten Fähigkeit schwerer beeinträchtigt als die autistischen Jungen. Die Mädchen erreichten einen nonverbalen Durchschnitts-IQ von 40, bei den Jungen lag er bei 44, beides sehr niedrige Werte. Obwohl sie sich nur um einige Punkte unterscheiden, zeigen diese Durchschnittszahlen eine signifikante Verschiebung an, da sie auf ziemlich großen Gruppen basieren. Ganz ähnlich erzielten die Mädchen auch bei der Prüfung einfacher Aufgaben des täglichen Lebens schlechtere Ergebnisse, ebenso bei Sprach- oder Wahrnehmungstests. In Hinsicht auf Spiel, Affekt oder Beziehungsfähigkeit schnitten die Mädchen allerdings genauso schlecht, also nicht schlechter ab als die Jungen. Dieses Ergebnis ist wichtig, denn es spricht dafür, daß diese speziellen Merkmale, die für Autismus entscheidend sind, relativ unabhängig von der intellektuellen Leistungsfähigkeit und von erworbenen Fertigkeiten bestehen. Außerdem weist dieses Ergebnis darauf hin, daß es ungerechtfertigt ist, die Mädchen in dieser Studie für „autistischer" zu halten als die Jungen. Vielmehr haben sie offenbar schwerere zusätzliche Probleme.

Auch Lorna Wing schloß aufgrund einer großangelegten epidemiologischen Studie in London, daß das Geschlechtsverhältnis mit den Fähigkeiten steigt.[5] Auf der niedrigsten Stufe betrug das Verhältnis von Jungen zu Mädchen nur 2 : 1. Das war vergleichbar mit dem Verhältnis bei gleichermaßen schweren geistigen Behinderungen – Kindern mit Down-Syndrom und Gehirnlähmung. Auf den höchsten Stufen wies Wings Stichprobe ein Verhältnis von 15 : 1 auf! Elizabeth Newson, Peggy Everard und Mary Dawson identifizierten eine Stichprobe von 93 sehr begabten, autistischen Personen in ganz Großbritannien; darunter befanden sich nur neun Frauen.[6]

Der Jungenüberschuß findet sich durchgängig in allen Studien, und die Seltenheit von Mädchen auf den mittleren und höchsten Intelligenzstufen ist ein typischer „Hinweis" auf den biologischen Ursprung von Autismus.

Geistige Retardierung

Drei Viertel der Population autistischer Kinder in Middlesex waren geistig behindert, ebenso drei Viertel der Population in Neuschottland. Im Rahmen einer Nachuntersuchung führten Rutter und Lockyer nach zehn Jahren an einer Stichprobe von 63 autistischen Kindern in London umfassende psychometrische Tests durch.[7] Der Anteil schwer retardierter Kinder (IQ unter 50) in dieser Stichprobe lag bei 40 Prozent, der Anteil mäßig retardierter (IQ zwischen 50 und 70) bei 30 Prozent. 30 Prozent der Kinder hatten einen IQ über 70. Nur die Hälfte dieser letzten Gruppe hatte einen IQ, den man im Bereich des normalen

Durchschnittes ansiedeln könnte. 1985 veröffentlichten Freeman, Ritvo und Mitarbeiter an der University of California, Los Angeles eine Längsschnittstudie an 62 Kindern zwischen zwei und sechs Jahren, die über fünf Jahre hinweg jährlich getestet wurden.[8] 77 Prozent der Kinder aus ihrer Stichprobe erreichten IQ-Werte, die einer Retardierung entsprachen; diese Werte blieben mit wenigen Ausnahmen und trotz der Teilnahme an verschiedenen Fördermaßnahmen stabil. Da diese und andere Studien eine bemerkenswerte Übereinstimmung zeigen, können wir schließen, daß etwa drei von vier autistischen Kindern zusätzlich zu ihrem Autismus an einer geistigen Behinderung leiden.

Die Stichprobe von 475 autistischen Kindern aus North Carolina stellt eine gewisse Ausnahme dar. Hier hatten nur 16 Prozent einen IQ über 70 und nur sieben Prozent einen IQ über 80. Eine Ausnahme in der entgegengesetzten Richtung bildet eine Westberliner Stichprobe autistischer Kinder, die anders als die aus North Carolina nur Kernfälle umfaßte.[9] Hier stellte man sogar bei über 33 Prozent einen IQ von 85 und darüber fest. Das ist der höchste bisher berichtete Anteil nicht lernbehinderter autistischer Kinder, doch natürlich sind sie damit insgesamt immer noch stark in der Minderzahl. Die enge Verbindung von Autismus und geistiger Behinderung ahnten Kanner und Asperger noch nicht, und in manchen Lagern findet sich gelegentlich immer noch Widerstand gegen diese Einsicht.

Geistige Retardierung ist ein sicheres Zeichen für eine Hirnschädigung biologischen Ursprunges. Wie verhält es sich jedoch mit dem kleinen Anteil von Kindern, die bei den üblichen IQ-Tests keine intellektuelle Behinderung aufweisen? Es ist vorstellbar, wie Goldstein und Lancy 1985 vermuteten[10], daß die IQ-Testwert-Verteilung der autistischen Population dieselbe Form hat wie die der Normalbevölkerung, nur daß der Mittelwert um ungefähr 50 niedriger liegt. Dieser niedrigere Mittelwert wäre auf eine Hirnschädigung zurückzuführen, es gäbe aber immer noch einige Kinder mit relativ hohen Werten. Wenn diese Einschätzung richtig ist, dann würden auch die begabtesten autistischen Kinder Leistungsminderungen zeigen – im Vergleich zu ihrer hypothetischen Leistungsfähigkeit, das heißt, wenn sie nicht autistisch wären. Das könnte in der Tat stimmen, da selbst die intelligentesten autistischen Kinder, soweit bekannt ist, die extrem hohen IQ-Werte, die manche hochbegabte, normale Kinder erzielen können, nicht erreichen. In Kapitel 6 werden wir untersuchen, was das Muster der intellektuellen Fähigkeit autistischer Kinder über Autismus verrät und in welchem Ausmaß es von dem eines sich normal entwickelnden Kindes abweicht.

Die Frage der Schichtzugehörigkeit

In der methodisch einwandfreien Middlesex-Studie trat Autismus in Familien mit höherem sozioökonomischem Status häufiger auf. 60 Prozent der 15 autistischen Kerngruppenkinder gehörten den beiden höchsten sozialen Schichten an, ebenso 31 Prozent der 20 peripheren Fälle. Dieses Ergebnis muß man vor dem Hintergrund eines erwarteten Anteiles von 23 Prozent der Schichten I und II an der damaligen Bevölkerung von Middlesex sehen. Der Überschuß stimmte mit Kanners und Aspergers eigenen klinischen Stichproben überein. Kanner stellte fest, daß bis auf drei der elf Fälle, die er beschrieb, alle Kinder Familienmitglieder hatten, die im *Who's Who* oder im *Men of Science* aufgeführt waren. Autobiographische Berichte über den Einfluß eines autistischen Kindes auf die Familie stammen von typischen Wissenschaftlern, einschließlich Nobelpreisträgern.

Jeder mutmaßliche Zusammenhang zwischen einer Störung und der Zugehörigkeit zu einer hohen sozialen Schicht ist interessant. Ist Autismus eine Krankheit der Reichen und Mächtigen? Haben typischerweise hochgebildete, intellektuelle Eltern autistische Kinder? Der Mythos der „kalten Mutter" würde zu der karrierebewußten, intellektuellen, emotional distanzierten Mutter passen. Die mögliche Verbindung von Autismus mit höherem sozialen Status war Wasser auf die Mühlen der psychodynamischen Autismustheorien. Es gibt jedoch keinen Grund, warum man eine solche Verbindung nicht im Rahmen biologischer Theorien erklären könnte.

Schopler, Andrews und Strupp haben Vermutungen einer Verknüpfung von Autismus und höherem sozioökonomischem Status einer eingehenden Kritik unterzogen.[11] 1979 sichteten sie alle vorhandenen Studien und kamen zu dem Schluß, daß die berichteten Verbindungen Artefakte sind. Diese Autoren identifizierten eine Reihe von Gründen, weshalb die Stichproben unweigerlich verzerrt waren. Zum Beispiel wußten die Eltern aus höheren sozialen Schichten mehr über Autismus, verfügten eher über die richtigen Kontakte und über die Mittel für weite Fahrten zu den bedeutendsten psychiatrischen Zentren mit Autismusspezialisten. Infolgedessen sind autistische Kinder aus solchen Familien tendenziell überrepräsentiert. Mehrere andere, zwischenzeitlich in Großbritannien[12] und Schweden[13] durchgeführte epidemiologische Studien konnten keinen Zusammenhang zwischen Autismus und sozialer Herkunft ermitteln. Diese Studien sprachen vielmehr für eine erhöhte Prävalenz unter den Kindern von Einwandererfamilien, die häufig sozial benachteiligt sind.

Der hohe Anteil autistischer Kinder aus höheren Schichten sollte sich vermindern, wenn allgemein mehr Information und psychiatrische Dienste zur Verfügung stehen. Einen derartigen Trend stellten Green und Mitarbeiter in der Einweisungsstatistik der Kinderabteilung des Medical Center der Universität New York fest.[14] Zwischen 1961 und 1976 stammten 30 Prozent der autistischen Kinder aus sozioökonomisch bessergestellten Familien, doch zwischen 1979 und 1981 reduzierte sich dieser Anteil auf 18 Prozent. Vergleicht man dies mit den Zensusdaten, die einen Anteil der Sozialschichten I und II von zwölf Prozent im Einzugsgebiet ergaben, kann man jedoch nicht übersehen, daß auch der niedrigere Anteil in der neueren Stichprobe etwas höher ist als erwartet. Wolff und Kollegen berichteten 1988[15], daß sie Schwierigkeiten hatten, eine Gruppe retardierter Kinder zu finden, deren Eltern in einer ähnlich hohen sozialen Schicht anzusiedeln waren wie die ihrer autistischen Stichprobe. In ihrer Untersuchung waren die Eltern autistischer Kinder „intellektueller" und „exzentrischer" als die anderen Eltern.

Welche Faktoren außer der ungleich verteilten Häufigkeit der klinischen Kontakte die Statistik noch beeinflussen, muß noch ermittelt werden. Genetische Faktoren können bei der Erklärung durchaus eine Rolle spielen. Biologische und soziologische Faktoren sind nicht völlig unabhängig voneinander. So kann Autismus zusammen mit ausgeprägter organischer Pathologie und daraus folgender, schwerer geistiger Behinderung etwas häufiger bei einem ungünstigen sozioökonomischen Umfeld auftreten. Umgekehrt kann „reiner", also nicht mit einer zusätzlichen Behinderung verbundener Autismus unter günstigen sozioökonomischen Voraussetzungen etwas häufiger auftreten. In solchen Fällen ist die Diagnose einfacher und weniger umstritten. Wir erwarten daher eine schiefe Verteilung der Anzahl der als autistisch diagnostizierten Fälle in Bezug auf die Sozialschicht, genau wie das auch festgestellt wurde.

Die Häufigkeit schwerer Kontaktstörungen in der Kindheit

Bisher haben wir Studien betrachtet, die Autismus nach einem einfachen Satz von Verhaltenskriterien, nämlich Distanziertheit, Kommunikationsstörung und monotones Wiederholen, diagnostizierten. Diese Untersuchungen beweisen, daß man mit diesen Kriterien verläßlich die Kinder identifizieren kann, die den von Kanner zuerst beschriebenen ähneln. Beweisen sie auch, daß Autismus eine natürliche Einheit bildet, also ein echtes Syndrom? Man muß die Möglichkeit in Betracht ziehen, daß die genannten Verhaltensweisen zufällig und unabhängig voneinander auftreten und daß ihr zugegebenermaßen seltenes Auftreten vielleicht nur auf dem Zufall beruht. Wenn man zum Beispiel farbenblinde, an Agoraphobie leidende Flötisten suchen würde, fände man in einer ausreichend großen Population sicher eine gewisse Anzahl solcher Menschen, doch ein Syndrom hätte man damit nicht gefunden. Es wäre zwecklos, diese Konstellation von Symptomen mit einem einzigen, zugrundeliegenden psychologischen Defizit erklären zu wollen. Weil ich aber genau diese Absicht mit diesem Buch verfolge, muß ich natürlich auch sicherstellen, daß wir keiner Chimäre nachjagen.

Glücklicherweise gibt es eine Studie, die die Hypothese eines rein zufälligen Zusammentreffens der Symptome prüfte. Zu diesem Zweck wurde sie sehr breit angelegt und erfaßte die Gesamtpopulation der behinderten Kinder eines Gebietes. Die Studie wurde von Lorna Wing und Judith Gould in Camberwell durchgeführt, einem Viertel im Stadtgebiet Londons mit 155 000 Einwohnern.[16] Die Autorinnen ermittelten als erstes Ergebnis, daß unter den 35 000 Kindern im Alter zwischen null und 14 Jahren, die am 31. Dezember 1970 in

Camberwell lebten, 914 Kinder waren, die nach Wissen der Gesundheits- oder Schulbehörden an irgendeiner körperlichen oder geistigen Behinderung litten. In der früheren Middlesex-Studie erwies sich, daß den Behörden alle autistischen Kinder als behindert bekannt gewesen waren. Daher eignete sich das Verfahren der Camberwell-Studie gut zur Identifikation aller potentiell autistischen Kinder. Dies war jedoch nicht das Hauptziel der Untersuchung; sie wollte vielmehr feststellen, wieviele Kinder in der untersuchten Population *irgendeines* der Hauptmerkmale von Autismus zeigten.

Alle 914 Kinder wurden untersucht. Daraus ergab sich eine Gruppe von 173 Kindern zur weiteren, intensiven Untersuchung. Diese Stichprobe umfaßte alle körperlich mobilen, geistig behinderten Kinder. Außerdem schloß sie alle Kinder ein, die unabhängig von einer Retardierung wenigstens eine von drei für Autismus typische Verhaltensweisen zeigten. Diese drei Merkmale waren: 1) schwere Kontaktstörung, definiert als das Fehlen der Fähigkeit zur zwischenmenschlichen, zweiseitigen Interaktion insbesondere mit Gleichaltrigen; 2) schwere Beeinträchtigung der Fähigkeit sowohl zur verbalen als auch zur nonverbalen Kommunikation; 3) Fehlen phantasievollen Verhaltens einschließlich des symbolischen Spieles, statt dessen repetitives Verhalten. Jedes Kind (mit Ausnahme von sechs, die gestorben waren) wurde wiederholt beobachtet und getestet; in ausführlichen Interviews mit Eltern und Pflegepersonen wurden Informationen über das Verhalten und die Eigentümlichkeiten des Kindes von Geburt an erhoben. Viele Jahre später, als die Kinder zwischen 16 und 30 Jahren alt waren, führte man eine Nachuntersuchung durch.

Der klassische Autismus in seiner schwersten Form, der Kanners ursprünglicher Beschreibung am nächsten kommt, fand sich bei sieben Kindern. Das entspricht einer Häufigkeit von zwei auf 10 000 und stimmt genau mit der in anderen Untersuchungen ermittelten Häufigkeit des Kernfall-Autismus überein. Genau wie in der Middlesex-Studie ergab sich eine Häufigkeit von 4,9 auf 10 000 (17 Kinder absolut), wenn man auf der Grundlage der beiden Kardinalsymptome Kanners – extreme Distanziertheit und ritualisiertes Verhalten in den ersten Jahren der Kindheit – Autismus diagnostizierte.

So weit, so konsistent. Wiederum wurde nachgewiesen, daß das Syndrom Autismus in deutlich erkennbarer Form existiert. Jedoch trat das wichtigste Verhaltenskriterium – die schwere Kontaktstörung – vor einem Alter von sieben Jahren bei weiteren 62 Kindern auf, die keine für Autismus typische Fallgeschichte aufwiesen. 70 Prozent dieser Kinder litten an einer so schweren geistigen Behinderung, daß ihr Verhaltensrepertoire äußerst begrenzt war. Aus diesem Grunde allein waren sie zu vielen der charakteristischen Verhaltensmuster autistischer Kinder gar nicht in der Lage. Sie wiesen keine komplexen Rituale, Spracheigentümlichkeiten oder besonderen Fähigkeiten auf. Die Häufigkeit von Kindern mit schwerer Kontaktstörung lag bei 22,5 auf 10 000 Kindern unter 15 Jahren, eine Zahl, die die Häufigkeit des klassischen Autismus bei weitem übersteigt. Diese Kinder standen im Gegensatz zu 60 anderen Kindern der intensiv untersuchten Stichprobe, die an einer geistigen Behinderung litten, ohne sozial beeinträchtigt zu sein. Von diesen kontaktfähigen, geistig behinderten Kindern hatten 32 Down-Syndrom. Drei weitere Kinder mit Down-Syndrom waren sozial beeinträchtigt.

Wir können daraus schließen, daß eine Kontaktstörung von genau der Art, die autistische Kleinkinder kennzeichnet, sehr häufig auch bei retardierten Kindern vorkommt, die sonst kein Autismusmerkmal aufweisen. Der Zusammenhang zwischen sozialer und geistiger Behinderung geht klar aus Abbildung 4.1 hervor. Auf der Stufe schwerster Retardierung (IQ unter 20) ist soziale Ansprechbarkeit kaum festzustellen. Trotzdem gibt es dabei einige Kinder, die von ihren Eltern und Pflegepersonen als „freundlich und begierig auf zwischenmenschlichen Kontakt, wie ein normales Baby" beschrieben werden. Offenbar können diese äußerst schwer behinderten Kinder mit Hilfe des Blickkontaktes Aufmerksamkeit auf sich ziehen und zeigen, daß sie zwischen einzelnen Menschen unterscheiden können. Im höchsten IQ-Bereich dagegen bestand nur bei einem verschwindend geringen Anteil eine schwere Kontaktstörung.

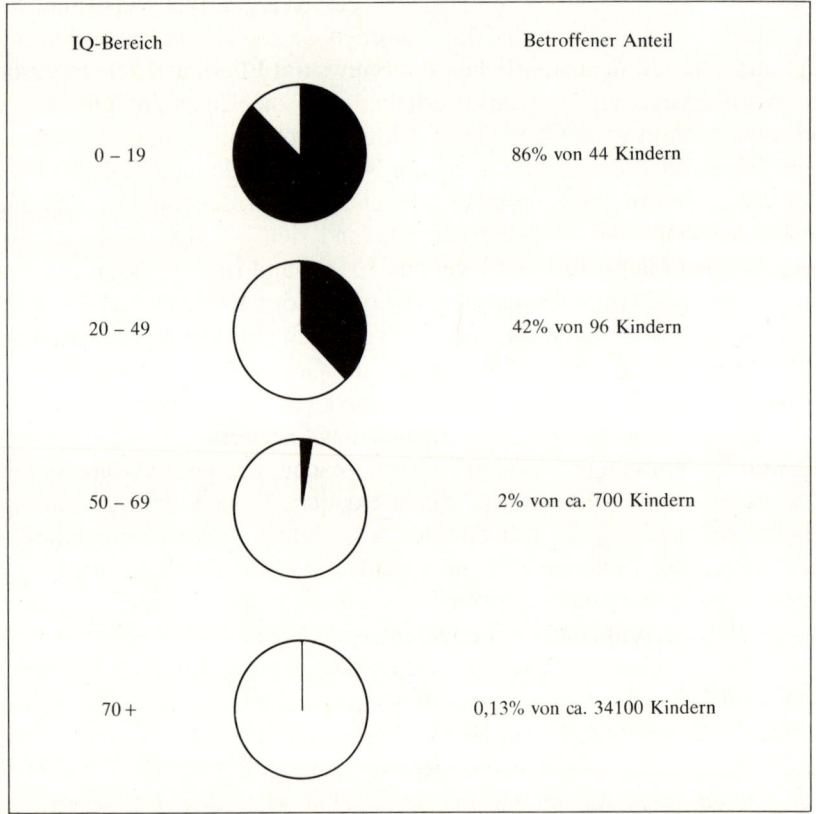

4.1 Anteil von kontaktgestörten Kindern in jedem Bereich der IQ-Skala in einer Gesamtpopulation von annähernd 35 000 Kindern unter 15 Jahren (aus der Studie von Wing und Gould).

Die einfachste Erklärung für diese Ergebnisse geht dahin, daß eine patholo-gische Kontaktstörung auf einem bestimmten, nicht normal arbeitenden Teil des Zentralnervensystems beruht. Die spezielle Dysfunktion tritt mit höherer Wahrscheinlichkeit in Verbindung mit einer ausgeprägten Gehirnpathologie auf. Das würde das häufige Vorkommen einer sozialen Beeinträchtigung bei schwerer Retardierung erklären. Andererseits kann eine ausgeprägte Schädi-gung vorliegen, ohne daß das fragliche System betroffen wäre, genauso wie ein sehr eng begrenzter Schaden *nur* des fraglichen Systemes bestehen kann. In diesem letzten Falle können wir Autismus in seiner reinsten Form beob-achten.

Das distanzierte, das passive und das sonderbare Kind

Die Camberwell-Studie definierte eine Kontaktstörung als Unfähigkeit zu zweiseitiger Interaktion. Lorna Wing und ihre Kollegen versuchten auch, die Art der Beeinträchtigung zu erfassen. Sie identifizierten drei unterschiedliche Typen und bezeichneten sie als distanziert, passiv und sonderbar (Abbildung 4.2). Obwohl dasselbe Kind jeden Verhaltenstypus in einer jeweils anderen Situation zeigen kann, ist es möglich, ein bestimmtes Kind durch sein vorherr-schendes Verhalten zu charakterisieren.[17] In den folgenden, fiktiven Beschrei-bungen soll jeder Prototyp in einer Extremform dargestellt werden.

distanziert   passiv   sonderbar

4.2 Die drei Typen der Kontaktstörung.

Jane ist ein *distanziertes* Kind, das das Bild vom „Kind im Glaskasten" heraufbeschwört. In der Schule und zu Hause wirkt sie völlig in sich zurückge-zogen und reagiert nicht auf Annäherung oder Ansprache. Jane ihrerseits spricht überhaupt nicht. Auch stellt sie keinen Blickkontakt her, sie scheint ihn sogar ganz zu vermeiden. Anders als ihre gesunde jüngere Schwester lehnt es Jane ab, geknuddelt zu werden. Sie sucht keinen Trost, wenn sie betrübt ist.

Ihre Mutter berichtet, daß Jane sie niemals mit der lebhaften Vorfreude empfangen habe, wie ihre jüngere Tochter das tue. Manchmal fragt sich die Mutter, ob Jane sie überhaupt erkennt. Andererseits weist Jane sozialen Kontakt nicht gänzlich zurück. Sie nähert sich Menschen wegen einfacher Bedürfnisse, zum Beispiel wenn sie etwas zu essen oder zu trinken will. Auch liebt sie es, wenn man sich mit ihr balgt und sie zu Musik in die Luft wirft. Ihre Eltern schätzen diese seltenen Gelegenheiten zu körperlichem und sozialem Kontakt sehr.

David ist ein *passives* Kind, das soziale Annäherungsversuche anderer gleichgültig hinnimmt. Er tut, was man ihm sagt, und seine Eltern und Lehrer müssen andauernd darüber wachen, daß er sich durch seine Willfährigkeit nicht in Gefahr bringen läßt. David spricht gut und beantwortet Fragen immer bereitwillig und absolut ehrlich. Für David ist der soziale Kontakt zu anderen Kindern Teil des Alltages, doch nichts, worauf er sich freut oder das er aus Vergnügen tut. Meistens ist Davids Stimmung ausgeglichen. Streß oder Veränderungen des Gewohnten jedoch führen zu Gefühlsaufwallungen, die von unkontrollierbarem Schluchzen bis zu Wutanfällen reichen.

Doris ist ein *sonderbares* Kind, das gerne mit Menschen zusammen ist und sie gerne berührt. Sie geht zu völlig Fremden hin und fragt sie: „Wie heißt du?“, „Wie alt bist du?“ Sie ist offensichtlich nicht fähig zu beurteilen, wann eine Annäherung nicht erwünscht oder unangemessen ist. Bei einem Test an einer Universität strapazierte sie die Geduld des Testers bis zum Äußersten. Den ganzen Tag lang klammerte sie sich an ihn und erklärte am Ende, sehr zur Verlegenheit ihrer Eltern, über Nacht bleiben zu wollen. Kein Wunder, daß andere häufig über ihr lästiges und unangebrachtes Verhalten klatschen. Sorgen macht den Eltern auch Doris’ Neigung zu körperlicher Aggression. Sie haben das Gefühl, sie andauernd beaufsichtigen zu müssen und sie niemals allein hinauslassen zu dürfen.

In der Camberwell-Stichprobe verteilten sich die drei Typen der Kontaktstörung folgendermaßen: Etwa die Hälfte der Fälle war vor einem Alter von sieben Jahren in typischer Weise distanziert. Dazu gehörten alle klassisch autistischen Kinder. Je ein Viertel der übrigen Fälle konnte als passiv oder sonderbar eingestuft werden. Zur Zeit der Nachuntersuchung hatten viele Kinder die Kategorie gewechselt. Distanzierte Kinder tendierten stark dazu, passiv oder sonderbar zu werden, außer denen, die schwer geistig behindert waren. Bei vier der autistischen Kernfälle hatte sich die Distanziertheit *verloren*. Das zeigt, daß die drei Typen der Kontaktstörung alle aus derselben zugrundeliegenden, tiefreichenden Beziehungsunfähigkeit hervorgehen können.

Die Triade der Beeinträchtigungen

Es scheint, daß eine Kontaktstörung oder soziale Beeinträchtigung sogar auf der Stufe schwerster Retardierung festgestellt werden kann. Außerdem kann sie auf jedem Begabungsniveau auftreten. Das ist bei den beiden anderen

Merkmalen der Camberwell-Studie anders: Beeinträchtigung der verbalen und nonverbalen Kommunikation und Beeinträchtigung der Phantasie. Diese Fähigkeiten erfordern normalerweise einen gewissen Reifegrad. Bei normal entwickelten Kindern kann man entsprechende Anzeichen nicht vor einem Alter von etwa zwei Jahren erwarten. Daher hat es wenig Informationswert, ein Fehlen dieser Merkmale bei einem retardierten Kind mit einem psychischen Alter von deutlich unter zwei Jahren festzustellen. Lorna Wing und Judith Gould teilten sowohl die Gruppe der kontaktgestörten als auch die der kontaktfähigen Kinder in Untergruppen; Kriterium war ein Sprachverständnisalter von entweder über oder unter 20 Monaten. Bei den Kindern im höheren Leistungsbereich war eindeutig eine beeinträchtigte Kommunikation oder Phantasie zu erkennen.

Es stellte sich heraus, daß alle kontaktgestörten Kinder im entscheidenden, höheren Leistungsbereich bei jedem der drei fraglichen Merkmale eine Beeinträchtigung zeigten. Bei keinem der kontaktfähigen Kinder war dies der Fall. Es gibt daher tatsächlich eine „Triade" von Beeinträchtigungen, nicht einfach nur drei getrennte Beeinträchtigungen. Wir haben jetzt eine Antwort auf die Frage, ob die charakteristischen Beeinträchtigungen, die sich bei den seltenen autistischen Kernfällen so scharf abzeichnen, nur eine Zufallskombination seien: Sie sind es ganz einfach nicht! Wir können jetzt sicher sein, daß wir von einer „organischen" Einheit sprechen, wenn wir von der Störung „Autismus" reden. Es ist demnach völlig gerechtfertigt, nach einer einzigen, grundlegenden psychologischen Erklärung für diese merkwürdige Triadenkonstellation zu suchen. Das Rätsel, das wir lösen müssen, lautet: Warum tritt trotz eines ausreichenden Niveaus der intellektuellen Entwicklung eine Beeinträchtigung der Kommunikation auf, warum gibt es kein symbolisches Spiel, und was hat das mit der Kontaktstörung zu tun?

Wenden wir uns jetzt einem anderen interessanten Problem zu. Die Triade der Beeinträchtigungen fand sich bei jedem Kind, bei dem eine Fallgeschichte von klassischem Autismus vorlag. Zugleich lag die Triade auch bei einer großen Anzahl Individuen vor, die bis dato als geistig behindert, psychotisch oder emotional gestört eingestuft worden waren. Was sind das für Kinder? In der Camberwell-Studie traten nur wenige Unterschiede zwischen diesen behinderten Kindern und klassisch autistischen Kindern zutage, doch bei letzteren lag der Intelligenzmittelwert höher, der Anteil der Jungen war größer, und ein kleinerer Prozentsatz entwickelte sich von Geburt an eindeutig nicht normal.

Man kann über die Einteilung des Gesamtspektrums kontaktgestörter Kinder streiten. Das *Diagnostic and Statistical Manual* der American Psychiatric Association in seiner dritten, überarbeiteten Ausgabe führt Kinder mit umfassenden Entwicklungsstörungen verschiedener Art auf.[18] Das heißt, es gibt viele Untergruppen, von denen der klassische Autismus nur eine darstellt. In der klinischen Praxis ist es nötig, individuelle Unterschiede zu berücksichtigen. Zu theoretischen Zwecken konzentrieren wir uns jedoch lieber auf die „wesentlichen" Kennzeichen einer Störung und übergehen die variablen Merkmale. Aus diesem Grunde ist es wichtig, daß die Existenz eines „reinen" Autismus, ohne begleitende, allgemeine geistige Behinderung, bestätigt ist. Nichtsdestotrotz hat die Camberwell-Studie die Möglichkeit eröffnet, daß *alle* Triaden-positiven Kinder zu einem einzigen Kontinuum gehören und ein und dieselbe zugrundeliegende Fehlentwicklung aufweisen.[19]

Autismus und Schizophrenie

Gestörtes Verhalten wird in der Umgangssprache manchmal als schizophren im Sinne von „verrückt" bezeichnet. Schizophrenie ist jedoch durch recht präzise diagnostische Kriterien definiert, und es gibt viele verschiedene Formen von „Verrücktheit". In der Tat beginnt Schizophrenie im engen Sinne selten vor der Adoleszenz. Kraepelin, der Entdecker der Schizophrenie, berichtete, daß die Krankheit nur bei sechs Prozent seiner Stichprobe von über 1000 Fällen vor einem Alter von 15 Jahren ausgebrochen war. Das Einsetzen von Autismus dagegen liegt in fast allen Fällen vor einem Alter von drei Jahren.

Der Ausbruchszeitpunkt einer Störung ist von entscheidender Bedeutung. Eine Störung, die den normalen Verlauf der Entwicklung von Geburt an oder sogar noch davor beeinträchtigt, und dieselbe Störung, die einen reifen Organismus trifft, bilden zwei verschiedene Problemarten. Beispielsweise führt blind oder taub geboren zu werden zu einem völlig anderen psychischen Zustand, als wenn Erblindung oder Ertaubung erst später erfolgten. Ganz ähnlich unterscheidet sich eine Psychose mit frühem Beginn von einer mit spätem.

Bemerkenswerterweise gibt es praktisch keine kindliche „Psychose", deren Beginn zuverlässig nach dem dritten und vor dem fünften Lebensjahr festgestellt werden könnte. Es sieht so aus, als ob es eine „Schonzeit" gäbe, während der man das Kind als „geschützt" vor dem Ausbrechen einer Psychose bezeichnen könnte. Das Alter beim Einsetzen der Störung ist kein Kontinuum, sondern bildet einen scharfen Einschnitt, von gelegentlichen Ausreißern nach beiden Seiten der Trennungslinie abgesehen. Bei Erbkrankheiten gehört eine solche scharfe Teilung zum üblichen Bild. Sie kann auf zwei verschiedene Arten des Evolutionsdruckes zurückgeführt werden: Die erste wirkt dahingehend, daß genetische Abweichungen so früh wie möglich ausgeschaltet werden sollen, damit ein erneuter, erfolgreicherer Versuch stattfinden kann; die zweite soll jede Abweichung auf einen möglichst späten Zeitpunkt verschieben, da dem Auftreten nachteiliger Symptome ein Tod aus allgemeinen Ursachen zuvorkommen könnte. Wenn die Psychosen eine genetische Ursache hätten, wäre dieses Muster leicht erklärbar.

Wie verhält es sich bei Kindern, die nach einem Alter von fünf Jahren, jedoch vor der Pubertät psychotisch werden? Ähneln ihre Symptome dem Autismus oder der Schizophrenie? Die Antwort ist ganz einfach: Diese wenigen Kinder ähneln in ihren Symptomen fast immer erwachsenen Schizophrenen und können von autistischen Kindern leicht unterschieden werden. Dies ergab eine wichtige epidemiologische Studie in Großbritannien, die Kolvin und Kollegen 1971 publizierten.[20] Eine Untersuchung in New York von Green und anderen hat die früheren Befunde im wesentlichen bestätigt.[21] Kolvin und Kollegen berichteten, daß das jüngste Kind ihrer Stichprobe von 24 als schizophren diagnostizierten Personen 6,7 Jahre alt war. Bei 80 Prozent der Stichprobe hatte die Schizophrenie nach einem Alter von achteinhalb Jahren eingesetzt. Schon im Alter von sechs Jahren ist die sprachliche und kognitive Entwicklung im Prinzip abgeschlossen. Die Grundvoraussetzungen für ein erwachsenes Leistungsniveau sind vorhanden, wenn auch die Leistung mit der Erfahrung steigt. Es überrascht daher nicht, wenn die kindliche Schizophrenie auch in einem Alter von sechs Jahren unter die Schizophrenie der Erwachsenen subsumiert werden kann. Es gibt keinen Grund dafür, sie mit dem Autismus des Kleinkindes zu verwechseln.

In Kolvins und auch in Greens Untersuchung wurden Kinder mit frühem Erkrankungszeitpunkt, das heißt vor dem Alter von drei Jahren, mit solchen, bei denen die Krankheit später ausbrach, verglichen. Man stellte einige wichtige Unterschiede fest, die über verhaltensbezogene Symptome hinausgingen. Die Studie in New York ergab, daß 52 Prozent der autistischen Kinder deutlich unter dem normalen Bereich der Intelligenzskala einzustufen waren, das heißt, sie erreichten nur IQ-Werte unter 50. Im Gegensatz dazu hatte keines der schizophrenen Kinder einen IQ unter 65. Auch in der britischen Studie tendierten die schizophrenen Kinder zu einem viel höheren Intelligenzniveau als die autistischen Kinder. Beide Untersuchungen bestätigen also, daß Autismus als eine frühe Entwicklungsstörung zu größeren intellektuellen Defiziten führt. Zudem war in diesen Studien ein niedriger IQ mit direkten Beweisen für eine Hirnfehlfunktion verknüpft. In der autistischen Gruppe waren zudem signifikant mehr Komplikationen bei der Geburt aufgetreten.

Trotz der Tatsache, daß Schizophrenie und Autismus leicht unterscheidbare diagnostische Einheiten sind, ähneln manche autistische Personen im Erwachsenenalter in ihrem Oberflächenverhalten einem bestimmten Typus schizophrener Patienten. Diese Patienten zeigen Anzeichen von Negativismus, das heißt kaum oder gar keinen sprachlichen oder mimischen Ausdruck und wenig oder kein Interesse an zwischenmenschlichem Kontakt oder Kommunikation. Auch einfache Bewegungsstereotypien können auftreten. Doch Verhaltensähnlichkeiten sind kein verläßlicher Beweis für eine Ähnlichkeit der zugrundeliegenden Dysfunktion, von den Ursachen der Dysfunktion ganz zu schweigen.

Patienten mit positiven schizophrenen Symptomen ähneln autistischen Patienten in gar keiner Weise, nicht einmal in ihrem Oberflächenverhalten. Die charakteristischsten positiven Symptome der Schizophrenie betreffen Hören von Stimmen und den Glauben, in der Umgebung gäbe es bedeutsame, persönliche Botschaften. Die Stimmen und Wahnvorstellungen sind subjektive Erfahrungen, die der Patient anderen mitteilen kann. Nach den Berichten autistischer Menschen, die fähig sind, sich auszudrücken, unterscheiden sich ihre Erfahrungen stark von denen schizophrener Patienten. Darüber hinaus wechseln bei der Schizophrenie oft akute Krankheitsepisoden ab mit langen Phasen, in denen die Normalität wiederhergestellt ist. Dieses Muster gibt es beim Autismus nicht. Schizophrenie und Autismus können sich jedoch überlagern. Berichte über solche seltenen Kombinationen liegen vor.[22]

Bedenkt man, daß der Ausdruck „autistisch" von Ernst Bleuler zuerst für bestimmte Denkprozesse bei der Schizophrenie geprägt wurde und daß sowohl Autismus als auch Schizophrenie zu irgendeiner Art von Kontaktstörung führen, dann überrascht es nicht, daß die Bezeichnung „schizophren" in der Vergangenheit häufig in bezug auf autistische Menschen verwendet wurde. In gewissem Maße wurde die Verwirrung zwischen den beiden Syndromen selbsterfüllend. Vor der Anerkennung des Autismus des Kleinkindes wurden manche Patienten, die heute als autistisch eingestuft würden, als schizophren unter besonderer Betonung ihrer einzigartigen Symptome beschrieben. Später mögen diese alten Krankenberichte als „Beweis" dafür zitiert worden sein, daß manche schizophrene Erwachsene nicht von Individuen zu unterscheiden seien, die wir jetzt als autistisch bezeichnen.

Wie früh kann autistische Isolation diagnostiziert werden?

Autismus ist eine Störung mit frühem Beginn, doch nach allgemeiner Definition meint „früher Beginn" einen Zeitpunkt zwischen der Geburt und dem dritten Lebensjahr. Warum ist diese Zeitspanne so lang? Sollte es nicht möglich sein, ein exaktes Alter für das erste Auftreten von Anzeichen des Autismus anzugeben? Sollten die ersten Zeichen nicht kurz nach der Geburt zu beobachten sein?

Wir verfügen heute über private Videobänder von Kindern, die sich später als autistisch erweisen sollten. Manche sind nun davon ganz begeistert, weil sie glauben, daß diese Videos endlich Aufschluß über diese Fragen geben und zu frühzeitiger Diagnose führen würden. Die bisherigen, eher anekdotenhaften Belege sprechen aber dafür, daß diese Hoffnung unbegründet ist. Zum einen müssen wir sehr viel mehr über den Verlauf der normalen Entwicklung in der frühen Kindheit wissen; zum anderen kann sich der Verlauf einer gestörten Entwicklung so schleichend vollziehen, daß ein definitiver Beginn nicht festzulegen ist.

Wie verhält es sich mit Informationen, die Eltern rückblickend über die ersten beiden Jahre ihres Kindes liefern? 1977 verschickten Edward Ornitz und seine Kollegen vom Neuropsychiatrischen Institut der UCLA einen ausführlichen Fragebogen an mehr als 100 Eltern autistischer und unauffälliger

Kinder unter vier Jahren.[23] Man würde erwarten, daß sich im Nachhinein einige wirklich frühe Anzeichen der Abweichung hätten zeigen müssen. Jedoch berichteten nicht weniger als die Hälfte der Eltern, sie hätten im ersten Lebensjahre ihres autistischen Kindes noch *nicht* Verdacht geschöpft, daß „etwas nicht stimmte". Bei der Untersuchung einer Stichprobe von 93 autistischen, hochbegabten Personen in Großbritannien[24] gaben nur zwölf Elternpaare an, sie seien wegen ihres Kindes in dessen erstem Lebensjahre vage beunruhigt gewesen oder hätten sich ernsthaft Sorgen gemacht. Natürlich wissen wir nicht, wie viele Eltern von völlig normalen Kindern auf Befragen solche Sorgen zugeben würden, so unberechtigt sie auch gewesen sein mochten.

Bedenkt man, daß das vollentwickelte klinische Bild des Autismus nicht vor dem dritten Lebensjahr auftritt und daß die Eltern Entwicklungsauffälligkeiten vielleicht nicht immer berichten, wie sollen dann die Fachleute in einem frühen Stadium eine Kontaktstörung diagnostizieren? Eine überraschende Antwort geben die Kinderärzte Hilda Knobloch und Benjamin Pasamanick in ihrer wegweisenden Studie.[25] Diese Studie beruht auf einer Stichprobe von 1900 Kleinkindern, die in einer großen kinderheilkundlichen Einrichtung in Nordamerika vorgestellt wurden. Die Mehrzahl der Kinder war jünger als zwei Jahre. Sie wurden wegen des Verdachtes untersucht, ihre Entwicklung verlaufe nicht ganz normal. Die Autoren stellten bei 50 Kindern eine durchgängige Unfähigkeit fest, persönliche Beziehungen anzuknüpfen. Vermutlich bildeten sie eine Stichprobe zukünftiger autistischer Kinder. Diese Kinder wurden mit den nächsten 50 Kindern in der Datei verglichen, die ebenfalls Zeichen einer abweichenden Entwicklung gezeigt hatten, sich jedoch in Hinsicht auf ihr Sozialverhalten bestmöglich entwickelten.

Bei der Hälfte bis zwei Dritteln der beiden auffälligen Gruppen waren Komplikationen während der Schwangerschaft, der Geburt oder im Neugeborenenalter vorgekommen. Die Gruppen unterschieden sich weder hinsichtlich der Häufigkeit der Komplikationen noch in bezug auf irgendwelche beobachtbaren neurologischen Zeichen, einschließlich repetitiver Bewegungen, die bei fast allen Kindern vorhanden waren. Bei 70 Prozent der Stichprobe kamen Krampfanfälle vor, ebenso eine Reihe identifizierbarer Störungen, die mit organischen Gehirnerkrankungen verbunden sind. Es überrascht kaum, daß in der Mehrheit der Fälle eine geistige Retardierung vorlag. Andere Studien berichten keine derart große Häufigkeit organischer Anzeichen, doch die Autoren erklären dazu, daß es in der frühen Kindheit leichter sei, neuromotorische Auffälligkeiten nachzuweisen, als in der späteren, da sie dann bereits kompensiert sein können. Knobloch und Pasamanick betonen, daß alle Kinder, die kontaktgestört waren und später vielleicht als autistisch diagnostiziert werden würden, sich im Verhalten von den anderen nicht in feststellbarer Weise unterschieden, außer daß sie „unfähig waren, Menschen als Personen zu betrachten".

Das interessanteste Ergebnis der Studie sollte sich jedoch bei den Nachuntersuchungen ergeben, die drei und zehn Jahre später bei 40 dieser Kinder vorgenommen wurden. Zwischenzeitlich war keines der Kinder in irgendeiner speziellen Weise gefördert worden, doch alle Eltern waren informiert worden, daß sie sich auf eine verzögerte und langsame Entwicklung einstellen müßten. In der Tat lag in allen Fällen im späteren Alter eine geistige Behinderung vor. Das potentielle Autismussymptom jedoch, die „Unfähigkeit, Menschen als Personen zu betrachten", war bei all den Kindern verschwunden, die vor einem Alter von zwölf Monaten vorgestellt worden waren; ihre geistige Retardierung dagegen nicht. In der Rückschau konnte keines der Kinder als autistisch gelten. Das spricht sehr dafür, daß das Symptom als früher Indikator für Autismus nutzlos ist. Dagegen erwies sich die vorläufige Diagnose „Autismus" als um so zuverlässiger, je älter die Kinder bei der ersten Vorstellung waren. Sechs Kinder von 22, die zum ersten Mal in ihrem zweiten Lebensjahr vorgestellt worden waren und Kontaktstörungen aufwiesen, wurden später definitiv als autistisch diagnostiziert. Das galt auch für fünf von sechs Kindern, die im dritten Lebensjahr oder später vorgestellt worden waren.

Diese wichtige Studie lenkt die Aufmerksamkeit wieder darauf, daß die Diagnose von Autismus anhand des Verhaltens mit Schwierigkeiten befrachtet ist, wenn das Verhaltensrepertoire – wie eben bei Säuglingen – begrenzt ist. Echte autistische „Distanziertheit" kann etwas ganz anderes sein als das, was als fehlende soziale Ansprechbarkeit in der Säuglingszeit beobachtet wird. Es gibt zumindest einige Babies, die anfangs sozialem Kontakt gegenüber recht gleichgültig wirken, später jedoch Kontaktfähigkeit entwickeln. Es gibt auch andere, die anfangs kontaktfähig erscheinen, sich jedoch später als stark kontaktgestört erweisen.

Den Spezialisten für geistige Behinderung ist das seit langem bekannt; viele von ihnen haben überrascht auf die Einführung des neumodischen Etiketts „Autismus" reagiert, da ihnen dessen Hauptmerkmal, die Kontaktstörung, sehr vertraut vorkam. Diejenigen autistischen Kinder, deren Störung man sehr früh erkannt hat, fallen vielleicht eher aufgrund ihrer Retardierung als wegen ihres Autismus auf. Diese Ansicht bestätigt sich nach einer bis jetzt noch unvollständigen, retrospektiven Untersuchung. Wir beschafften uns Material aus den Routineuntersuchungen, denen alle Kleinkinder zwischen sechs und 18 Monaten unterzogen werden. Bisher stellten wir fest, daß bei acht von zwölf autistischen Kindern die Aufzeichnungen aus der Zeit um den zwölften Lebensmonat herum keine Auffälligkeiten irgendwelcher Art enthielten. Soziale Ansprechbarkeit und Vokalisierungen waren sogar häufig positiv vermerkt. Bei den vier verbleibenden Kindern waren dagegen ziemlich allgemeine Entwicklungsverzögerungen verzeichnet.

Die aktuellen Forschungsergebnisse dämpfen alle Ambitionen, einfache verhaltensbezogene oder ethologische Methoden zur *Frühdiagnose* von Autismus zu entwickeln. Wir können den Begriff der Gleichgültigkeit gegenüber zwischenmenschlichem Kontakt eindeutig nicht als Prüfstein benutzen. Zumindest im ersten Lebensjahr ist dieses Verhaltenszeichen weder einzigartig für Autismus, noch ist es bei Autismus durchgängig vorhanden.

Gibt es etwas anderes, das die Beziehungsunfähigkeit autistischer Kinder genauer charakterisiert und sie von „bloßem" asozialen Verhalten abgrenzt? Könnte dieses schwer faßbare Etwas auch dazu beitragen, die anderen charakteristischen Merkmale von Autismus zu erklären?

Die relativ späte Manifestation der entscheidenden Autismusmerkmale sowie die zweifelhafte Bedeutung schlechten Sozialkontaktes in der frühen Kindheit sprechen dafür, daß autistische Kinder an einem Defekt einer bestimmten psychischen Fähigkeit leiden, die in der normalen Entwicklung nicht vor dem Ende des Säuglingsalters reift. Dies ist ein wichtiger Hinweis für unsere Suche nach einer Lösung des Rätsels „Autismus".

5. Die biologischen Wurzeln

Was verursacht Autismus, und was kann man dagegen tun? Das fragt jeder, der mit dieser rätselhaften Störung konfrontiert wird. Ideal wäre eine Antwort, die den Autismus zugleich erklärt und verhütet, insofern sie auf eine Therapie hinweist. In Wirklichkeit gibt es keine derartige Antwort. Wir werden irgendwann das Gesamtbild der miteinander verwobenen biologischen und psychologischen Ursachen und Wirkungen in Händen halten, doch bis es soweit ist, bleibt noch viel zu tun.

Dennoch glauben manche immer noch, es gebe eine einfache Antwort, die Autismus erklären, heilen und verhüten kann: Autismus werde verursacht durch psychodynamische Konflikte zwischen Mutter und Kind oder durch irgendeine extreme, existentielle Angst, der das Kind ausgesetzt sei, und werde geheilt durch die Lösung der ursprünglichen Konflikte. Trotz mangelnder Beweise hält sich diese irrige Meinung hartnäckig. Sie ähnelt insofern dem Glauben, man könne an „gebrochenem Herzen" sterben oder durch den „bösen Blick" erkranken. In Wirklichkeit ist es unmöglich, daß ein Kind autistisch wird, weil seine Mutter es nicht genügend geliebt hat oder weil es sein Leben und seine Identität bedroht fühlt.

Autismus hat unzweifelhaft biologische Ursachen und beruht auf einer organischen Funktionsstörung. Worin diese Fehlfunktion besteht und was dafür verantwortlich sein könnte, betrachten wir in diesem Kapitel. Die wissenschaftlichen Forschungen sind jedoch bisher noch nicht sehr weit gediehen.

Die Hinweise auf organische Faktoren sind noch vorläufig, doch das bedeutet nicht, daß es verfrüht ist, psychodynamische Ursachen auszuschließen. Sie sind ausgeschlossen, weil sie keinen Sinn machen. Heute lachen wir über den Versuch, das Down-Syndrom als psychogen zu erklären, doch genau das passierte kurz vor der Entdeckung der zugrundeliegenden Chromosomenaberration tatsächlich. Doch man hätte es schon damals besser wissen können. Genau wie beim Down-Syndrom sind beim Autismus zuviele Tatsachen einfach nicht kompatibel mit einer Theorie psychogener Ursachen. Beispielsweise tritt Autismus in allen Familienformen und Kulturen auf und nicht hauptsächlich in Problemfamilien mit ungelösten emotionalen Konflikten. Problemfamilien mögen durchaus Problemkinder hervorbringen, doch zwischen einem emotional gestörten und einem autistischen Kinde liegen Welten. Es gibt keinen Grund zu der Annahme, die Eltern autistischer Kinder liebten ihre Kinder weniger oder gäben sich weniger Mühe bei der Pflege und Erziehung. Im Gegenteil, viele engagieren sich mehr und selbstloser. Die Nachhaltigkeit dieses Märchens über den Autismus gründet unter anderem darin, daß Kanners Autorität dahintersteht. Ihm waren autistische Merkmale bei manchen Eltern aufgefallen. Kanner hätte auch einen genetischen Faktor in Betracht ziehen können, wie das Asperger tat. Doch Kanner zog die Vorstellung vor, autistische Merkmale der Eltern beeinträchtigten die Praktiken der Kindererziehung, und dies allein könne Autismus verursachen. Wenn dem so wäre, müßte jedes Kind, das unter derartigen Bedingungen heranwächst, autistisch sein. Das ist aber einfach nicht der Fall. Wir haben in Kapitel 2 gesehen, daß Kaspar Hauser und Genie, die beide unter extremer sozialer Deprivation gelitten hatten, nicht autistisch waren. Beider Zustand verbesserte sich rasch, obwohl ihre körperliche und psychische Entwicklung gehemmt worden war und bis zu einem gewissen Grade immer hinterherhinkte. Der Triumph über widrige Umweltbedingungen, der einfach bei deren Entfernung eintreten kann, zeugt von der Widerstandskraft des Menschen.[1] Doch dies gilt nur, wenn keine organische Schädigung vorliegt.

Natürlich müssen wie bei jeder anderen Entwicklungsstörung auch sowohl organische als auch Umweltfaktoren berücksichtigt werden. Diese beiden Faktoren müssen interagieren oder sich wechselseitig beeinflussen, sonst gibt es überhaupt keine Entwicklung. Was die Kindererziehung angeht, so machen auch gute elterliche Fürsorge und spezielle Förderung ein geschädigtes Kind nicht normal, doch es wird so am ehesten sein Potential ausschöpfen können. Man braucht nicht viel Phantasie, um sich vorzustellen, daß eine ungünstige psychische oder pädagogische Umwelt eine derartige Entfaltung verhindert. Doch diese Binsenweisheit hilft uns nicht, den Autismus zu verstehen, weil sie für jedes Kind gilt.

Anzeichen für eine neurologische Schädigung

Früher hielten viele Kliniker den Autismus für eine funktionelle, nicht für eine organische Störung, da es damals keine direkten Beweise für eine Gehirnanomalität gab. Diese Gewißheit wurde dann unter anderem durch den Befund erschüttert, daß bei etwa einem Drittel autistischer Jugendlicher scheinbar aus heiterem Himmel eine Epilepsie auftritt.[2]

Betrachten wir, was bei Paul passierte. Als er im Alter von drei Jahren erstmals untersucht wurde, stellte man keine neurologischen Auffälligkeiten fest. Aufgrund seiner Verhaltensmerkmale wurde er als klassisch autistisch diagnostiziert. Zehn Jahre später war Paul immer noch autistisch, doch er hatte epileptische Anfälle, ein untrügliches organisches Zeichen. Natürlich erwuchs daraus der Verdacht, daß bei Paul schon von Anfang an neurologische Auffälligkeiten bestanden hatten; man hatte sie nur nicht entdeckt.

Epileptische Anfälle stellen nur eines der zahlreichen organischen Anzeichen dar, die man bei autistischen Kindern findet, wenn man danach sucht. Die Liste ist lang und ähnelt der bei anderen neurologisch bedingten Entwick-

lungsstörungen. Vom Standpunkt der Verhaltensbeobachtung aus ist Schwachsinn das wichtigste und eindeutigste Zeichen einer frühen Hirnschädigung.
Sogar bei autistischen Kindern, deren Leistungen bei Intelligenztests über
denen geistig Behinderter liegen, findet sich ein sehr hoher Prozentsatz neurologischer Anzeichen. Besonders häufige Zeichen einer neurologischen Funktionsstörung sind bei autistischen Kindern beispielsweise EEG-Abweichun-
gen, ein abnormer Nystagmus, abnormes Weiterbestehen bestimmter Säug-
lingsreflexe und stereotype Bewegungen.

Die Beweise dafür, daß bei Autismus organische Schäden eine Rolle spielen, sind nicht etwa spärlich, sondern förmlich überwältigend. Sie weisen
jedoch nur auf das Vorliegen eines Hirnschadens hin, nicht aber auf die Natur
dieses Schadens. Damit stehen wir vor einem schwierigen Problem. Welche
Erscheinung aus der ganzen bekannten Palette neurologischer Abweichungen
ist entscheidend für Autismus, und wo besteht nur eine lockere Verbindung?
Bei der Klärung dieser Frage spielen psychologische Untersuchungen eine
Schlüsselrolle. Wenn man die Eigenart der wesentlichen psychologischen Beeinträchtigungen beim Autismus spezifizieren könnte, hätte man bei der Suche
nach spezifischen Hirnauffälligkeiten eine Leitlinie. Leider gibt es bis jetzt
keine solche Leitlinie, und man könnte durchaus von einer fast blinden Suche
sprechen.

Die klinische Beschreibung der Verhaltenssymptome autistischer Kinder
verschiedenen Alters und unterschiedlicher Intelligenzniveaus könnte Anlaß
geben, nahezu überall eine Schädigung zu erwarten. Die Spreu scheint jedoch
noch nicht vom Weizen getrennt zu sein. In den folgenden Kapiteln werden
wir versuchen, entscheidende Merkmale autistischen Verhaltens von nur se-
kundären zu unterscheiden. Dies ist jedoch nicht die einzige anstehende Aufgabe. Wir möchten schließlich wissen, wie die biologische Grundstörung aus-
sieht und wie sie ein typisches Symptommuster hervorruft. Wir dürfen uns
durchaus auf dieses Wissen einstellen, da der wissenschaftliche Fortschritt das
eingangs angesprochene „Gesamtbild" zusehends komplettiert.

Die Suche nach der biologischen Grundlage des Autismus ist engagiert in
Angriff genommen worden. Das Gebiet relevanter Faktoren ist so schwindel-
erregend groß, daß dieses Kapitel nur einen Einblick bieten kann. Die Monographie von Coleman und Gillberg[3] und die kürzlich erschienenen Publikationen über neurobiologische Probleme von Schopler und Mesibov[4] sowie von
Wing[5] bieten weitere Information.

Auf der Suche nach der Hirnschädigung

Wenn Autismus eine organische Störung ist, müßte man dieser bei einer direkten Betrachtung des Gehirnes auf die Spur kommen. Dieses Verfahren ist
jedoch keinesfalls einfach und unmittelbar. Vielmehr spielt der Zufall darin
eine große Rolle. Es besteht durchaus die Wahrscheinlichkeit, daß sich ein

Strukturschaden findet; die mögliche Bandbreite dieses Schadens erstreckt sich vom mikroskopischen Bereich bis zu dem mit bloßem Auge Sichtbaren, von Defekten der Nervenzellen bis hin zur fehlerhaften Entwicklung ganzer Zellverbände. Sehr wahrscheinlich dürften sich auch physiologische Funktionsstörungen finden. Beispielsweise könnte ein relativer Mangel oder Überschuß an Neurotransmittern vorliegen, oder es fehlt ein Enzym, wie es bei bestimmten anderen seltenen Entwicklungsstörungen der Fall ist. Eine derart offene Situation bringt ein spezielles Problem mit sich. Je mehr Aspekte man untersucht, desto wahrscheinlicher stellt man irrelevante Defekte fest, die keine entscheidende Beziehung zum Autismus haben.

Bei der Bewertung anatomischer und physiologischer Untersuchungen sollte man sich immer vor Augen halten, daß Autismus eine Entwicklungsstörung ist. Vermutlich bedeutet dies, daß die Entwicklung von Anfang an abweichend verläuft. Eine Entwicklungsstörung von einer später eintretenden Schädigung zu unterscheiden, ist keineswegs trivial. So hat beispielsweise angeborene Taubheit Auswirkungen auf die Sprachprozesse, Ertaubung im späteren Verlaufe des Lebens jedoch nicht. Obwohl autismusähnliches Verhalten bei manchen hirngeschädigten oder psychotischen Erwachsenen vorkommen kann, die zuvor nie ein derartiges Verhalten zeigten, ist dies nicht dasselbe wie die Störung, die wir als Autismus bezeichnen.

Man muß die normale Entwicklung des Gehirnes berücksichtigen, wenn man Hypothesen über die mögliche Grundschädigung beim Autismus aufstellt. Heute weiß man, daß sich Hirnzellen anfangs stark vermehren, im Laufe der normalen Entwicklung jedoch wieder „abgebaut" werden. Entgegen der Vorstellung, Entwicklung bedeute Wachstum und mehr sei besser, verfügt das unreife Gehirn über dichter gepackte Zellen und mehr Synapsen pro Zelle als das ausgereifte Gehirn. Ein Entwicklungsstillstand kann daher eher auf ein versäumtes „Abschalten" als auf ein versäumtes „Einschalten" zurückgehen. Das Wachstum der Nervenzellen wird von den in den Genen enthaltenen Instruktionen gesteuert; also treten Abweichungen auf, wenn ein genetisches Programm Fehler enthält. Zum Beispiel kann das „Abschalten" zu spät erfolgen. In diesem Falle besteht wahrscheinlich eine erhöhte Zelldichte, und bei pathologischen Untersuchungen an mehreren autistischen Patienten wurde dies auch tatsächlich festgestellt.[6]

Es wäre nützlich, Auffälligkeiten nach dem Zeitpunkt ihrer Manifestation und ihren Folgen für die Entwicklung zu unterscheiden. Als interessanter physischer Indikator für Abweichungen der Fötusentwicklung gelten die Linien auf Fingerspitzen und Zehen. Hier wurden bei einigen autistischen Kindern deutlich abweichende Muster festgestellt.[7] Wenn man ihren Entstehungszeitpunkt mit einem entscheidenden Punkt der pränatalen Entwicklung in Zusammenhang bringen könnte, hätte man hier vielleicht den entscheidenden Hinweis, wann Autismus biologisch gesehen einsetzt. Ähnlich weisen die auffälligen Händigkeitsmuster, die in epidemiologischen Studien an autistischen Kindern festgestellt wurden, auf eine frühe, pränatale Schädigung hin.[8]

Gehirnautopsien autistischer Menschen sind immer noch ganz selten. Zunehmend jedoch werden Untersuchungen am „lebenden" Gehirn durchgeführt, zum Beispiel mit Hilfe der Computertomographie (CT). Dieses Verfahren ermöglicht grobe Messungen der Größenverhältnisse zellgefüllter und flüssigkeitsgefüllter Räume im Gehirn. Liegt Zellatrophie oder Druck vor, sind die flüssigkeitsgefüllten Räume relativ größer. Wenn Autismus mit ihrem Abbau von Zellen statt mit dem Aufbau zusammenhängt, müßten die flüssigkeitsgefüllten Räume vergrößert sein. Aufsehen erregte 1978 eine Studie, die solch eine Vergrößerung nachwies.[9] Diese zeigte sich ausgeprägter in der linken Gehirnhälfte. Das paßte gut zu neuropsychologischen Vorstellungen, die die Schädigung der linken Hemisphäre mit Sprachstörungen in Zusammenhang brachten; diese galten lange als Hauptmerkmal des Autismus. Einige neuropsychologische Studien schienen die Hypothese zu bestätigen und lösten eine umfangreiche Debatte aus. Es konnte jedoch letztlich nicht bewiesen werden, daß eine spezifische Läsion der linken Hemisphäre in irgendeiner Weise für Autismus entscheidend war.[10] Vielmehr scheint eine solche Läsion bei autistischen Kindern das Gehirn zusätzlich zu beeinträchtigen.

Seither wurden Untersuchungen mit verschiedenen Methoden durchgeführt, unter anderem mit PET (Positronenemissionstomographie – sie mißt den Glukosestoffwechsel in bestimmten Hirnzentren) und bildgebender NMR-Verfahren (die mit Hilfe der magnetischen Kernspinresonanz Nervengewebe und Läsionen sichtbar macht). Obwohl auch diese Studien direkte Nachweise für Hirnschäden bei vielen autistischen Personen liefern, bieten sie keinen Anlaß, sich auf ein bestimmtes Hypozentrum zu konzentrieren. Eine neuere NMR-Studie von Courchesne und Kollegen weist einen vielversprechenden, neuen Weg.[11] Sie stellte bei zahlreichen autistischen Personen mit und ohne geistige Behinderung eine ungewöhnliche Fehlbildung eines kleinen Teiles des Kleinhirnes fest. Diese Abweichung könnte sehr wohl verknüpft sein mit solchen in anderen Teilen des Gehirnes, die bis jetzt noch nicht untersucht wurden. Gegenwärtig ist unklar, in welcher Beziehung die Abweichung zu Verhaltenssymptomen steht.

Abgesehen von dieser Studie ist das Hauptproblem bei anatomischen Untersuchungen, daß sie bisher keine Beweise für den Ausschluß einer *generellen* Pathologie oder für den Effekt einer *speziellen* Pathologie, möglicherweise neben und über die allgemeine Beeinträchtigung hinaus, geliefert haben. Wie wir noch sehen werden, hat das psychologische Experimentieren dieses Hindernis bei der Erforschung abweichender geistiger Funktionen nur teilweise überwunden. Was vor allem gegen Daten spricht, die auf ein generelles Defizit hindeuten, ist, daß sie *zuviele* Gründe für bestimmte Defizite nahelegen. Ein Kortex mit einem Zellenmangel (wofür zum Beispiel die vergrößerten, flüssigkeitsgefüllten Räume sprechen) oder im Gegenteil einem Zellenüberschuß (wie die Hypothese einer abweichenden neuralen Entwicklung nahelegt) ist natürlich gravierend. Es wäre nicht überraschend, wenn derart grobe biologische Auffälligkeiten zu Entwicklungsstörungen und Verhaltensproblemen führten. Doch warum sollten sie zu Autismus führen? Und warum nur selten zu Autismus?

Dieselben Fragen stellen sich bei biochemischen Studien. Zahlreiche derartige Untersuchungen wurden schon durchgeführt, doch bisher ergeben sie kein einheitliches Bild. Ein Beispiel für einen unerklärten, doch reliablen Befund ist die signifikante Erhöhung des Blutserotonins bei vielen autistischen Kindern.[12] Zugleich liegt das Serotonin im Rückenmarksliqor oder an anderen Körperstellen in normaler Menge vor. Die Abweichung wurde auf eine Veränderung der Aufnahme oder Speicherung von Serotonin durch die Blutplättchen zurückgeführt. Wir haben hier also einen spezifischen Faktor, der mögliche Hinweise auf die biologische Ursache des Autismus enthält. Aber was bedeutet das? Jeder Schluß von einem derartigen Befund auf autistische Verhaltenssymptome stünde auf tönernen Füßen.

Hier ist die Bemerkung angebracht, daß die Hoffnung auf eine medikamentöse Therapie des Autismus eine starke Motivation darstellt, in der Forschung Risiken auf sich zu nehmen. Verschiedene Neurotransmittersubstanzen, Enzyme, Vitamine und Diäten wurden und werden getestet, manchmal mit beachtlichem Erfolg. Viele argumentieren, daß die Methode „Warum versuchen wir's nicht damit" immer noch besser ist als überhaupt nichts. Zweifellos können bestimmte Autismussymptome erfolgreich medikamentös behandelt werden. Es ist jedoch unwahrscheinlich, daß eine Entwicklungsstörung des Gehirnes durch eine medikamentöse Therapie verhütet oder rückgängig gemacht werden kann.

Psychophysiologische Studien

Ein ganzer Zweig der Psychologie widmet sich der Messung autonomer Funktionen wie der Pulsfrequenz, des Hautwiderstandes und der winzigen elektrischen Ströme, die das Gehirn aussendet. Die Bedeutung dieser Maße liegt darin, daß sie weitgehend außerhalb der willentlichen Kontrolle des Subjektes liegen. Obwohl sie direkte Maße physiologischer Symptome darstellen, hängen sie dennoch mit psychologischen Prozessen wie Angst, Erregung und Informationsverarbeitung zusammen.

Angela James und James Barry besprechen einige elektrophysiologische Studien an autistischen Kindern in ihrer Veröffentlichung.[13] Diese Autoren, die selbst die besten experimentellen Befunde geliefert haben, schließen, daß die autonomen Maße autistischer Kinder wie Atemreaktionen, Herzschlag und Hautwiderstand sowie EEG-Maße alle auf schwere Entwicklungsverzögerungen hindeuten. Geistig behinderte, autistische Kinder wurden mit gleich schwer behinderten, nichtautistischen verglichen und erwiesen sich im Hinblick auf die psychophysiologischen Maße als noch schwerer beeinträchtigt.

Als wichtigstes Maß verwendeten die Autoren die Habituation der Orientierungsreaktion. Diese Reaktion zeigen die meisten Tiere beim Auftreten eines neuartigen Ereignisses. Die offensichtlichsten Bestandteile dieser Reaktion sind ein Spitzen der Ohren und die Hinwendung zur Quelle des Stimulus. Zusätzlich jedoch verändern sich das EEG und die autonomen Maße beobachtbar. Die Habituation tritt ein, weil das Tier erkennt, daß der Stimulus schon früher aufgetreten ist und keine Konsequenzen hat. Auch Menschen habituieren rasch, wenn ein Reiz sich wiederholt. Bei autistischen Kindern ist die Habituation der Orientierungsreaktion auffällig verlangsamt.

Mangelnde Habituation kann als Folge einer kognitiven Funktionsstörung verstanden werden. Wiederholte Stimuli verlieren ihren Neuigkeitswert nicht, weil sie nicht angemessen verarbeitet werden. Wenn das der Fall ist, gelingt es beim Vergleich mit dem nächsten Stimulus nicht, die Identität festzustellen. Eine kognitive Funktionsstörung der Art, die wir in späteren Kapiteln betrachten werden, würde dieser Darstellung gut entsprechen: Man erwartet ein Ausbleiben der Habituation, wenn jeder Stimulus unabhängig und nicht als Teil eines größeren Musters behandelt wird.

Die Habituation der Orientierungsreaktion verlangsamt sich auch bei Erregungszuständen. Vielleicht reagieren autistische Kinder immer wieder auf einen wiederholten Stimulus, weil sie sehr ängstlich sind. Von hier zu der Behauptung, Autismus werde durch einen Zustand extremer Angst verursacht, ist nur ein kleiner Schritt. Diese Schlußfolgerung entbehrt jedoch jeder Grundlage, da autistische Kinder – wie James und Barry betonen – keine Habituation und zugleich ein *niedriges* Angstniveau, gemessen an der Pulsfrequenz, zeigen. In der Tat legen auch andere psychophysische Befunde die Vermutung nahe, daß autistische Kinder nicht chronisch übererregt sind.

Problematisch an psychophysischen Befunden ist, daß bis jetzt noch niemand bestimmt hat, inwieweit die erhaltenen Maße biologische Charakteristika und inwieweit sie sekundäre Phänomene einer kognitiven Funktionsstörung sind. Das Erregungsniveau kann durchaus das Ergebnis eines Verarbeitungsversuches und nicht die Ursache für einen Verarbeitungsstil sein. Ein weiteres Problem besteht darin, daß die Befunde nichts für Autismus Spezifisches zeigen, da sehr ähnliche Auffälligkeiten für eine große Anzahl psychiatrischer Störungen typisch sind. Wir können schließen, daß Messungen autonomer Funktionen wertvolle Hinweise auf Abweichungen der Informationsverarbeitung liefern, daß Erklärungskonzepte jedoch anderswo zu suchen sind.

Neurologische Ansätze

Es gibt verschiedene Ansätze zu einer Erklärung des Autismus, die seine Hauptsymptome auf der Grundlage allgemeiner neurologischer Theorien interpretieren. 1978 unterbreiteten Damasio und Maurer die erste umfassende Theorie auf dieser Basis.[14] Sie vermuteten eine Schädigung im Dopaminsystem des Gehirnes, das sich hauptsächlich über die Basalganglien erstreckt, doch ebenso über Teile der Frontal- und Temporallappen. Das Dopaminsystem wird in Abbildung 5.1 dargestellt. Interessanterweise wurden auch bei der Schizophrenie Abweichungen im Dopaminsystem vermutet und auch bestätigt. Damasio und Maurer gewannen ihre Theorie durch Analogieschluß aus Verhaltenssymptomen von hirngeschädigten Erwachsenen oder verletzten Tieren. Dieses Vorgehen muß jedoch mit Vorsicht betrachtet werden. Auch wenn zwischen verletzten Tieren und neurologischen Fällen, zwischen schizophrenen Patienten und autistischen Kindern große Ähnlichkeit der Symptome und Anzeichen besteht, so folgt daraus nicht, daß der Schaden an derselben Stelle sitzt. Auf jeden Fall muß nicht dieselbe Ursache für die Schädigung vorliegen.

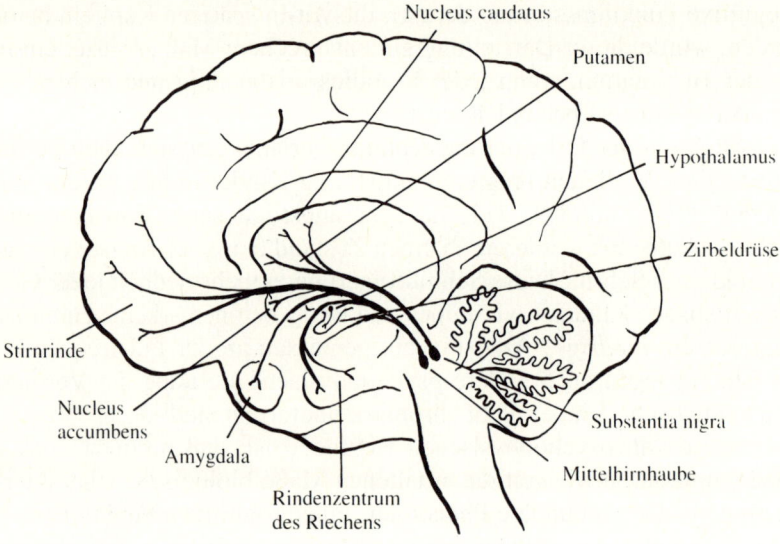

5.1 Das Dopaminsystem.

Die Dopaminsystemtheorie verdient jedoch, ernst genommen zu werden, da sie sich dem Problem der Spezifität stellt. Das System umfaßt nur einen sehr kleinen Teil des Gehirnes, obwohl es viele verschiedene Bereiche beeinflußt. Die Theorie konzentriert sich auf diejenigen neurologischen Symptome, die offenbar eng mit Autismus zusammenhängen: merkwürdiger Gang, schlechte Stimmkontrolle, ausdrucksloses Gesicht, wedelnde Handbewegungen, monoton wiederholte Handlungen, fehlende Spontaneität, Perseveration und soziale Behinderung. Das alles sind typische autistische Merkmale. Sie könnten alle eine Funktionsstörung genau der Hirnbereiche widerspiegeln, die vom Dopaminsystem gesteuert werden. Coleman und Gillberg diskutieren die bisher indirekten Nachweise, die diese Theorie stützen könnten, und bringen sie mit einer primären Schädigung im Hirnstamm, wo das Dopaminsystem entspringt, in Verbindung.

Man hat einem bestimmten neurologischen Syndrom die Rolle des neurologisch definierten Gegenstückes zum Autismus zugewiesen.[15] Dieses sogenannte Kluver-Bucy-Syndrom ist die Folge einer künstlich hervorgerufenen, subkortikalen Läsion der Amygdala und des umliegenden temporalen Neokortex. Affen können nach dieser Schädigung Objekte und andere Tiere nicht mehr erkennen und werden infolgedessen unfähig zu Sozialverhalten. Auch zeigen sie eine paradoxe Zahmheit, Mangel an Spontaneität und manchmal unangemessene Wut. Bis zu welchem Grade diese Symptome autistischem Verhalten ähneln, ist jedoch fraglich. Übermäßige Dopaminausschüttung, die durch Verabreichung von Amphetaminen hervorgerufen werden kann, blockiert einige der Funktionen der Amygdala. Ros Ridley und Harry Baker vom Clinical Research Centre in Harrow haben bewiesen, daß Tiere nach einer Amphetaminbehandlung hyperaktiv werden, hochgradig stereotypes Verhalten zeigen und jedes Interesse an ihren Artgenossen verlieren.[16]

Eine mögliche spezifische Störung in der Entwicklung des Dopaminsystemes des Gehirnes könnte darin bestehen, daß sich Zellen nicht zurückbilden, wie sie es in der normalen Entwicklung tun. Es könnte daher eine erhöhte Anzahl von Dopaminneuronen geben und infolgedessen ein hyperaktives System. Dopaminüberaktivität in einem Organismus, der sich noch in der Entwicklung befindet, könnte zu Verhaltensauffälligkeiten führen, die eine gewisse Ähnlichkeit mit jenen besitzen, die Hyperaktivität in einem voll ausgereiften Organismus auslösen. Man dürfte jedoch mehr Unterschiede als Ähnlichkeiten erwarten.

Eine umfassende neuropsychologische Studie von Rumsey und Hamburger an zehn durchschnittlich intelligenten, autistischen Männern ist von beträchtlichem Interesse, weil hier ein Defizit nicht auf eine Retardierung oder eine sonstige Behinderung zurückzuführen ist.[17] Bei einer Reihe von Tests, die sensibel auf eine Funktionsstörung des Frontallappens reagieren, ergab sich ein sehr ausgeprägtes Defizit. Die Autoren vermuten, daß diese Ergebnisse mit dem von Damasio vorgeschlagenen Modell übereinstimmen.

1986 schlossen Deborah Fein und ihre Kollegen in einem intelligenten Überblicksartikel, daß es noch zu früh sei, ein detailliertes neuropsychologisches Modell des Autismus zu entwickeln.[18] Sie betonten, daß frühere Theorien notwendig auf schwachen Fundamenten ruhten, da ihre Vorannahmen hinsichtlich der Symptome zu vage und zu wenig untersucht waren. Bevor wir die zugrundeliegende kognitive Funktionsstörung beim Autismus nicht besser kennen, werden jedenfalls auf dem Wege neuropsychologischer Untersuchungen kaum weitere Fortschritte zu erzielen sein.

Dagegen haben Untersuchungen von einem ganz anderen Standpunkt aus die Erforschung der biologischen Grundlage des Autismus weitergebracht. Statt herausfinden zu wollen, *was* im Gehirn autistischer Kinder nicht stimmt, verfolgt diese Forschungsrichtung die Frage: *Warum* stimmt etwas nicht?

Genetische Defekte

Könnte Autismus auf einem Fehler im genetischen Programm beruhen? Dieser Frage kann man durch Zwillingsstudien und Abstammungsuntersuchungen nachgehen; bei letzteren werden alle Verwandten über möglichst viele Generationen betrachtet. Auf diesem Gebiete werden gerade vielversprechende Studien durchgeführt, und Forscher in verschiedenen Zentren versuchen, bei der Analyse der Verwandtschaftsbeziehungen von Familien mit einem oder mehreren autistischen Mitgliedern das „autistische Gen" zu finden.

Da Autismus eine seltene Störung ist, erwartet man auch nur selten mehr als ein autistisches Kind in einer Familie. Trotzdem sind zwei Prozent der Geschwister autistischer Kinder ebenfalls autistisch. Diese Häufigkeit ist 50- bis 100mal höher als in der Bevölkerung im allgemeinen. Man darf nicht vergessen, daß autistische Menschen sehr selten selbst Kinder haben. Falls Autismus genetisch übertragen wird, kann daher die Wahrscheinlichkeit einer direkten Vererbung vernachlässigt werden.

Eine bahnbrechende Zwillingsstudie wurde 1977 von Susan Folstein und Michael Rutter durchgeführt, denen es gelang, 21 Zwillingspaare zu ermitteln, von denen mindestens einer eindeutig als autistisch diagnostiziert war.[19] Die Autoren wollten den Grad der Konkordanz bestimmen: Litten eher beide Zwillinge an Autismus – diagnostiziert nach strengen Kriterien –, wenn sie genetisch identisch waren als wenn sie normale Geschwister waren? Vorausschicken muß man hier, daß 100prozentige Konkordanzraten auch unter gut abgesicherten genetischen Bedingungen nicht zu erwarten sind. Ein Grund dafür liegt in der variierenden Durchschlagskraft der Gene. Konkordanz des klassischen Autismus bestand bei vier von elf eineiigen Paaren und bei keinem der zweieiigen Paare. Das spricht stark für genetische Ursachen. Die Studie ging jedoch noch einen Schritt weiter: In den nichtkonkordanten Paaren war der zweite Zwilling nicht unbedingt normal entwickelt. Ganze 82 Prozent der eineiigen Zweitzwillinge wiesen geistige Behinderung und Sprachstörungen auf, ebenso zehn Prozent der zweieiigen Zweitzwillinge. Dieses Ergebnis legt die Vermutung nahe, daß es eine genetische Ursache für eine allgemeinere Störung der kognitiven Entwicklung gibt. Besteht eine genetische Prädisposition für diese Störung, könnte der klassische Autismus einfach eine ihrer Ausprägungen darstellen.

Chromosomenanomalien

Die als „Zerbrechliches-X-Syndrom" bekannte Chromosomenanomalie führt meist zu geistiger Behinderung. Die Häufigkeit wird nur von der des Down-Syndromes übertroffen, das auf einer Chromosomenanomalie anderen Types beruht. Das Syndrom des Zerbrechlichen X tritt viel häufiger bei Jungen auf. Die Betroffenen weisen Sprachauffälligkeiten auf, von denen viele an diejenigen bei Autismus erinnern, unter anderem Stummheit, verzögerter Spracherwerb, Echolalie, seltsame Stimme und Unfähigkeit zu normalen Gesprächen; sie rechtfertigen jedoch als solche nicht die Diagnose Autismus. Die beiden anderen häufigen Symptome beim Syndrom des instabilen X sind ausgesprochene Abneigung gegen Blickkontakt und Ablehnung von Körperkontakt. Eigentümlich ist, daß diese Symptome auch beobachtet werden können, wenn die sozial-affektiven Beziehungen nicht gravierend gestört sind.

Ein Teil der am Syndrom des zerbrechlichen X Leidenden ist nach strengen diagnostischen Kriterien autistisch. Da bisher keine epidemiologische Untersuchung vorliegt, sind sowohl die wahre Prävalenz des Zerbrechlichem-X-Syndromes in der Allgemeinbevölkerung als auch die Häufigkeit des Autismus unter den betroffenen Personen unbekannt. Gegenwärtig nimmt man an, daß zwischen zehn und 20 Prozent der autistischen Jungen eine Chromosomenaberration haben, am wahrscheinlichsten das Syndrom des Zerbrechlichen X.[20] Würde diese Zahl sich bestätigen, wäre die Ursache des Autismus bei einem bestimmten Anteile autistischer Jungen geklärt; auch würde sich teilweise erklären, warum es mehr autistische Jungen als Mädchen gibt.

Colemann und Gillberg diskutieren die Ergebnisse einer Stichprobe von 10 autistischen Jungen mit Zerbechlichem-X-Syndrom. Bei mehr als der Hälfte dieser Jungen hatten ungünstige pränatale und perinatale Umstände vorgelegen. Die meisten wiesen einen muskulären Hypotonus, Epilepsie und Anzeichen einer Funktionsstörung des Hirnstammes auf. Die Autoren schlagen folgende interessante Hypothese vor: Der abweichenden Hirnstammentwicklung könnte ein Chromosomendefekt zugrundeliegen, der möglicherweise eine neuronale Fehlanordnung im Dopaminsystem und manchmal Epilepsie verursacht. Autismus könnte eine Folge dieser Ereigniskette sein. Doch führt der Chromosomendefekt auch zu den ungünstigen pränatalen Bedingungen? Manche perinatalen Schwierigkeiten beruhen offensichtlich auf einer Krankheit des Kindes, doch andere müssen sonstige Gründe haben.

Pränatale oder perinatale Hirnschädigung

Aus zahlreichen Studien ergibt sich übereinstimmend, daß bei Autismus erstaunlich oft perinatale Risiken bestanden. Beispielsweise berichtete Kolvin 1971 eine Häufigkeit von 37 Prozent bei seiner Stichprobe autistischer Kinder, doch nur von zwölf Prozent bei seiner Stichprobe 33 schizophrener Kinder (das heißt Kinder, bei denen die Psychose nach einem Alter von fünf Jahren auftrat).[21] Mehrere Studien zeigen, daß bei autistischen Kindern signifikant mehr Risikoschwangerschaften und -geburten vorausgegangen waren als bei normalen Kindern. In der Zwillingsstudie von Folstein und Rutter gab es 17 autistische Jungen, deren Zwillingsbrüder nicht als autistisch diagnostiziert waren. Obwohl die Autoren neurologisch beeinträchtigte Fälle aus der Stichprobe hatten ausschließen wollen, waren bei zwölf dieser Jungen mehr perinatale Probleme aufgetreten als bei ihren nichtautistischen Zwillingsgeschwistern, zum Beispiel verzögerte Geburt, verzögertes Einsetzen der Atmung oder Krampfanfälle des Neugeborenen.

Das Vorhandensein ungünstiger perinataler Faktoren läßt vermuten – beweist jedoch nicht –, daß ein Hirnschaden, möglicherweise durch Sauerstoffmangel, eingetreten sein könnte. Auch muß man berücksichtigen, daß ungünstige Faktoren welcher Art auch immer – von Schwangerschaftskomplikationen bis zur Zangengeburt – nicht von Ungefähr kommen. Zu ungünstigen Folgen können viele Bedingungen beitragen. Oder wie der Volksmund sagt: Ein Unglück kommt selten allein. Schwierigkeiten bei Schwangerschaft und Geburt können einen wesentlichen Bestandteil einer Prädisposition zu Entwicklungsstörungen darstellen. Die Auswirkungen genetischer und konstitutioneller Faktoren und der pränatalen Umwelt können bei Ergebnissen zusammenwirken, die vom Tode des Fötus bis zu kaum merklicher Behinderung reichen. Dem entspricht die Tatsache, daß Untersuchungen von Geburtskomplikationen keine spezifischen Ergebnisse erbrachten. Keine der einschlägigen Studien, die Mary Konstantareas 1986 zusammenstellte[22], unterscheidet klar zwischen pränatalen, perinatalen oder gar neonatalen Komplikationen. Da diese nicht als isolierte Risiken betrachtet werden können, ist möglicherweise das Wesen oder der Zeitpunkt des Eintretens des für Autismus entscheidenden Ereignisses nicht feststellbar. Bei der Untersuchung der Ursachen des Autismus findet man nicht eines, sondern ein ganzes Bündel potentieller Risiken. Die wichtigste Rolle spielt dabei, ob der – durch welche Ursache auch immer ausgelöste – Schaden die normale Entwicklung eines bestimmten neurologischen Systemes zu einem kritischen Zeitpunkt verhindert. Das hypothetische System kann durchaus für ein ganzes Spektrum von Schädigungen anfällig sein, die zu verschiedenen Zeiten und aus verschiedenen Gründen eintreten.

Virusinfektionen und Immunschwäche

Die Theorie, daß psychotische Erkrankungen auf einer Immunschwäche und/oder Virusinfektion beruhen könnten, gewinnt für den Autismus eine besondere Berechtigung. In ausgewählten Fällen zeigte sich, daß dem Einsetzen der typischen Autismussymptome eine Virusinfektion des Kleinkindes vorausgegangen war, vor der wiederum eine Phase scheinbar normaler Entwicklung gelegen hatte. Auch gibt es Fälle, bei denen die Infektion bei den Müttern in der Frühphase der Schwangerschaft stattfand. Ein eindeutiges Beispiel sind die Röteln. Doch da gut dokumentierte Fälle so selten sind, kann man Autismus meist nicht mit einer derartigen Ätiologie in Zusammenhang bringen.

Viruskrankheiten brechen sehr plötzlich aus. Wenn das Zentralnervensystem zu einem kritischen Zeitpunkt, entweder vor oder nach der Geburt, infiziert wird, ist unter Umständen Autismus die Folge. Man kann diese Hypothese prüfen, indem man die Häufigkeit autistischer Kinder im Verhältnis zu bekannten Virusepidemien ermittelt. Besonders interessant sind bestimmte Virusarten, die sogenannten Retroviren, die sich völlig in das genetische Material der Wirtszellen integrieren. Andere möglicherweise Autismus auslösende Viren sind das Herpes- und das Zytomegalie-Virus. Sie können jahrelang inaktiv bleiben, jedoch von Zeit zu Zeit reaktiviert werden.

Das Immunsystem, das uns gegen Virusschäden schützt, kann selbst funktionsgestört sein. Schwere Formen von Immununverträglichkeit bei der Mutter führen zum Tode des Fötus. Leichte Formen können die normalen Wachstumsprozesse beeinträchtigen und infolgedessen zu Entwicklungsstörungen führen. Tatsächlich gibt es Anzeichen von Abweichungen des Immunsystemes mancher autistischer Kinder.[23]

Ein unerwartetes und interessantes Ergebnis zeitigte die in Kapitel 3 ausführlich beschriebene epidemiologische Studie Lorna Wings für die Mütter autistischer und sozial beeinträchtigter Kinder.[24] Eine überproportional hohe Anzahl Mütter behinderter Kinder (22 gegenüber fünf für die bei der Größe der Grundgesamtheit erwarteten) stammte aus der Karibik. Ein ähnlicher Überschuß sozial beeinträchtigter Kinder von nach Nordeuropa eingewanderten Müttern aus tropischen Ländern wurde in Schweden festgestellt.[25] Ein möglicher Grund dafür ist, daß die Mütter, die in tropischen Ländern geboren waren, gegen die für nördliche Länder endemischen Viruskrankheiten noch keine Immunität erworben hatten.

Die Kausalkette

Die Befunde, die wir in diesem Kapitel diskutiert haben, sprechen dafür, daß wir nicht „die" Ursache des Autismus suchen sollten, sondern eine lange Kausalkette. Diese Kette besteht aus unterscheidbaren Gliedern, die man wie folgt etikettieren könnte: Risiko – Störfall – Schaden. Wie wir in diesem Kapitel gesehen haben, kann das Risiko in vielen Formen auftreten, unter anderem fehlerhafte Gene, Chromosomenaberrationen, Stoffwechselstörungen, Viren, Immununverträglichkeit und Sauerstoffmangel aufgrund perinataler Probleme. Wir können annehmen, daß jedes dieser Risiken das Potential in sich birgt, die Entwicklung des Nervensystemes zu stören. Eine Häufung mehrerer Risiken kann die Entwicklung bestimmter Gehirnsysteme, die für höhere geistige Prozesse zuständig sind, dauerhaft schädigen. Ob dieser Schaden gering oder schwer ist, immer bringt er einen Entwicklungsstillstand eines entscheidenden Systemes zu einem entscheidenden Zeitpunkt. Unserer Hypothese zufolge tritt dann und nur dann Autismus auf.

Um welches System handelt es sich nun? Das wissen wir noch nicht. Aus den epidemiologischen Studien an sozial beeinträchtigten Kindern, die im vorangegangenen Kapitel besprochen wurden, ergab sich, daß das, was der normalen Entwicklung der sozialen und kommunikativen Fähigkeiten zugrundeliegt, in hohem Maße geschützt ist. Die Wahrscheinlichkeit einer einschlägigen Schädigung steigt mit dem Ausmaß eines allgemeinen Schadens. Nichts-destotrotz zeigt das Vorkommen reinen Autismus bei ansonsten nicht retar-dierten Individuen, daß das fragliche System sehr selektiv geschädigt sein *kann*, während andere offensichtlich intakt bleiben. Wenn jedoch ein Teil des Nervensystemes geschädigt ist, besteht sehr wahrscheinlich auch ein Schaden in einem anderen Teile. Die Möglichkeit eines ausgebreiteten Schadens ist vermutlich der Grund für das breite Spektrum von Behinderungen im Zusam-menhang mit Autismus.

In unserem Modell der Kausalkette sind mehrfache Ursachen und mehrfache Behinderungen vorgesehen. Jede mögliche Ursache kann das für Autismus entscheidende System beeinträchtigen, ob sie nun auch andere Systeme in Mitleidenschaft zieht oder nicht. Diese Vorstellung liegt auch dem Begriff der „gemeinsamen Endstrecke" zugrunde, den biologische Theorien geistiger Stö-rungen häufig postulieren. Eine gemeinsame Endstrecke kann von vielen un-terschiedlichen Faktoren beeinträchtigt werden. Dies bedeutet nicht, daß „al-les" Autismus verursachen kann. Irgendwo in der Kette gibt es eine einzelne, entscheidende Ursache, doch die Faktoren, die dieses entscheidende Glied beeinflussen, sind zahlreich und vielfältig.

Die Pathologie aufzuklären und sie mit einem Entwicklungsstillstand zu einem entscheidenden Zeitpunkt zu verknüpfen, ist eine gewaltige Aufgabe. Niemand erwartet, daß die Kluft zwischen Gehirn und Verhalten schon mor-gen überbrückt sein wird. Doch die Brücke muß von beiden Ufern her gebaut werden. In diesem Kapitel haben wir kurz den Stand des biologischen „Brük-kenkopfes" betrachtet. In den restlichen Kapiteln dieses Buches werden wir uns der Ursachenfrage von der entgegengesetzten Seite her nähern. Wir wer-den die einzelnen Symptome des Autismus betrachten und zu einer tieferrei-chenden Erklärung gelangen. Wir werden versuchen, auf die psychologischen Prozesse zu schließen, die die Symptome hervorrufen. Schließlich könnten solche tiefreichenden Erklärungen mit hypothetischen, neurologischen Struk-turen verknüpft sein.

6. Die Intelligenz autistischer Kinder

Intelligenztests

Viele Menschen fragen sich, ob man IQ-Werten von autistischen Kindern überhaupt trauen darf. Zum einen sind diese Kinder schwierig zu testen, und zum anderen scheinen sich die Ergebnisse verschiedener Intelligenztests oft zu widersprechen. Die faktengenerierenden, epidemiologischen Studien, die wir in Kapitel 4 besprochen haben, bestätigen, daß die überwiegende Mehrheit der autistischen Kinder geistig behindert ist. Könnte es jedoch sein, daß autistische Kinder intelligenter sind, als man bisher geglaubt hat? Sowohl Kanner als auch Asperger zeigten sich beeindruckt von der „erstaunlich intelligenten Physiognomie" und den ungewöhnlichen Fähigkeiten und Interessen autistischer Kinder. Bei der ersten Begegnung mit einem autistischen Kind kann sein attraktives Erscheinungsbild mit dem strahlenden Blick, das so stark von der üblichen „Stumpfsinnigkeit" geistig Behinderter absticht, durchaus beeindrukken. Doch man wundert sich nicht nur über das Erscheinungsbild. Das Verhalten autistischer Kinder deutet oft auf Fähigkeiten außerhalb des Gewöhnlichen, manchmal sogar auf herausragende Begabungen.

Gesell und Amatruda warnen in ihrem Buch *Developmental Diagnosis* von 1941[1] vor dem irreführenden Eindruck von Intelligenz bei geistig behinderten Kindern mit organischer Pathologie. Interessanterweise benutzen sie als Beispiele Kinder mit Merkmalen, die stark an Autismus erinnern – eine Störung, die zu dieser Zeit noch nicht identifiziert war! Die Gefahr, die die Autoren sehen, besteht darin, daß solche Eindrücke zu der falschen Annahme einer nichtorganischen Pathologie führen können.

„Oft ist das Verhalten des Kindes sehr bizarr, und paradoxerweise ist es gerade die Merkwürdigkeit des Verhaltens, das zu einer Diagnose verführt, die den geistigen Grunddefekt übersehen könnte. Wenn das Verhalten bizarre Muster annimmt, ist es verführerisch, nach umweltbedingten Ursachen zu suchen und den Symptomen eine psychiatrische Konstruktion überzustülpen. Beispielsweise kann das Kind extrem auf ein Spielzeug oder einen Zeitvertreib fixiert sein, etwa Sand durch eine Röhre schütten, Türen öffnen und schließen. Dieses besondere Verhalten rückt dann bei der Interpretation des Falls auf irreführende Weise in den Mittelpunkt. Dem Verhalten wird vielleicht sogar eine symbolische Bedeutung zugeschrieben, während zahlreiche andere Symptome, die definitiv auf einen grundlegenden Defekt hinweisen, demgegenüber vernachlässigt werden. Aktivität und bizarre Übertreibung sind häufig verknüpft mit einer anziehenden Erscheinung und einem abwesenden, versonnenen Ausdruck, der den Eindruck von unterschwelliger oder verdeckter Normalität erweckt. Wenn der Arzt diesem Eindruck unkritisch nachgibt, beschreibt er möglicherweise den Zustand als symptomatische Retardierung."

Es könnte sehr gut sein, daß Kanner dem in diesem Abschnitt beschriebenen Effekte erlag. Doch 1971, in der Nachuntersuchung seiner ursprünglichen Stichprobe nach 30 Jahren[2], berichtet er von vier seiner elf Fälle: „Obwohl sie den Beobachter ursprünglich durch ihr phänomenales Gedächtnis erstaunt hatten ..., fiel ihr IQ, sofern sie überhaupt psychologischen Tests zugänglich waren, auf Werte, wie man sie üblicherweise bei Schwachsinnigen oder Imbezillen findet."

Die Frage, ob Intelligenztests mit autistischen Kindern möglich sind, haben Lockyer und Rutter sorgfältig geprüft.[3] Sie verglichen die Ergebnisse einer ersten IQ-Messung an 63 autistischen Kindern im Alter von etwa fünf Jahren mit einer zweiten Messung im Alter von rund 15 Jahren. Auch verglichen sie den IQ mit den späteren Schulleistungen und der sozialen Anpassung. Auf diese Weise wurde die Validität der IQ-Messung an Kriterien aus dem realen Leben geprüft und dem „Test der Zeit" unterworfen. Aus dieser Studie können wir eindeutige Schlußfolgerungen ziehen: Die sorgfältige Messung der intellektuellen Fähigkeiten autistischer Kinder durch klinische Psychologen ist vertrauenswürdig. Sie ist genauso vertrauenswürdig wie bei retardierten und sich normal entwickelnden Kindern.

Die Studie von Lockyer und Rutter zeigte, daß die IQ-Werte autistischer Kinder bei der zweiten Testung zehn Jahre später gleich blieben, auch bei der Verwendung unterschiedlicher Testbatterien durch verschiedene Testleiter. Trotzdem waren die Leistungen bei verschiedenen Untertests bemerkenswert unausgeglichen. Doch diese Unausgewogenheit blieb ebenfalls über die Zeit stabil. Schwankende Kooperationsbereitschaft kann allein aus diesem Grunde ausgeschlossen werden.

Wir müssen schließen, daß die häufig niedrigen IQ-Werte und die breit gestreuten Ergebnisse verschiedener Untertests unverrückbare Tatbestände widerspiegeln. Konsistent damit sind die Schul- und die Alltagsleistungen der Kinder. Die Probleme liegen nicht in den Tests oder den Testern begründet, sondern sie reflektieren die reale Behinderung der Kinder.

Kinder mit anfänglich niedrigem IQ erreichten in der Nachfolgestudie noch niedrigere Werte; dieses Ergebnis bestätigten Waterhouse und Fein in einer neueren Untersuchung.[4] Kinder, die gegen Ende der Kindheit nicht über einsatzfähige Sprache verfügten, verschlechterten sich hinsichtlich des IQ. Der IQ wurde fälschlich zu hoch eingeschätzt, wenn nur erfolgreich beendete Tests für die Wertung berücksichtigt wurden. Leider geschieht dies in der Praxis oft, so daß das Märchen des insgeheim intelligenten, autistischen Kindes weiterbesteht. Insbesondere Kindern, die sich bei vielen Untertests als nicht testbar erweisen, bei einem Test jedoch sehr gut abschneiden, wird häufig ein Poten-

tial zugeschrieben, das sie nicht haben. Es ist nötig, das gesamte Leistungs-
spektrum zu berücksichtigen, um genaue Vorhersagen machen zu können.

Im Gegensatz zur allgemeinen Meinung sind frühe IQ-Messungen, sofern
sie richtig durchgeführt und interpretiert werden, ausgezeichnete Indikatoren
für den Grad der späteren Anpassung und Selbständigkeit eines Kindes im
realen Leben. Nichtsdestoweniger werden IQ-Testbatterien, genau wie die
Einschätzung von Lehrern oder die Beobachtungen von Eltern, überschätzt,
wenn man mit ihnen feine individuelle Unterschiede ermitteln will. Die Stärke
gut konstruierter Tests zeigt sich, wenn man große individuelle Differenzen,
die durch eine Beeinträchtigung des Gehirnes zurückzuführen sind, feststellen
möchte. Zweifellos sind derartige Messungen subjektiven Urteilen überlegen.

Wir wollen uns jetzt dem Problem zuwenden, daß trotz der gemessenen
allgemein niedrigen Intelligenz bei bestimmten, isolierten Fähigkeiten erstaunlich hohe Leistungen vorkommen können. Am frappierendsten zeigt sich das
beim Phänomen des *idiot savant*.

Der autistische *idiot savant*

Es gibt einige wenige Menschen, die geistig behindert sind und dennoch
herausragende Leistungen auf einem Interessengebiet vollbringen, auf dem sie
andere, ihnen intellektuell überlegene Menschen oft bei weitem übertreffen.
Die Bezeichnung *idiot savant* drückt dieses Paradoxon sehr gut aus: Ein solcher Mensch ist in jeder Hinsicht ein „Idiot", das heißt hochgradig schwachsinnig, doch insofern ein *savant* (Gelehrter, Wissender), als er über überlege-
nes Wissen auf einem Gebiet verfügt. Tatsache ist, daß ein ungewöhnlich
hoher Anteil, möglicherweise 50 Prozent, dieser bemerkenswerten Menschen
auch autistisch ist. Ein erstaunlicher Fall ist zum Beispiel Nadia, die im Alter
von vier bis sieben Jahren wunderschöne Zeichnungen anfertigte, die auch die
Bewunderung von Fachleuten erregten.[5] Dann gibt es den zwölfjährigen Stephen, der die Aufmerksamkeit des Präsidenten der Royal Academy of Arts auf
sich gezogen hat. Sir Hugh Casson sagt über ihn:

> „Stephen Wiltshire zeichnet exakt das, was er sieht – nicht mehr und nicht
> weniger. Er steht etwa 15 Minuten lang vor dem Objekt – gewöhnlich ein
> Gebäude – und scheint es eher zu betrachten als zu beobachten. Später zeich-
> net er es, rasch, sicher und mit einer Genauigkeit, die um so unheimlicher ist,
> als sie völlig auf dem Gedächtnis beruht und sich nicht auf Notizen stützt. Er
> vergißt kein Detail – nichts. Die einzige Ungenauigkeit besteht darin, daß das
> Objekt in seiner Zeichnung ‚gespiegelt' ist. Sein bevorzugtes Thema ist immer
> Architektur, je verzwickter und komplizierter, desto besser."[6]

Ein anderer junger Mann, Nigel, der eine sehr niedrige gemessene Intelligenz
hat und nicht für sich selbst sorgen kann, ist ein perfekter Pianist. Er beherrscht
ein erstaunliches Repertoire klassischer Musik und kann ein neues Stück ler-

Uta Frith
by Claudia
B Holder

6.1 Portrait von Uta Frith, gezeichnet von Claudia, einer 22jährigen, autistischen Frau.

6.2 Der Test Allgemeines Verständnis (WISC).

nen, wenn es ihm nur einmal vorgespielt wird. Auch gibt es die 22jährige Claudia, die Kunstwettbewerbe gewonnen hat. Neben Stephen und Nigel stellt sie einen der zahlreichen faszinierenden Fälle dar, die Neil O'Connor und Beate Hermelin untersucht haben.[7] Das Portrait in Abbildung 6.1 zeichnete sie in etwa 15 Minuten. *Idiots savants* können ihr Talent nur selten beruflich nutzen. Dies verhindert leider ihre geistige Behinderung. Auch muß man sagen, daß manche ihrer herausragenden Fähigkeiten sehr wenig praktischen Nutzen für sie selbst oder andere haben. Das gilt zum Beispiel für die Fähigkeit, den Wochentag für jedes beliebige Datum der Vergangenheit oder Zukunft angeben und flüssig, aber ohne jedes Verständnis vorlesen zu können.

Wir wissen nicht, was geschehen muß, damit ein Kind zum *idiot savant* wird. Vielleicht gehört eine gewisse zwanghafte Entschlossenheit dazu, eine bestimmte Fähigkeit zu perfektionieren. Zweifellos dürfte das Fehlen eines Soziallebens viel Zeit für ein einseitiges Interesse gewährleisten. Es wurde häufig beobachtet, daß klassisch autistische Kinder eine ungewöhnliche, einseitige Konzentrationsfähigkeit zeigen. Wenn diese Eigenschaften die Entwicklung einer isolierten Fähigkeit erleichtern, würde Autismus dem Phänomen des *idiot savant* ideale Voraussetzungen bieten.

Man muß sich jedoch vor Augen halten, daß wirklich phänomenale Fälle selten sind, auch in der autistischen Population. Nichtsdestotrotz taucht in vielen Fallgeschichten eine Fähigkeit auf, die als außergewöhnlich gilt. Meist haben diese Fähigkeiten etwas mit rein mechanischem Auswendiglernen und mit Konstruktionsbegabung oder räumlichem Vorstellungsvermögen zu tun. Kanner prägte dafür den Ausdruck *islets of ability* (*Inselbegabungen*; siehe auch Kapitel 1), während andere sie als *splinter skills* (etwa: bruchstückhafte Fähigkeiten) bezeichnen. Beide Ausdrücke illustrieren deutlich den isolierten Charakter dieser Spitzenleistungen.

Leistungshöhen und -tiefen

Die bekannten Wechsler Scales of Intelligence (WISC) (deutsch: Hamburg-Wechsler-Intelligenztest für Erwachsene, HAWIE, und Hamburg-Wechsler-Intelligenztest für Kinder, HAWIK) bestehen aus zahlreichen unterschiedlichen, bewährten Untertests. Sie haben eine Fülle von Informationen über das charakteristische Muster der Testleistungen autistischer Kinder erbracht. Es lohnt, sich länger mit diesen Befunden zu beschäftigen, schon allein aus dem Grunde, weil fast jedes autistische Kind im Verlaufe der klinischen Untersuchung mit diesem oder einem ähnlichen Instrument getestet wird.

6.3 Der Mosaiktest (WISC).

Aufgrund der Konstruktion der WISC und weil wir annehmen dürfen, daß es so etwas wie eine allgemeine Intelligenz, die alle intellektuellen Leistungsaspekte beeinflußt, wirklich gibt, zeigt das „ideale Normalkind" ein gleichmäßiges Leistungsniveau in einem breiten Spektrum von Untertests, genau den Durchschnitt der Altersgruppe. Sogar bei Kindern mit unter- oder überdurchschnittlicher Intelligenz erwartet man, daß der erreichte Wert bei jedem beliebigen Untertest sich innerhalb derselben Bandbreite bewegt. Ein Graph, der die Werte der verschiedenen Untertests zusammenfaßt, würde eine mehr oder weniger horizontale Linie bilden. Eine wild gezackte Linie (die an die seismographische Aufzeichnung eines Bebens erinnert) deutet auf eine neurologische Auffälligkeit. Es besteht Übereinstimmung, daß das Leistungsprofil autistischer Kinder unausgewogener als das jeder Vergleichsgruppe ist. Außerdem scheint es sich von dem jeder anderen klinischen Gruppe zu unterscheiden. Seltsamerweise wurde das diagnostische Potential dieser Tatsache bis jetzt noch nicht erkannt.

Nicht jedes autistische Kind weist das gleiche Muster auf, doch bei Daten von Gruppen ist ein bestimmtes Muster eindeutig unterscheidbar. Es sticht durch zwei entgegengesetzte Leistungspole hervor. Die beiden Pole zeichnen sich trotz individueller Unterschiede und trotz Differenzen hinsichtlich Intelligenzniveau und kulturellem Hintergrund ab. Sogar autistische Personen mit normaler Intelligenz weisen dieses Muster auf[8], ebenso japanische autistische Kinder.[9]

Der Pol der schlechtesten Leistung liegt bei den Untertests, die einen hohen Grad kommunikativer Kompetenz erfordern. Paradebeispiel ist der Untertest Allgemeines Verständnis. Dieser in Abbildung 6.2 illustrierte Test erfordert alltagspraktische Antworten auf anscheinend gewöhnliche, doch in Wirklichkeit recht tiefreichende hypothetische Fragen. Es genügt nicht, eine „richtige" Antwort zu geben, wie in dem Beispiel, sondern die Antwort muß auf den Sinn der Frage eingehen. Da die Kommunikation bei autistischen Kindern definitionsgemäß beeinträchtigt ist, überrascht ein Versagen bei diesen Tests vielleicht nicht besonders. Dennoch ist es nicht der Fall, daß autistische Personen beim Verständnis und der Beantwortung *jeder* Art Fragen schlecht abschneiden. Fragen, die genaue Information über ein Thema voraussetzen, bei dem die autistische Person über besonderes Wissen verfügt, werden fehlerlos beantwortet. In der Tat schneiden autistische Kinder beim Untertest Allgemeines Wissen der WISC fast immer besser ab als beim Untertest Allgemeines Verständnis. Dagegen verhält es sich bei retardierten nichtautistischen Kindern oft genau umgekehrt.

Der Pol der besten Leistung liegt bei den Untertests, für die der Mosaiktest typisch ist. Bei diesem Test soll innerhalb einer begrenzten Zeit mit kleinen Klötzen ein abstraktes Muster nachgelegt werden, wie in Abbildung 6.3 dargestellt. Im Regelfall kann man bei fast jedem autistischen Kind erwarten, daß es – sofern es versteht, was es tun soll – einen Testwert erzielt, der genauso hoch oder höher liegt als der eines normalen Kindes desselben Alters. Dagegen fällt dieser Test nichtautistischen retardierten Kindern gewöhnlich sehr schwer. Warum bewältigen autistische Kinder diesen Test so relativ leicht? Es stimmt, daß die Aufgabe kaum soziale oder verbale Kommunikation erfordert und daß das Material die Aufgabe schon von sich aus darstellt, doch kann das allein die außerordentliche Leistungsfähigkeit autistischer Kinder bei diesem Test erklären? Bevor wir näher auf diese Frage eingehen, müssen wir klarstellen, daß es einen Unterschied zwischen der Testleistung und der getesteten Fähigkeit gibt.

Jeder weiß, daß man durch ausführliches Üben beziehungsweise Drill die Leistung künstlich erhöhen kann; auch künstliche Senkung ist möglich, wenn man beispielsweise einfach nicht tut, was man bei dem Test tun soll. Die Testleistung darf nie als perfektes Abbild der zugrundeliegenden Fähigkeiten, auf die der Test abzielt, betrachtet werden. Da sich die Leistung bei vielen Untertests durch eine allgemeine Anleitung verbessern läßt, kann ein Grunddefizit übersehen werden.

Wir müssen uns von der Testleistung lösen und unsere Aufmerksamkeit dem Muster der psychologischen Fähigkeiten zuwenden, auf die aus der Testleistung geschlossen werden kann. Das zugrundeliegende Muster ergibt einen Sinn, wenn es eine bestimmte, kognitive Funktionsstörung gibt, die einzig und allein beim Autismus vorkommt. Leider sagt uns das WISC-Profil selbst nichts über diese Funktionsstörung. Schließlich wurden die WISC nicht als Werkzeug zur theoretischen Analyse kognitiver Fähigkeiten konstruiert. Sie stellt in dieser Hinsicht eine schiere Dreingabe dar, und deshalb ergibt jede Analyse eines Untertestprofiles nur dann einen Sinn, wenn es mit Voraussagen aus unabhängig gewonnenen Hypothesen verglichen wird. Dies werden wir im verbleibenden Teil dieses Kapitels versuchen.

Testintelligenz und Lebensweltintelligenz

Jede Theorie der intellektuellen Funktionsstörung beim Autismus muß die Ungleichmäßigkeit der Leistung bei IQ-Testbatterien berücksichtigen. Doch das ist ein verzwicktes Problem. Einfach zu konstatieren, daß beim verbalen Verständnis ein Defizit besteht und beim räumlichen Vorstellungsvermögen nicht, bringt uns nicht viel weiter. Die Etiketten machen die fraglichen Fähigkeiten scheinbar zu Grundeinheiten der Hirnfunktion, die in Hirnzentren mit Bezeichnungen wie Sprache oder räumliche Orientierung lokalisiert sind. Wir haben jedoch wenig Grund zu einer derartigen Annahme. Vielmehr müssen die Fähigkeiten selbst in Komponenten zerlegt werden. Wir müssen herausfinden, was das für Komponenten sind und welche von ihnen fehlerhaft sein könnten. Hier bringt uns das Verfahren der kognitiven Neuropsychologie weiter, die Modelle möglicher Komponenten vorschlägt. Im Falle des Autismus enthält dieses Verfahren eine bestimmte Schwierigkeit: Über den alles beherrschenden Effekt der Hirnschädigung hinaus müssen wir nach spezifischen Komponenten suchen, in denen die nachgewiesene Ungleichmäßigkeit der intellektuellen Leistung wurzelt. Man kann dieses Problem auch umgekehrt betrachten: Die typischen Leistungshöhen und -tiefen autistischer Kinder sagen uns vielleicht in Wirklichkeit eher etwas über die Charakteristika von Intelligenztests.

IQ-Tests werden eigens so konstruiert, daß sie so unabhängig wie möglich vom sozialen Kontext messen. Ein gutes Beispiel sind die Progressiven Matrizen von Raven. Dieser Test verwendet als Material abstrakte Formen, die in Reihen und Spalten angeordnet sind, wobei die letzte Position der Matrix ausgefüllt werden muß. Ein anderer Matrizentest ist das Formboard von Seguin, bei dem geometrische Formen an vorgegebenen Stellen eines Brettes eingesetzt werden müssen. Das Material ist abstrakt, und die Aufgaben sind bereits im Ziel enthalten. Hinter diesen Tests steht die Absicht, die Aufgabensituation für Personen mit verschiedenem Hintergrund insofern gleich zu machen, daß sie möglichst nicht auf erlernte Vorannahmen zurückgreifen müssen. Damit soll der Test grundlegende Fähigkeiten ohne kulturelle Überformungen ermitteln. Die Loslösung der Aufgaben vom Kontext führt jedoch unabsichtlich zu neuen Schwierigkeiten. Auch wenn man ein Problem im wirklichen Leben lösen kann, gelingt das im Test möglicherweise nicht. Man muß mit der Vorstellung vertraut sein, die Testprobleme aus Selbstzweck, außerhalb eines realen Kontextes zu lösen. Normalerweise bietet der Schulbesuch die Gelegenheit, mit kontextlosen Aufgaben vertraut zu werden und „Testintelligenz" zeigen zu lernen. Menschen, die niemals eine Schule besucht haben, finden die Neutralität und Distanz eines kontextfreien Testes so merkwürdig, daß sie die Fähigkeiten ihrer „Lebensweltintelligenz" dabei nicht zur Geltung bringen können. Ironischerweise benachteiligen gerade die angeblich kulturfreien Tests (der Mosaiktest, das Formboard von Seguin, die Matrizen von Raven) Personen ohne Schulbildung am meisten.

Bei autistischen Personen kehrt sich der Vorteil genau um. Es kann sein, daß das Material allein einem nicht schulerfahrenen, normalen Menschen zuerst nicht genügend Anreiz bietet, die Aufgabe auszuführen. Im wirklichen Leben kommt der Reiz zur Lösung der Aufgabe aus dem breiteren Kontext, zu dem die Aufgabe normalerweise gehört. So kann das Ausfüllen einer Matrix mit abstrakten Formen als Test bedeutungslos sein, doch wenn es sich um zu webende Teppichmuster handelt, ist es unter Umständen ein sinnvolles Problem. Normale Kinder überall auf der Welt schneiden gut ab, wenn sie den Kontext verstehen und berücksichtigen. Diese Fähigkeit, den Kontext zu berücksichtigen, setzen wir bei normalen Kindern einfach voraus, bei autistischen jedoch nicht. Hier betrachten wir vielleicht viel eher die Fähigkeit, *den Kontext nicht zu berücksichtigen*. Wenn diese Fähigkeit gutes Abschneiden beim Mosaiktest und schlechtes beim Verständnistest impliziert, hätten wir eine verblüffend einfache Erklärung für die merkwürdige Streuung der Fähigkeiten beim Autismus.

Die Fähigkeit gewöhnlicher, jedoch nicht schulerfahrener Kinder, *den Kontext zu berücksichtigen*, wird durch ein Beispiel schlagend illustriert. Hier paart sich Versagen bei kontextfreien IQ-Test-ähnlichen Tests mit Erfolg bei denselben Problemen in realen Situationen. Dieses Beispiel findet sich in einer faszinierenden Studie an brasilianischen Kindern, die keine Schule besuchen und als fliegende Händler arbeiten.[10] Hier kontrastieren „Testintelligenz" und „Lebensweltintelligenz" genauso scharf wie bei manchen autistischen Kindern, doch in entgegengesetzter Richtung. Die kleinen Straßenhändler waren extrem geschickt beim Berechnen von Preisen und Wechselgeld, wenn sie ihren Kunden Obst oder Gemüse verkauften. In einer künstlichen Testsituation jedoch versagten dieselben Kinder bei ganz ähnlichen Berechnungen. Sie hatten eindeutig keine intellektuellen Schwierigkeiten. Vielleicht ergab die Aufgabe ohne die Voraussetzungen, die der übliche Kontext lieferte, nicht genug Sinn, um die Fähigkeiten zu aktivieren, über die die Kinder verfügten.

Margaret Donaldson beleuchtet in ihrer umfassenden, jedoch bewundernswert konzisen Darstellung der kognitiven Entwicklung von Kindern den Erwerb des nicht kontextbezogenen Denkens als eine Hauptaufgabe der Entwicklung.[11] Wenn ein Kind lesen und schreiben lernt, muß es beispielsweise lernen, „die Sprache aus ihrer Einbettung in Ereignisse herauszulösen", so daß es die Fähigkeit erwerben kann, die „bloße linguistische Form" zu betrachten. Aspekte von Wörtern wie etwa ihre klangliche Struktur haben mit ihrer Bedeutung kaum etwas zu tun, müssen jedoch in ihrem Eigenwert beachtet werden, wenn die Anfänge des Buchstabierens gelernt werden.

Kehren wir zu den autistischen Kindern zurück. Vielleicht brauchen sie die Sprache nicht aus ihrer Einbettung in Ereignisse zu lösen, weil sie sie zuvor gar nicht erst eingebettet haben. Ihre Lese- und Buchstabierfertigkeit ist oft ausgezeichnet. Ihre Leistung bei abstrakten mathematischen Problemen kann bemerkenswert gut sein. Dennoch sind diese „menschlichen Rechenmaschinen" im realen Leben oft sehr hilflos. Auch mit einer überlegenen rechnerischen Fähigkeit würden autistische Kinder als fliegende Händler versagen. Wir sehen jetzt, daß das eigentlich Sonderbare die Tatsache ist, daß sogar die geistig schwerer behinderten autistischen Kinder bei bestimmten Tests vergleichsweise gut abschneiden! Sie schneiden gut ab bei genau den IQ-Tests, wo ein breiterer Kontext fehlt, und sie schneiden schlecht ab, wo der Kontext wichtig ist. Was könnte hinter dieser merkwürdigen Umkehrung der normalen Verhältnisse stecken?

Das mechanische Gedächtnis und was dahintersteckt

Bei Kindern, die wir aufgrund ihrer gestörten Gehirnentwicklung für „berechtigt" zu Leistungsbeeinträchtigungen halten, ist es einfacher, Versagen zu erklären als Erfolg. Nichtsdestoweniger eröffnete die psychologische Untersuchung autistischer Spitzenleistungen ein fruchtbares Forschungsgebiet. In der Tat geben uns viel eher Leistungshöhen als -tiefen wichtige Hinweise auf die kognitiven Grunddefizite. Wir werden sehen, daß die „*islets of ability*" weniger ruhige Oasen als vielmehr Vulkane darstellen – sichtbare Zeichen einer verborgenen Störung.

Meisterleistungen des mechanischen Gedächtnisses sind ein typisches Beispiel für die *Inselbegabungen* autistischer Kinder. Neben bloßen Beobachtungen wortwörtlicher Wiedergabe von gesprochener Sprache oder von Liedern liegen uns glücklicherweise auch experimentelle Studien vor. Nur systematische Experimente können klären, welche Aspekte von Gedächtnisfähigkeiten für diese *Inselbegabungen* verantwortlich sind und welche Faktoren dafür, daß autistische Kinder von ihren Begabungen offenbar wenig für das normale Leben profitieren.

Beate Hermelin und Neil O'Connor in London waren die ersten, die in einer Reihe neuartiger Untersuchungen zwischen 1964 und 1970 systematische Experimente zu den Begabungen autistischer Kinder durchführten. Während dieser Phase flossen Modellvorstellungen aus der Informationsverarbeitung in die psychologische Theoriebildung ein. Das bedeutet, daß Modelle entworfen wurden, in denen Input von Output unterschieden wird und beides wiederum von zentralen Prozessen, durch die Botschaften empfangen und gespeichert und Handlungen iniziiert werden. Die Revolution der kognitiven Psychologie gegen den Behaviorismus hatte bereits begonnen. Ich hatte das große Glück, bei diesen Forschern zu studieren, und ihre brillanten Studien zur verbalen Reproduktion regten meine eigenen Arbeiten und die vieler anderer an. Ihre Experimente sind in einer Monographie beschrieben, die 1970 erschien;[12] sie reichen von psychophysiologischen Untersuchungen bis hin zu Sprach- und Denkexperimenten. Ich möchte hier einige Ergebnisse zusammenfassen.

Autistische Kinder wurden mit viel jüngeren, normal entwickelten Kindern sowie mit geistig behinderten Kindern verglichen. Die drei Gruppen schnitten in bestimmten Tests, deren Normen auf dem geistigen Alter beruhen, ähnlich ab. Dies stellt ein stringentes „Vergleichsverfahren" nach dem geistigen Alter dar. Es sorgt dafür, daß Leistungsunterschiede bei experimentellen Aufgaben nicht dadurch begründet sind, daß eine Gruppe einfach allgemein stärker behindert oder einfach jünger ist als eine andere. Die stringente Vergleichbarkeit nach dem Leistungsniveau, die Hermelin und O'Connor einführten, ist eine wichtige methodologische Innovation, mit der es gelang, sich aus einer Sackgasse herauszumanövrieren. Es ist nichts leichter, als in einer klinisch auffälligen Gruppe beliebige geringe Leistungen festzustellen. Daß geistig behinderte Kinder „dumm" sind, sagt uns nichts, was wir nicht schon wüßten. Wir wissen, daß ein Hirnschaden ganz allgemein die Leistungen beeinträchtigt. Uns interessiert hier aber, ob es über diesen allgemeinen Effekt hinaus ein spezifisches Problem gibt. Wenn man Gruppen hinsichtlich ihrer allgemeinen Leistungsfähigkeit vergleichbar macht, kann man diesen ungünstigen Effekt überwinden. Da behinderte Kinder unausweichlich in ihrer Leistung beeinträchtigt sind, muß eine Vergleichsgruppe nichtbehinderter Kinder sich aus jüngeren Kindern zusammensetzen, da diese unvermeidlich schlechter abschneiden als ältere Kinder. Noch bedeutsamer ist eine Vergleichsgruppe aus Kindern mit einer neurologischen Schädigung, die nicht zu Autismus führte, sondern zu geistiger Behinderung. Ein Unterschied zwischen einer derartigen Gruppe und einer autistischen Gruppe müßte autismusspezifische Defizite aufdecken.

Unterschiede bei Gedächtnistests an Kindern, die hinsichtlich ihrer Fähigkeit zur Wiedergabe von Ziffern vergleichbar sind, müßten eher auf spezifische oder qualitative als auf generelle oder quantitative Faktoren zurückgehen. Solche Unterschiede wurden in der Tat festgestellt. Die Aufgabe bestand darin, sich möglichst viele Wörter einer langsam und laut vorgelesenen Reihe zu merken; diese Reihe war eindeutig länger als die durch Tests ermittelte Gedächtnisspanne. Autistische Kinder – und wir sprechen hier von mäßig und schwer geistig behinderten autistischen Kindern – verhielten sich bei diesem Test hochkonsistent: Sie merkten sich immer das Ende der Reihe, egal um was für eine Reihe es sich handelte. Die nichtautistischen Kinder taten das nur, wenn die Wortreihe gänzlich zufällig angeordnet war, beispielsweise: „was–sehen–wo–Blatt–ist–Schiff–wir". Dann wiederholten alle Kinder etwas Ähnliches wie: „ist–Schiff–wir". Wenn die Reihe jedoch nicht zufällig war, sondern zur Hälfte ein richtiger Satz, zum Beispiel „wo–ist–das–Schiff–was–sehen–war–Blatt", wiederholten die nichtautistischen Kinder den Satz, egal an welcher Stelle der Reihe er vorkam, und vergaßen den Rest. Die autistischen Kinder wiederholten „sehen–war–Blatt", den letzten Teil der Botschaft, genau wie sie das immer taten – und vergaßen den Satz. Wenn der Satz am Ende der Reihe kam, gaben sie ihn natürlich perfekt wieder.

In einem anderen Experiment bestand die Reihe aus einem überlangen Satz, beispielsweise: „Am–Sonntag–gingen–die–Kinder–in–den–Park–um–die–Enten–zu–füttern." Würde dies als eine Reihe 13 einzelner Wörter behandelt, hätte es die Gedächtnisspanne der an den Experimenten teilnehmenden Kinder bei weitem überstiegen. Doch häufig gelang es kleinen, normal entwickelten Kindern, Sätze mit 13 Wörtern und mehr perfekt zu wiederholen, auch wenn sie nicht mehr als rund drei zufällige Ziffern behalten konnten. Man wird an die kontextabhängigen Fertigkeiten der kindlichen Straßenhändler erinnert. Vermutlich wirkten Satzstruktur und Bedeutung als Stimuli, die Wörter so zu speichern, daß sie eine zusammenhängende Einheit bildeten; auf diese Weise wurde die Gedächtnisspanne der Kinder nicht überschritten. Man könnte auch sagen, daß die Kinder, da sie ja auf Bedeutung orientiert sind, den Gehalt des Satzes verstanden. Das unterstützte die Reproduktion. Die teilnehmenden autistischen Kinder, insbesondere die schwerer retardierten, waren zu diesem geistigen Trick nicht im selben Maße in der Lage. Ihre Erinnerungsleistung verbesserte sich bei Sätzen gegenüber bunt gemischten Wörtern ebenfalls, doch signifikant weniger. Die autistischen Kinder neigten im Vergleich zu den normal entwickelten weniger dazu, durcheinandergebrachte Sätze wieder zu grammatikalisch richtigen zu ordnen. Anders als diese fühlten sich die autistischen Kinder nicht gezwungen, Stimuli zu zusammenhängenden Mustern zu organisieren. Einen derartigen „Zwang" gibt es bei normalen Menschen wirklich, und er kann täglich beobachtet werden: Wenn man Menschen auffordert, einen langen, aber grammatikalisch falschen Satz wiederzugeben, können sie gewöhnlich gar nicht anders, als ihn zu berichtigen. Die Tendenz, durcheinandergebrachtes Material zu reorganisieren, bezieht sich nicht nur auf die Sprache. In einigen Experimenten präsentierte ich zwei sinnlose Silben in einer bestimmten Reihenfolge, etwa: ruc–mit–ruc–mit–ruc–mit.[13] Die völlig bedeutungslose Reihe mußte sofort wiedergegeben werden. Das allgemeine und hier nicht überraschende Ergebnis war, daß durch eine einfache Regel bestimmte Folgen – etwa beide Silben wie in dem Beispiel immer abwechselnd – besser gemerkt wurden als zufällige Folgen (zum Beispiel ruc–ruc–mit–ruc–mit–ruc). Geistig behinderte, autistische Kinder jedoch merkten sich beide Satzarten etwa gleich gut. Wiederum schienen sie genausowenig Nutzen aus einer einfach strukturierten, sinnlosen Folge zu ziehen wie aus regelrecht gebildeten, bedeutungshaltigen Sätzen.

Es gibt jedoch bestimmte Eigenschaften von Wortreihen, die die Erinnerung bei autistischen und nichtautistischen Kindern gleichermaßen fördern. In einem Experiment stellte ich fest, daß Sätze die Reproduktion eher dann unterstützten, wenn sie mit natürlicher, als wenn sie mit unnatürlicher Betonung ausgesprochen wurden.[14] Schlüsselwörter werden häufiger wiedergegeben als Funktionswörter wie „und", „er", „als". Die Eigenschaft, die bei autistischen Kindern die Erinnerung nicht wie bei normal entwickelten und retardierten Kindern unterstützt, ist die allgemeine *Bedeutung*, oder, bei sinnlosen Folgen, *die nichtzufällige Struktur der Folge*. Wie kann man das erklären? Eindeutig ist die *Bedeutung* einer zu merkenden Mitteilung oder die *Struktur* des Musters – das wichtigste Einzelmerkmal für normale Kinder – für autistische Kinder längst nicht so bedeutsam. Sie können sich unverbundene Wörter genausogut merken wie bedeutungshaltige Sätze und unzusammenhängende Informationen genausogut wie solche, die zu einem sinnvollen Kontext gehören. Diese fehlende Bevorzugung zusammenhängender gegenüber unzusammenhängenden Stimuli muß als auffällig bewertet werden.

Weitere Befunde sprechen für eine abweichende Art und Weise der Informationsverarbeitung bei autistischen Kindern, wobei sie der Struktur des Gesamtmusters weniger Aufmerksamkeit zu zollen scheinen als dies normalerweise der Fall ist, doch statt dessen offenbar mehr auf kleine Strukturelemente achten. Mit einem Experiment versuchte ich herauszufinden, ob autistische und normalentwickelte Kinder verschiedene Strategien verwenden, um sich eine kurze Folge roter und grüner Spielmarken zu merken, unter der Voraussetzung, daß sie alle das Muster in wenigen Versuchen lernten.[15] Die Art der Irrtümer zeigte, ob die Folge Marke für Marke oder als regelbestimmtes Gesamtmuster gelernt worden war.

Normale Kinder fanden die wichtigste Regel für das Muster rasch heraus. Sie übertrieben sogar. Ihre Irrtümer konnten anhand der dominanten Regel des Musters vorhergesagt werden. Wenn das Muster hauptsächlich aus rot und grün abwechselnd bestand, reproduzierte das Kind sogar mehr solcher Abwechslungen. Wenn sie meist aus langen Folgen einer Farbe bestanden, reproduzierte das Kind noch längere Folgen. Irgendwie reimte sich das Kind den Aufbau jedes Musters zusammen, noch bevor es dieses im eigentlichen Sinne gelernt hatte. Es dürfte sich um ein ähnliches Phänomen handeln, wie den Gehalt eines Satzes zu wissen, und könnte in einer dauerhaften Orientierung auf Gesamtbedeutung wurzeln. Autistische Kinder zeigten diese Strategie nicht. Sie wurden von der insgesamt wichtigsten Regel nicht beeinflußt. Statt dessen lenkte sie das letzte Einzelelement. Dieses wiederholten sie entweder, oder sie vertauschten es; infolgedessen ließen sich ihre Irrtümer auf der Grundlage eines kleinen Teiles des Musters vollständig vorhersagen. In diesem Sinne zeigten die autistischen Kinder vermindertes Interesse an der Struktur des Gesamtmusters. Zugleich waren ihre Reaktionen selbst rigide strukturiert. Es gab reine Vertauschung und reine Wiederholung. Dies bezeichne ich als Mustervortäuschung im Gegensatz zu Musterentdeckung. Beide Prozesse drehen sich um Muster. Das vorgetäuschte jedoch wurde aus einem sehr kleinen Teil des zu entdeckenden Musters abgeleitet.

Wir können jetzt wieder zu der Frage der mechanischen Gedächtnisleistung von autistischen Kindern zurückkehren. Ein autistisches Kind merkt sich vielleicht alle Details eines Eisenbahnfahrplanes, ohne sich für Eisenbahnen zu begeistern und ohne die Information zum Reisen zu nutzen. Das Schlüsselwort ist hier *mechanisch* im Gegensatz zu bedeutungshaltig. Kanner sprach von dem „wirklich phänomenalen Gedächtnis, das das Kind befähigt, komplexe, ‚sinnlose‘ Muster zu behalten und wiederzugeben, egal wie unorganisiert sie sind, und zwar in genau derselben Form, wie sie ursprünglich angeordnet waren". Dies als Leistung zu würdigen, ist seltsam. Normalerweise will man sich kein sinnloses Zeug merken, und diese Fähigkeit ist weit weniger nützlich als die Fähigkeit, Sinnvolles zu behalten. Wir nehmen das für so selbstverständlich, daß es uns nicht beeindruckt. Eine gute mechanische Gedächtnisleistung ginge normalerweise mit noch besseren Leistungen bei sinnvollem Material einher. Es ist also angemessen, erstaunliche, isolierte, mechanische Gedächtnisleistungen autistischer Kinder eher als Zeichen einer Funktionsstörung zu deuten denn als eine „inselhafte", intakte Fähigkeit.

Räumliche Fähigkeiten und was dahintersteckt

Der am zuverlässigsten festgestellte Leistungsgipfel liegt beim sogenannten Mosaiktest, der in Abbildung 6.3 dargestellt wird. Dieser Gipfel ist beeindruckend: Wir sprechen hier über ein Leistungsniveau, das für die Normalbevölkerung durchschnittlich oder überdurchschnittlich wäre, jedoch von Kindern erreicht wird, die bei den meisten anderen Untertests unter dem Durchschnitt liegen. Beweist dies überragende räumliche Fähigkeiten? Ragt hier eine „inselhafte", intakte Hirnfunktion aus einem Meer der Behinderung heraus? Oder handelt es sich wieder um ein Anzeichen einer zugrundeliegenden Störung?

Einige Klarheit erhalten wir hier auf eine recht unerwartete Weise. Als Amitta Shah und ich untersuchten, wie gut autistische Kinder verborgene Figuren entdecken konnten, stießen wir auf eine bis dahin unbekannte „inselhafte" Fähigkeit: Beim Embedded Figures Test erzielten autistische Kinder für ihr geistiges Alter überdurchschnittliche Werte.[16] Normalerweise nimmt die Leistung bei diesem Test mit der Entwicklung zu, doch in jedem Alter gibt es individuelle Unterschiede. Auch ist die Leistung von schulerfahrenen Personen besser, genau wie beim Mosaiktest.[17] Beispiele eingebetteter Figuren sind in Abbildung 6.4 dargestellt. In einer größeren Zeichnung, die verwirrende Linien enthält, muß eine kleine Zielfigur lokalisiert werden.

Wenn man diese Figuren betrachtet, wirken die größeren Formen, die durch die kreuz und quer verlaufenden Linien entstehen, so zwingend, daß man die kleine, eingebettete Zielfigur einfach nicht sehen kann. Sie wird von der größeren Figur geschluckt und ist integrierter Bestandteil dieses Objektes. Witkin und andere behaupteten auf der Grundlage früherer Studien, daß die Menschen, die eingebettete Figuren leicht finden, auch bei den Aufgaben gut

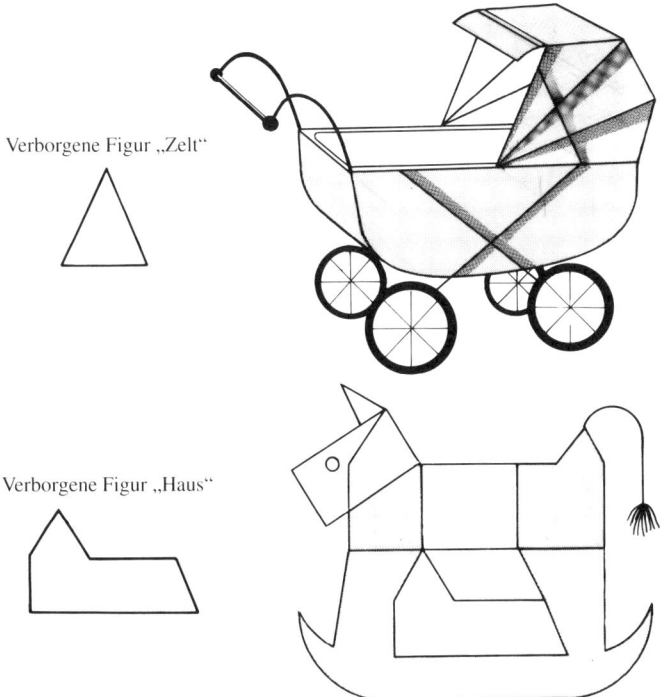

Verborgene Figur „Zelt"

Verborgene Figur „Haus"

6.4 Beispiele aus dem Children's Embedded Figures Test (Karp und Kronstadt 1971). (Wiedergabe mit freundlicher Genehmigung von Consulting Psychologists Press Inc., Palo Alto, Kalifornien)

abschneiden, die „Feldunabhängigkeit" messen sollen.[18] Feldunabhängigkeit kann unter anderem beschrieben werden als die Fähigkeit, sich über den Kontext hinwegzusetzen. Feldunabhängige Individuen schneiden auch beim Mosaiktest gut ab. Zudem geht diese Fähigkeit mit sozialer Feldunabhängigkeit einher. Von diesem Standpunkte aus war es vielleicht nicht überraschend, daß unsere autistischen Kinder, die sozial höchst unabhängig – eigentlich distanziert – sind, bei diesem Test so außerordentlich gut abschnitten. Sie waren schneller und genauer als nichtautistische Kinder sowohl desselben chronologischen als auch desselben geistigen Alters. Ist das ein Zufall, oder könnte es einen Zusammenhang zwischen geistiger und sozialer Distanz geben?

Warum ist es normalerweise so merkwürdig anstrengend, die verborgene Figur aus dem Kontext, in den sie eingebettet ist, zu lösen? Es ist, als gäbe es eine starke Kraft, die Information zusammenzieht. Auf jeden Fall erlebt man das Phänomen als eine Kraft, weil man, um die verborgenen Figuren herauszulösen, einer natürlichen Neigung zur Einbettung Widerstand leisten muß. Es ist, als ob man die Distanz gegen den üblicherweise stärkeren Zusammenhang erkämpfen müßte.

Wir können diese Vorstellung mit Hilfe eines einfachen Modelles der Funktionsweise unserer Psyche näher untersuchen. Das Modell beruht auf Konzepten der Informationsverarbeitung. Mit diesen Konzepten kann man Theorien entwerfen, wie die Außenwelt psychisch repräsentiert wird und wie die Psyche auf die Welt einwirkt. In seiner einfachsten Form unterscheidet dieses Modell zentrale Denkprozesse und eher periphere Input- und Outputprozesse. Die peripheren Prozesse sind auf verschiedene Aufgaben spezialisiert, zum Beispiel auf Sprache. Inputmechanismen wandeln über zahlreiche Verarbeitungsstadien Empfindungen zu Wahrnehmungen um. Man könnte sie sich als einzeln angefertigte, hochspezialisierte Module vorstellen. Ihr Endprodukt ist verwendbare, bereits interpretierte Information. Diese Information kann von zentralen Denkprozessen weiterinterpretiert werden. Das zentrale System liefert in zahlreichen, spezialisierten Subsystemen ebenfalls viele Verarbeitungsstadien. Wichtig ist in diesem Zusammenhang, daß es Information verarbeitet, die schon bis zu einem sehr hohen Niveau aufbereitet ist. Das zentrale System interpretiert, vergleicht und speichert. Es zieht Schlußfolgerungen und interpretiert neu. Auch leitet es Handlungen ein. Doch ihre Ausführung übernehmen wiederum hochspezialisierte Outputmechanismen.

Obwohl dieses Modell angesichts der unglaublich komplexen Struktur der Denkprozesse fast lächerlich simpel ist, erweist es sich als sehr nützlich. Beispielsweise können wir annehmen, daß beim Autismus nur die zentralen Prozesse betroffen sind, nicht jedoch die peripheren Inputprozesse. Es wird sich in der Tat im folgenden Kapitel über die Wahrnehmungsfunktionen herausstellen, daß solch eine Vermutung gerechtfertigt ist. Wir können daher unsere Suche nach der Funktionsstörung, die dem eigenartigen Intelligenzmuster beim Autismus zugrundeliegt, auf die zentralen Denkprozesse eingrenzen. Die nächste Frage ist, wo wir in diesem vielschichtigen und facettenreichen Verarbeitungssystem suchen müssen.

Kehren wir zu dem Hinweis zurück, den die verborgenen Figuren uns geben. Ich habe vorgeschlagen, daß es eine Kraft gibt (man stelle sich einen mächtigen Strom vor), die die Informationsflut bündelt (viele Nebenflüsse). Wie verhält es sich mit kleineren Informationsflüssen, die schließlich auch zu dem größeren Bild beitragen? Auch diese müssen durch eine lokal wirkende Kohäsionskraft aus noch kleineren Elementen zusammengezogen werden (Rinnsale). Sonst wäre die Wahrnehmung hoffnungslos fragmentiert.

Wir müssen notwendig annehmen, daß die lokalen Kohäsionswirkungen sehr stark sind. Vielleicht ist ein Widerstand gegen sie auf einem relativ peripheren Niveau sogar unmöglich. Optische Täuschungen illustrieren die Kohäsionswirkungen eines spezialisierten Inputprozessors in einem frühen Stadium der Verarbeitung. So sehr wir uns auch bemühen mögen, wir können uns ihrem Einfluß nicht entziehen. Ein Dreieck, das nur durch drei Punkte definiert ist, sieht auch dann aus wie ein vollständiges Dreieck, wenn keine Verbindungslinien vorhanden sind. Es gibt nichts, was in dieser Hinsicht auf einen Unterschied zwischen autistischen und nichtautistischen Kindern hindeutete. Der Unterschied liegt vielleicht einzig und allein in der Kohäsionskraft, die auf einem hohen Niveau im zentralen Verarbeitungssystem wirkt.

Warum sollte es diese zentrale, übergeordnete Kohäsionskraft geben? Warum sollte Information zusammengezogen werden müssen, die schon verarbeitet und bereits interpretiert ist? Die Antwort könnte lauten: Ohne diese übergeordnete Kohäsion würden Teilinformationen eben nur Teile bleiben, seien sie nun klein oder groß. Als Teile hätten sie im Langzeitprogramm des Organismus zur intelligenten Anpassung an die Umwelt nur begrenzten Nutzen.

Widerstand gegen zentrale, übergeordnete Kohäsionskräfte muß bis zu einem gewissen Grade möglich sein. Das ist notwendig, um zu erklären, wie ein Herauslösen aus einem Kontext möglich ist. Es gibt Abstufungen der Distanz und der Feldabhängigkeit. Zudem können zentrale Kohäsionskräfte in gewissem Maße nur sporadisch und zuweilen nicht stringent wirken. Ich betone dies, weil Menschen durchaus widersprüchliche Überzeugungen hegen, die sie aus verschiedenen Informationsquellen gewinnen (man stelle sich große Ströme vor, jeden in seiner eigenen Landschaft). Möglicherweise können nur sehr außergewöhnliche Individuen wirklich globale Konsistenz schaffen (alle Flüsse münden in ein Meer).

Und wenn nun im Falle von Autismus die zentralen, übergeordneten Kohäsionskräfte schwach wären? Und wenn *nur* dieser besondere Aspekt des zentralen Denkens von der Norm abweichen würde? Diese Hypothese würde uns Vorhersagen erlauben. Um nützlich zu sein, müßte sie einen entscheidenden Unterschied zwischen autistischen und nichtautistischen Kindern benennen. Nichtautistische, jedoch geistig behinderte Kinder könnten ebenfalls unter einem gewissen Defizit des zentralen Denkens leiden, doch dies könnte sich einfach in verringerter Gesamtleistungsfähigkeit ausdrücken.

Eine schwache zentrale Kohäsionskraft, schwach im Vergleich zu untergeordneten Kohäsionskräften, würde „Feldunabhängigkeit" simulieren sowie all ihre Folgen für die Leistung bei eingebetteten Figuren. Sie zöge geistigen Abstand und soziale Distanz nach sich, doch nicht dieselbe Distanz wie bei einem älteren, normalen Kind. Beim normalen Kind ist Distanz das differenzierte Endprodukt von Erziehung, ein Zeichen von Kontrolle der zentralen, übergeordneten Kohäsionskraft. Ich vermute, daß eine derartige Kontrolle beim Autismus fehlt und daß dies zu einer inkohärenten, fragmentierten Erfahrungswelt führt.

Wenn die zentrale Kohäsionskraft schwach ist, erwartet man auch andere Effekte. Beispielsweise können Inputprozesse ohne das übergreifende Ziel, das das Bedürfnis nach Zusammenhang schafft (man stelle sich Bäche vor, die nicht in Flüsse münden oder Flüsse, die nicht ins Meer münden), außer Kontrolle geraten. Wenn das geschieht, kann paradoxerweise rigide strukturiertes Verhalten auftauchen, wie wir es bei dem Experiment mit den roten und grünen Spielmarken gesehen haben. Wir werden diesem Phänomen im folgenden Kapitel nachgehen.

Analyse des Mosaiktests

Wie könnte man die Vermutung prüfen, daß eine Schwäche der zentralen Kohäsion (die wir Distanz genannt haben) ein Schlüssel zu den *Inselbegabungen* autistischer Kinder ist? Wie kann man hervorragende Leistungen beim Mosaiktest mit „Distanz" erklären, und wie verhält sich diese zu gutem Abschneiden bei eingebetteten Figuren und kontextfreien Intelligenztests im allgemeinen? Das entscheidende Merkmal, das den Mosaiktest und die Eingebetteten Figuren verbindet, ist die Zerlegung einer *großen*, geometrischen Figur in *kleine*. Die große Gestalt muß mittels der Klötzchen nachgebaut werden. Die Figurenelemente auf den Klötzchen entsprechen im Grunde verborgenen Figuren. Sie müssen „gefunden" werden, bevor das Gesamtbild rekonstruiert werden kann. Das erste Problem, das das Kind bewältigen muß, besteht also in der Zerlegung der vorgegebenen Figur in geeignete Teilstücke. Das hat wenig zu tun mit dem, was gewöhnlich als räumliches Vorstellungsvermögen gilt. Hingegen könnte es sehr viel zu tun haben mit dem Widerstand gegen die Kraft zur Kohärenz bei den übergeordneten, zentralen Denkprozessen. Wenn autistische Kinder Distanz zeigen, müssen sie einen derartigen Widerstand nicht aufbringen, und die Zerlegung dürfte ihnen keine Schwierigkeiten bereiten.

Kleine, normal entwickelte Kinder können den Mosaiktest aus demselben Grunde schwierig finden, wie sie die Eingebetteten Figuren schwierig finden: Sie beherrschen die übergeordnete, zentrale Kohäsionskraft noch nicht. Dem liegt zugrunde, daß das kognitive System kleiner, normal entwickelter Kinder anders als das autistischer Kinder von Anfang an darauf eingestellt ist, mit einer starken zentralen Neigung zu Kohäsion zu arbeiten. Darüber hinaus dürften geistig behinderte, nichtautistische Kinder in dieser Hinsicht normalen Kindern ähneln. Ihre Leistungen bei beiden Tests ähneln sich jedenfalls durchaus.

Wenn dem so ist, sollte es möglich sein, die Leistungen kleiner, normal entwickelter Kinder und die retardierter Kinder zu verbessern, wenn man ihnen die Aufgabe der Zerlegung abnimmt. Eine starke zentrale Kohäsionskraft kann man einfach dadurch brechen, daß man die Teile des Musters, die den Klötzchen entsprechen, auseinanderzieht (Abbildung 6.5). In einer noch unveröffentlichten Studie führten Amitta Shah und ich ein Experiment mit einer derartigen Manipulation an neuen Mosaiken ein, die autistische und nichtautistische Kinder kopieren sollten. Die Ergebnisse stützten die Vorhersage. Vorherige Zerlegung verbesserte massiv die Leistungen der nichtautistischen Kinder, ob sie nun normal entwickelt oder geistig behindert waren. Umgekehrt zeigte sie wenig Auswirkungen auf die Leistungen nichtbehinderter, autistischer Kinder. Bei einigen nichtzerlegten Mosaiken hatten die normalen und die geistig behinderten Kinder große Mühe, die Aufgabe innerhalb der geforderten Zeit zu bewältigen. Wenn das Mosaik jedoch für sie zerlegt wurde, erreichten sie manchmal die Geschwindigkeit der autistischen Kinder.

Dieses Experiment macht zusammen mit dem ganz anders gearteten der farbigen Spielmarken plausibel, daß bei autistischen Kindern die Informationsverarbeitung in einer grundlegend abweichenden Weise vonstatten geht, die jedoch nicht notwendig zu schlechten Leistungen führt.

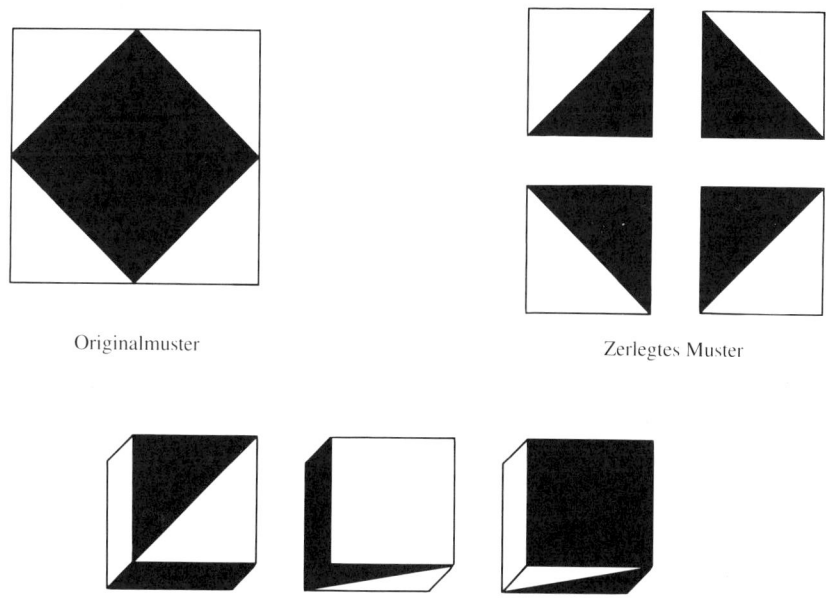

Originalmuster

Zerlegtes Muster

Verfügbare Klötzchen zum Nachlegen des Musters

6.5 Mosaiktest.

Distanz und Kohärenz im großen Überblick

Wir verfügen jetzt über genügend Befunde, um eine Hypothese über das Wesen der intellektuellen Funktionsstörung beim Autismus zu formulieren. Im normalen kognitiven System gibt es eine „eingebaute" Neigung, über eine möglichst große Bandbreite von Stimuli und Kontexten Kohärenz herzustellen. Aus diesem Antriebe heraus entstehen groß angelegte Denksysteme, bis hin zu den großen Weltreligionen. Diese Fähigkeit, Kohärenz zu schaffen, ist bei autistischen Kindern vermindert. Infolgedessen sind ihre informationsverarbeitenden Systeme, wie auch ihr ganzes Sein, gekennzeichnet durch Distanz.

Distanz als Fachterminus bezieht sich auf eine Qualität des Denkens. Sie könnte entweder auf ein Fehlen globaler Kohärenz oder auf einen Widerstand gegen solche Kohärenz zurückgeführt werden. Die autistische Distanz ist nicht dieselbe wie diejenige, die die formale Erziehung fördert und die zur wissenschaftlichen Objektivität gehört. Freiwillige Distanz setzt Kohärenz voraus und spiegelt wider, daß man um die Kohärenz weiß. In der Alltagssprache impliziert Distanz eine Tendenz zur Objektivität und fehlende Beeindruckbarkeit sowie eine gewisse soziale Zurückgezogenheit. Diese Verknüpfung ist kein bloßer Zufall. Nichtsdestotrotz hat die autistische Distanz andere Gründe. Sie ist unreflektiert und resultiert aus fehlender Kohärenz.

Die Theorie beeinträchtigter zentraler Kohärenz kann die guten Leistungen beim Mosaiktest und beim Embedded Figures Test gut erklären. Ebenso gut erklärt sie die ausgezeichneten mechanischen Gedächtnisleistungen autistischer Kinder. Bleibt noch zu prüfen, wie gut sie das spezifische Versagen beim Allgemeinen Verständnistest erklärt. Schlechtes Abschneiden beim Mosaiktest und bei den Eingebetteten Figuren bei kleinen Kinder und Personen ohne Schulerfahrung können dagegen mit der natürlichen Neigung zu zentraler Kohärenz erklärt werden. Ich werde in Kapitel 8 darstellen, daß das gewöhnliche Gespräch sowie das Verständnis und die Beantwortung von Fragen gemäß der Intention des Fragestellers das Streben nach übergeordneter, globaler und nicht nur lokaler Informationskohärenz impliziert.

Das normale Wirken der zentralen Kohärenz zwingt uns Menschen, dem Verstehen von Bedeutung Priorität einzuräumen. Infolgedessen können wir bedeutungshaltiges Material leicht aus sinnlosem herausfinden. Es geht uns sogar „gegen den Strich", uns mit irgend etwas Bedeutungslosem zu befassen. Trotz der Mühe, die die Verarbeitung erfordert, merken wir uns den Gehalt einer Botschaft und nicht den Wortlaut. Zudem erinnern wir den Gehalt besser, wenn wir ihn in einen größeren Kontext einfügen können. Das Bedürfnis, Information in einen immer umfassenderen Kontext einzufügen, bietet eine weitere Betrachtungsmöglichkeit des Effektes der übergeordneten, zentralen Kohäsion. Bevor jedoch geklärt ist, wie die zentrale Kohäsion funktioniert und was sie bearbeitet, ist noch viel Forschungsarbeit nötig.

Die Fähigkeit, in allem Sinn, Bedeutung und Struktur zu erkennen, ist sehr nützlich. Andererseits können wir uns auch kaum dagegen wehren. Insofern erweitert sie unsere Fähigkeit zur Informationsverarbeitung, schränkt sie aber zugleich auch ein. Es darf nicht übersehen werden, daß, sofern es um innere Inkonsistenzen der eigenen Überzeugungen geht, sie sogar großen Einschränkungen unterliegt. Völlige Kohärenz ist nur ein Traum; vielleicht liegt sie genausoweit außerhalb der normalen, individuellen Variation wie das Fehlen jeglicher Kohärenz.

Als Nachweis für unsere Fähigkeit, Sinn zu sehen, habe ich Experimente aufgeführt, die die Bedeutung und die Struktur von Folgen manipulierten. In diesen Experimenten wird ein breites Spektrum von Material benutzt. Sie sind jedoch alle auf einen gemeinsamen Nenner zu bringen: den Kontrast zwischen Stimuli, die Distanz zueinander haben, und Stimuli, die eng zusammenhängen. Bei einem Experimenttyp vergleichen wir unzusammenhängende und zusammenhängende Wörter (der Zusammenhang stellt sich über die Bedeutung her), beim anderen geht es um sinnlose Silben in zufälliger und vorhersagbarer Reihenfolge (vorhersagbar aufgrund der Struktur). Der dritte Experimenttyp

verwendet isolierte und eingebettete Formen (verbunden durch die Gesamt-
konstruktion). Der rote Faden, der sich durch alle Ergebnisse zieht, ist die hohe
Leistung autistischer Kinder bei Aufgaben, die die Isolation von Stimuli erfordern und Distanz begünstigen, und ihre niedrige Leistung bei Aufgaben, die
die Verbindung von Stimuli erfordern und Kohärenz begünstigen. Dagegen
weist die Tendenz bei kleinen, normal entwickelten Kindern, retardierten Kindern sowie älteren Kindern ohne Schulerfahrung verschiedener kultureller
Herkunft in genau die entgegengesetzte Richtung. Daher nehmen wir an, daß
eine zentrale Kohäsionskraft eine natürliche (und nützliche) Eigenschaft des
kognitiven Systemes ist. Wir nehmen jedoch auch an, daß sie beim Autismus
signifikant beeinträchtigt ist.

Wenn wir auf die Befunde, die in diesem Kapitel vorgelegt wurden, zurück-
schauen, stellen wir fest, daß es möglich ist, das Muster der Fähigkeiten
autistischer Kinder mit einer relativ einfachen und starken Hypothese zu erklären. Unsere Erklärung geht sicher weiter, als daß sie einfach neu formuliert,
daß es in der Testleistung Höhen und Tiefen gibt. Das Gesamtmuster der
Fähigkeiten macht Sinn, wenn wir es als Ergebnis einer kognitiven Funktionsstörung eines bestimmten, dynamischen Merkmales der Arbeitsweise übergeordneter, zentraler Denkprozesse sehen. Die Funktionsstörung führt zu einer
eigenartigen Distanz.

7. Eine bruchstückhafte Welt

Empfindungen und Wiederholungen

Leo Kanner hatte Jerry im Alter von fünf Jahren als autistisch diagnostiziert. Mit 31 schilderte Jerry dem Psychiater Bemporad seine Kindheit.[1]

„Jerrys Bericht zufolge konnte man seine Kindheitserfahrungen zu zwei vorherrschenden Gemütszuständen zusammenfassen: Verwirrung und Schrecken. Das immer wiederkehrende Thema, das sich durch alle Erinnerungen Jerrys zog, war, daß die Welt ihn ängstigte und mit schmerzlichen Reizen auf ihn einwirkte, die er nicht beherrschen konnte. Geräusche waren unerträglich laut, Gerüche überwältigend. Nichts schien von Dauer; alles war unvorhersehbar und merkwürdig. Lebendiges war besonders problematisch. Hunde erschienen ihm als unheimlich und bedrohlich . . . Auch hatte er Angst vor anderen Kindern und fürchtete, sie würden ihm irgendwie wehtun. Er konnte ihr Verhalten nie verstehen oder voraussehen. An die Grundschule erinnerte er sich mit Entsetzen. Das Klassenzimmer war das reine Chaos, und er hatte stets das Gefühl, er ‚würde in Stücke zerbrechen‘. Es gab auch angenehme Erinnerungen. Er ging sehr gerne mit seiner Mutter in Lebensmittelgeschäfte und schaute sich die Dosenetiketten und Preisschilder an. Er erinnerte sich auch, daß er gerne Dinge herumwirbelte, konnte jedoch nicht beschreiben, was für ein Vergnügen er bei dieser Aktivität empfunden hatte. Sein Leben hatte sich offenbar deutlich verändert, als er im Alter von etwa acht Jahren Multiplikationstabellen entdeckte. Er verneinte, daß die Arithmetik dazu beigetragen haben könnte, seiner Welt so etwas wie Ordnung zu geben; er sagte, er arbeite einfach gern mit Zahlen. Ähnlich konnte er keinen Grund für sein Bedürfnis nach Eintönigkeit oder Ritualen angeben außer, daß es eben so zu sein hatte.“

Jerrys Erinnerungen illustrieren, wie wichtig Empfindungen und von ihnen ausgelöste Gefühle im Leben des autistischen Menschen sind. Nicht daß Jerry sensorisch beeinträchtigt gewesen wäre – höchstens war er überempfindlich –, doch seine Wahrnehmungen blieben Fragment. „Alles war unvorhersehbar und merkwürdig“ bedeutet, daß Stimuli immer anders und unerwartet auftraten. Das ist der Fall, wenn sie nicht in einen größeren Zusammenhang eingebettet waren. Monotone Wiederholungen dagegen waren mit angenehmen Gefühlen verbunden. Bei Jerry gab es keinen anderen Grund für ihre Existenz.

Wahrscheinlich werden wir bald verstehen, wie die Wahrnehmung autistischer Menschen funktioniert. Man weiß bereits sehr viel darüber, wie eine kürzlich erschienene Übersicht über Wahrnehmungsexperimente mit autistischen Personen gezeigt hat.[2] Dagegen gibt es nur wenige Arbeiten über Wiederholungen, Stereotypien, Zwänge und Rituale. Das *Handbook of Autism*, das Cohen, Donnellan und Paul 1987 herausgegeben haben, enthält 40 Kapitel mit einem umfassenden Themenspektrum, jedoch keines über Zwangserscheinungen. Dieses durchgängige, auffallende Autismusmerkmal bleibt ein äußerst verblüffendes Phänomen. Lange Zeit wurde es ignoriert, in der Hoffnung, daß es sich als Sekundärsymptom erweisen würde – vielleicht als Strategie, um mit einer sinnlosen Welt fertigzuwerden. Diese Ansicht ist jedoch schwerlich durchzuhalten, da die Wiederholungen sich nicht verlieren, wie man es bei Sekundärsymptomen erwarten würde.

Ich gehe davon aus, daß die Wiederholungen und Empfindungen, die Jerrys Leben (und das vieler anderer autistischer Menschen) so einschneidend prägten, zwei Seiten derselben Medaille bilden: Sie gehören zum selben Grundproblem – dem, was ich bereits fehlende zentrale Kohärenz genannt habe. Betrachten wir, wie die Wahrnehmung eine bruchstückhafte statt einer kohärenten Welt spiegeln würde; der große Schriftsteller Borges hat mit seiner Geschichte über einen Jungen mit phänomenalem Gedächtnis eine beeindruckende Metapher dafür geschaffen.[3] Ein Satz mag in diesem Zusammenhang genügen: „. . . es störte ihn auch, daß der Hund von 3 Uhr 14 (im Profil gesehen) denselben Namen führen sollte wie der Hund von 3 Uhr 15 (gesehen von vorn)." Der Hund wird immer anders erlebt, oft unerwartet, und kann infolgedessen – wie bei Jerry – leicht Angst einflößen.

Was bedeutet eine Welt ohne Zusammenhang für das Handeln – im Gegensatz zum Wahrnehmen? Die einzelnen Handlungen sind relativ kleine und voneinander unabhängige Einheiten. Je kleiner und beziehungsloser sie sind, desto krasser ist die Wiederholung. Größere Handlungsabfolgen werden vielleicht gleich oft wiederholt, doch sie wirken nicht so stereotyp wie kleine Handlungsbruchstücke. Man erinnere sich an Jerrys monotone Beschäftigung mit der Multiplikation. Die Multiplikation von Zahlen ist eine stereotype Aktivität, die täglichen Mathematikhausaufgaben jedoch nicht.

In diesem Kapitel werden wir zuerst einige Vorstellungen über Wahrnehmungsprozesse beim Autismus untersuchen und uns danach, im Lichte der gewonnenen Schlußfolgerungen, dem rätselhaften Phänomen der monotonen Wiederholungen erneut zuwenden.

Die fünf Sinne

Sehen, Hören, Tasten, Schmecken und Riechen vermitteln Informationen aus der Außenwelt. Es ist also sinnvoll, zunächst zu prüfen, ob autistische Kinder einen dieser Sinne weniger effizient einsetzen, als es ihre Entwicklungsstufe erwarten läßt. Beobachtungen und Experimente schlossen eine defizitäre Sinneswahrnehmung rasch aus. Das Problem ist nicht peripher; es hat nicht mit dem Wahrnehmungsapparat, sondern mit dem „Denkapparat" zu tun.

Eine der ersten Hypothesen, die auf ein Verständnis der geistigen Prozesse bei autistischen Kindern zielte, war folgende faszinierende Idee: Vielleicht bevorzugen autistische Kinder die körpernahesten Sinne – Tasten, Schmecken und Riechen – auf Kosten der Sinne, die Informationen aus entfernteren Quellen verarbeiten – Sehen und Hören.[4] Das könnte erklären, warum autistische Kinder dazu neigen, Dinge, andere Menschen und sich selbst zu berühren und Geschmack und Geruch zu prüfen, was häufig zu peinlichen Situationen führt.

Experimentelle Befunde zeigten jedoch bald, daß der übermäßige Gebrauch körpernaher Sinne nicht spezifisch mit Autismus zusammenhängt, sondern mit niedrigem geistigem Alter. Normal entwickelte Säuglinge erforschen die Welt ebenfalls gründlich mit ihren körpernahen Sinnen, doch im allgemeinen dauert diese Phase nicht sehr lange. Hinschauen und Hinhören bleiben die wichtigsten Aktivitäten bei der Erforschung der physikalischen und sozialen Umwelt.

Verarbeiten autistische Kinder komplexe Informationen, die ihnen das Auge oder das Ohr vermittelt, vielleicht nicht so effizient wie Informationen, die sie über andere Sinne erhalten? Das würde erklären, warum sie wie taub wirken und durch Menschen hindurchzusehen scheinen. Diese Hypothese war der erste ernstzunehmende Versuch aufzuklären, welche Schwierigkeiten autistische Kinder mit Sprache und Kommunikation haben. Sie versprach zudem Klärung ihrer offensichtlichen Unfähigkeit, der Umwelt ganz allgemein Sinn zu verleihen. Die Prüfung der Hypothese konzentrierte sich bald darauf, daß möglicherweise die auditorische Verarbeitung auf eine bestimmte Weise eingeschränkt war. Eine visuelle Verarbeitungsschwäche dagegen schlossen die experimentellen Befunde rasch aus. Beate Hermelin und Neil O'Connor berichteten 1970 aus erster Hand über diese systematischen Arbeiten.[5]

Bei autistischen Kindern taucht häufig in einer frühen Entwicklungsphase der Verdacht auf Taubheit auf. Der Verdacht selbst ist ein interessantes Phänomen. Er versucht, die offensichtlichen Kommunikationsschwierigkeiten autistischer Kinder plausibel zu erklären. Doch der Versuch ist zum Scheitern verurteilt, schon aus dem Grunde, weil dasselbe autistische Kind, das den Kopf nicht wendet, wenn es angesprochen wird, beim Knistern einer Bonbontüte aufblickt. Autistische Kinder können durchaus hörbehindert sein, doch die meisten sind es nicht. Manche leiden an bestimmten Defiziten, die nur die Sprache betreffen, doch das sind wiederum Ausnahmen. In der Tat plappern autistische Kinder Gesprochenes oft nach, was von einer bemerkenswert effizienten Sprachverarbeitung sowohl beim Input als auch beim Output zeugt.

Man versucht, den Problemen autistischer Personen bei der Informationsverarbeitung mit immer weiter verfeinerten Experimenten auf die Spur zu kommen. Wir werden in späteren Kapiteln auf einige dieser Versuche zurückkommen, wenn wir einzelne Ursachen der Kommunikationsstörung autistischer Personen betrachten. Alle diese Versuche zielen auf dasselbe: den Bereich der zentralen Denkprozesse. Eine Funktionsstörung auf zentraler Ebene wirkt sich nachhaltig auf Wahrnehmung und Handeln aus. Sie impliziert jedoch keine Funktionsstörung der peripheren, sensorischen oder motorischen Prozesse.

Unterscheidung und Kategorisierung

Autistischen Kindern wurde oft bescheinigt, daß sie optische und akustische Details sehr fein differenzieren können. In der Tat kann die Unterscheidungsfähigkeit autistischer Kinder aus dem Rahmen des Üblichen fallen. Beispielsweise findet sich nicht selten das absolute Gehör; eine Reihe autistischer Erwachsener wurde aufgrund dieser Fähigkeit zu fähigen Klavierstimmern. Andere arbeiten in der industriellen Qualitätskontrolle, weil sie visuelle Einzelheiten gut unterscheiden können. Auf der Outputseite setzen manche autistische Personen ihre überlegene visuell-motorische Koordination zum Beispiel im Modellbau um.

Die Dokumentation ausgezeichneten Unterscheidungsvermögens ist deshalb wichtig, weil sie die Vorstellung bestätigt, daß der Autismus als Behinderung Input- und Outputprozesse nicht direkt beeinträchtigt. Für die geistige Behinderung gilt das nicht und infolgedessen auch nicht für schwer geistig behinderte, autistische Kinder. Ein Hirnschaden, der zu schwerer intellektueller Retardierung führt, beeinträchtigt die Effizienz aller informationsverarbeitenden Systeme, der peripheren wie der zentralen.

Könnte es sein, daß autistische Kinder sich deshalb auf ihre Umwelt keinen Reim machen können, *weil* sie so gut unterscheiden können? Vielleicht konzentrieren sie ihre Aufmerksamkeit auf zu viele Einzelheiten und sehen infolgedessen den Wald vor lauter Bäumen nicht. Falls dem so ist, sind die Kinder vielleicht nicht darauf eingestellt, vorhandene Ähnlichkeiten zu erkennen, und es gelingt ihnen deswegen nicht, Stimuli als gleich zu klassifizieren. Diese Hypothese widerlegen jedoch eindeutige Ergebnisse von Experimenten zum Kategorisierungsvermögen. In diesen Experimenten schneiden autistische Kinder angemessen, das heißt ihrem geistigen Alter entsprechend, ab. Das gilt unabhängig vom verwendeten Material, ob es sich nun um abstrakte Formen, Strichzeichnungen oder Wörter handelt.[6]

Wenn autistische Kinder bei unterschiedlichen Materialien Unterschiede genausogut wie Ähnlichkeiten sehen können, warum klagen dann Lehrer häufig darüber, daß autistische Schüler Gelerntes nicht generalisieren? Die Kinder lernen spezielle Dinge, wenden sie aber in Situationen nicht an, die zumindest der Lehrer als der Lernsituation ähnlich wahrnimmt. Oft hört man die Klage, ein autistisches Kind benehme sich zu Hause völlig anders als in der Schule. Leider wissen wir noch nicht, ob sich autistische Kinder in dieser Hinsicht von anderen geistig behinderten Kindern oder sogar von normal entwickelten, kleinen Kindern unterscheiden. Vielleicht ist „Generalisierung" ein zu unscharfer Begriff, als daß man die berechtigte Enttäuschung von Lehrern damit erklären könnte. Autistische Kinder zeigen sogar wenn sie schwer retardiert sind zahlreiche Anzeichen von Generalisierung. Danny beispielsweise sammelt dauernd Fusseln vom Teppich. Um das zu können, muß er Fusseln verschiedener Farbe, Größe und Struktur gleich – als „zu sammelnde Fusseln" – behandeln können.

Das Generalisierungsproblem, auf das der Lehrer stößt, entspringt eindeutig woanders. Nicht eine Unfähigkeit, Kategorien zu bilden oder trotz Unterschieden Ähnlichkeiten zu sehen, verhindert die Anwendung des Gelernten. Aber vielleicht besteht eine Unfähigkeit, die *Notwendigkeit* von Generalisierung über Unterschiede hinaus einzusehen. Wenn Informationen trotz wahrgenommener Ähnlichkeiten nicht zusammengezogen werden, könnte ein schwach ausgeprägter Drang zu zentraler Kohärenz die Ursache sein.

Die Kontrolle der Aufmerksamkeit

Wollen wir der Vermutung nachgehen, daß Abweichungen in der Wahrnehmung in bestimmter Weise mit beeinträchtigten zentralen Denkprozessen zusammenhängen, müssen wir die Rolle der Aufmerksamkeit untersuchen. Eine übergeordnete Denkinstanz muß entscheiden, was aus der hereinkommenden Fülle von Sinneswahrnehmungen Aufmerksamkeit verdient. Eine gute Entscheidung beruht auf einem großen, gespeicherten Informationsvorrat. Wenn die Kohärenz an dieser zentralen Stelle des Entscheidungsprozesses schwach ist, richtet sich die Aufmerksamkeit eher zufällig aus. In welcher Form würde sich das darstellen? Wir müssen nicht nach verminderter, sondern nach eigenartig veränderter Aufmerksamkeit suchen.

Von gewissem historischem Interesse ist die Hypothese der „Stimulus-Überselektivität". Ursprünglich glaubte man, autistische Kinder könnten gleichzeitig dargebotene Informationen nicht gut aufnehmen und wählten deshalb nur einen schmalen Ausschnitt dieser Informationen aus. Interessant an dieser Vorstellung ist, daß sie zu klären versucht, warum autistische Kinder sich oft auf winzige Umweltmerkmale fixieren, wichtigere jedoch ignorieren. Sie konzentrieren sich beispielsweise auf einen Ohrring, beachten jedoch nicht die Person, die ihn trägt. Dieser bizarre Effekt wurde als Ergebnis einer Informationsüberlastung interpretiert. Doch genausogut könnte das Gegenteil zutreffen. Jeder kennt die Erfahrung, daß einem aus schierer Langeweile, das heißt Informations„unterbelastung", zuvor unbemerkte Risse in der Decke oder irgendwelche Spuren auf einer Oberfläche auffallen. Ein entsprechendes Beispiel bei einem autistischen Jungen erwähnt Margaret Dewey: Dessen Vorliebe für Vorhänge setzte ein, als er in der Schule ein Theaterstück anschauen mußte. Da das Stück beziehungsweise die Texte ihn völlig verwirrten, wandte er seine Aufmerksamkeit den gekräuselten Vorhängen zu, die ihn besonders faszinierten, wenn verschiedenfarbige Scheinwerfer darauf gerichtet waren.

Stimulus-Überselektivität erwies sich als nicht spezifisch für Autismus, hängt jedoch mit dem geistigen Alter zusammen. Trotzdem müssen noch viele empirische Forschungsarbeiten Probleme im Zusammenhang mit der Aufmerksamkeit bei Autismus klären. Welche Stimuli fesseln die Aufmerksamkeit einer Person, die nicht weiß, was der Aufmerksamkeit wert ist? Was macht der Gegenstand der Aufmerksamkeit in einem Geiste, der kaum nach zentraler Kohärenz strebt? Weeks und Hobson schildern ein Experiment, das zeigt, wie man diesen Fragen nachgehen könnte.[8] Sie forderten Kinder auf, Bilder von Menschen zu sortieren. Sie konnten sie danach ordnen, ob sie fröhlich oder traurig aussahen. Sie konnten sie aber auch danach ordnen, ob die Menschen einen Hut trugen oder nicht. Autistische Kinder neigten beim ersten Versuch dazu, die Bilder nach den Hüten zu sortieren, während nichtautistische Kinder sie zuerst nach dem Gesichtsausdruck ordneten. Bei einem zweiten Durchgang sortierten beide Gruppen die Bilder nach dem jeweils anderen Merkmal. Eindeutig konnten sie beide Kategorien unterscheiden, doch die relative Wichtigkeit der beiden Merkmale lag in den zwei Gruppen anders. Warum zogen unterschiedliche Merkmale ihre Aufmerksamkeit auf sich? In Bezug auf die übergeordnete, zentrale Kohärenz und persönliche, langfristige Interessen sind Gesichter vermutlich wichtiger als Hüte. Für die lokale Kohärenz als kurzfristiges Ziel für eine kleine Gruppe von Bildern jedoch sind vielleicht Hüte bedeutsamer.

Bedeutung und Kohärenz

In biographischen Berichten über autistische Menschen taucht ein Motiv immer wieder auf: Bestimmte Stimuli scheinen eine unerklärliche Faszination auf sie auszuüben, während andere, die normalerweise interessieren und ins Auge springen, sie offensichtlich kalt lassen.

Park und Youderian beschreiben die zwölfjährige Elly, ein autistisches Mädchen, das sich zwanghaft für Farben, Licht und Zahlen interessierte.[9] Sie beobachtete Schatten im Mondlicht und Wolken am Himmel und reagierte emotional intensiv auf bestimmte Konstellationen, zum Beispiel mit Freude bei wolkenlosem Himmel und Verzweiflung bei einer mondlosen Nacht.

> „Abends, wenn Elly den Tisch deckt, stellt sie ein hohes Glas neben ihren Teller. Es ist grün, ihre Lieblingsfarbe, und durch Schmuckrillen in acht gleiche horizontale Segmente eingeteilt. In dieses Glas gießt sie ihren Saft. Er ist ebenfalls grün. An den meisten Tagen gießt sie das Glas exakt bis zur sechsten oder zur siebten Rille voll . . . die genaue Rille bestimmt sie anhand des Wetters dieses Tages und der Mondphase."

Temple Grandin erwähnt in ihrer autobiographischen Schilderung ihrer autistischen Kindheit, sie sei von Dingen angezogen worden, die andere Menschen kaum beachten würden.[10]

> „Ich saß gerne stundenlang da und summte vor mich hin und drehte irgendwelche Dinge oder ließ am Strand Sand durch meine Finger rieseln. Ich weiß noch, daß ich den Sand eingehend studierte, wie ein Wissenschaftler, der ein Exemplar unter dem Mikroskop betrachtet. Ich erinnere mich, daß ich genau beobachtete, wie der Sand floß oder wie lange ein Topfdeckel sich drehte,

wenn ich ihn mit verschiedenen Geschwindigkeiten in Rotation versetzte. Mein ganzes Denken ging völlig in diesen Tätigkeiten auf. Ich war auf sie fixiert und ignorierte alles andere."

Beide Berichte erinnern uns an die Verbindung von Empfinden und Wiederholen und beweisen auch, daß bei autistischen Personen zufällige Umweltmerkmale in das Zentrum des Interesses rücken können. Das, was anderen Menschen ins Auge springt, fällt einem autistischen Kind möglicherweise gar nicht auf und umgekehrt.

Was definiert nun Auffälligkeit? Menschen beachten Dinge, die sie als wichtig, sinnhaltig oder bedeutsam betrachten. All diese subjektiven Bezeichnungen drücken die Erfahrung von Struktur aus: Ein sinnhaltiger Stimulus enthält Sinn, weil er zu einer Gruppe von Stimuli *dazugehört*. Er ist bereits organisiert, insofern er im Gedächtnis einen Platz hat. In diesem Sinne können wir sagen, daß wir uns einem Stimulus zuwenden, weil er wichtig ist. Demnach unterliegt die Aufmerksamkeit der Kontrolle zentraler Denkprozesse. Wenn diese zentrale Kontrolle schwach ist, der Aufmerksamkeitsmechanismus jedoch intakt, müßten die Muster des Aufmerksamkeitsverhaltens eher eigenartig sein als beeinträchtigt. Wirklich können autistische Kinder ihre Aufmerksamkeit aufrechterhalten, wo alle anderen das Interesse verlieren würden. Sie können sich auf Dinge konzentrieren, die andere kaum vorrangig interessieren würden. Die Seltsamkeit des autistischen Interesses besteht jedoch weniger im Thema als vielmehr in der Einengung. All diese Beobachtungen verweisen meines Erachtens auf das Phänomen des *idiot savant*. Wiederum zeigt sich, daß die Annahme eines Dranges zu zentraler Kohärenz nützlich ist. Eine autistische Person kann sich lange Zeit auf ein eng begrenztes Thema um seiner selbst willen konzentrieren, während ein normal entwickeltes Kind sich ihm kurz zuwenden würde und es nur als Teil eines größeren Musters interessant fände.

Wahrscheinlich schreiben Menschen Bedeutung und Sinn übereinstimmend nur einem größeren Muster zu. Man würde eher in den Teilbeiträgen zu diesem Muster idiosynkratische Interessen suchen, die andere nicht teilen. Autistische Menschen haben ein starkes Bedürfnis, ihren idiosynkratischen Interessen nachzugehen. So verfolgte Elly sehr aufmerksam Schatten, weil sie aus irgendeinem Grunde wichtig und sinnhaltig für sie waren und sehr bedeutsam für ihre Stimmung. Wenn sie bei Reisen in eine andere Zeitzone kam, beunruhigte es sie, daß ihr Schatten sich um 18 Uhr nicht dort befand, wo er zu Hause gewesen wäre. Sie konnte sich nicht eher entspannen, als bis ihr ihre Mutter erklärt hatte, daß 18 Uhr auf ihrer Armbanduhr bedeutete, daß es an ihrem neuen Aufenthaltsorte erst 17 Uhr war. Dieses Beispiel zeigt, daß Elly über ein begrenztes, aber sehr kohärentes Schema der Sonnenposition zu einer bestimmten Zeit und ihrer Schattenlänge verfügte. Es bedeutete ihr tatsächlich etwas, wenn unerwartete Abweichungen auftraten. Das Schema mußte kohärent bleiben. Dieses Beharren auf Eintönigkeit ist ein Typ lokaler Kohärenz. Er ähnelt in keiner Weise der *zentralen* Kohärenz. Er ist vielmehr extrem eingeschränkt in der Reichweite und in sich geschlossen. Die Schattenlänge anderer Menschen etwa gehörte nicht zum Schema und hatte für Elly keinerlei Bedeutung. Auch hatte das Schema nicht nur einen sehr begrenzten Umfang, sondern kann mit Fug und Recht als Stereotypie, als eine monoton wiederholte Tätigkeit bezeichnet werden. Elly war nicht fähig, ihr Schema als das zu sehen, was es war: ein kleines Bruchstück eines größeren Realitätsmusters, das eigentlich der Erweiterung und Modifikation bedarf. Diese Einsicht hätte ein starkes Bedürfnis nach zentraler Kohärenz großer Informationsmengen vorausgesetzt.

Das Rätsel des Puzzles

Wir haben den „taubstummen Jungen", der „flippert wie ein Weltmeister", als eine der literarischen Ausgestaltungen des Autismus schon besprochen. Das Bild erfaßt treffend das Paradoxon einer massiven Beeinträchtigung der Wahrnehmung, gepaart mit verblüffender sensomotorischer Geschicklichkeit, die unheimliche Kombination von höchster Leistungsfähigkeit der Input- und Outputprozesse mit einem Versagen der zentralen Verarbeitung. Das Versagen besteht darin, daß die Verarbeitungsfähigkeiten nicht zu anderen Zwecken eingesetzt werden.

Eine bescheidene Form eines „Flipperexperten" stellt der kleine Danny dar, der sich nach den kleinsten, für andere nicht wahrnehmbaren Teppichfusseln bückt, jedoch Spielzeug nicht „sieht" und kaum jemanden erkennt. Ein spektakulärerer Fall ist die junge Nadia, die ausgezeichnete Pferdebilder aus dem Gedächtnis zeichnen, jedoch einfache Gegenstände nicht benennen kann.

Die außergewöhnliche Fähigkeit des *idiot savant* hängt von mehreren Faktoren ab: der Fähigkeit, die Aufmerksamkeit an ein Thema zu binden; dem reibungslosen Arbeiten spezialisierter Verarbeitungsprozesse und vor allem der monotonen Wiederholung. Jeder Faktor als einzelner könnte das hohe Leistungsniveau nicht erklären, doch zusammen kommen sie einer Erklärung des Phänomens „*savant*" schon näher. Betrachten wir als Beispiel für eine *Inselbegabung* autistischer Kinder, die mit einer Reihe wichtiger Faktoren zusammenhängt, die Fähigkeit, Puzzles zusammenzusetzen.

Die Art und Weise, wie autistische Kinder ein Puzzle legen, kann sich von der eines normalen Kindes stark unterscheiden. Ich kam aus folgenden Gründen zu dieser Schlußfolgerung. Ich beobachtete – und hörte von anderen, unabhängigen Beobachtern –, daß autistische Kinder sich an der Kantenform der Puzzleteile orientieren. Das Bild des ganzen Puzzles dagegen ignorieren sie weitgehend. Um dies zu untersuchen, führten Beate Hermelin und ich ein Experiment mit zwei entgegengesetzten Versuchsbedingungen durch.[11] Bei einer Bedingung verwendeten wir rechteckige Teile eines Bilderpuzzles mit geraden Kanten, bei der anderen die üblichen, ungleichmäßigen Teile, jedoch ohne Bild. Autistische Kinder schnitten unter beiden Bedingungen bemerkenswert gut ab, doch sehr viel besser als normal entwickelte, kleine Kinder desselben geistigen Alters, wenn kein Bild vorgegeben war. Es machte ihnen einfach Spaß, Teil an Teil zu setzen.

Auf den meisten käuflichen Puzzles ist ein Bild. Dieses Bild wird ohne Rücksicht auf seine natürliche Gestalt oder inhaltliche Abgrenzungen in Teile zerschnitten. Wenn ich ein Puzzle lege, staune ich immer wieder, wie anders ein Bruchstück eines visuellen Details wirkt, wenn das Puzzleteil an der richtigen Stelle liegt, als wenn ich es einzeln betrachte. Ich suche nach einem Teil mit einem Hundeohr. Zuerst sieht es so aus, als gäbe es kein solches Teil, doch wenn es gefunden und eingefügt ist, erscheint das Detail ganz eindeutig. Dieser Effekt ähnelt dem bei den eingebetteten Figuren.

Georges Perec beschreibt das in der Einleitung zu seinem Roman *Das Leben. Gebrauchsanweisung*:[12]

> „. . . nur die zusammengefügten Teile erlangen die Eigenschaft der Lesbarkeit, bekommen einen Sinn: einzeln betrachtet hat der Baustein eines Puzzles keine Bedeutung; er ist nur eine unmögliche Frage, eine undurchsichtige Herausforderung; doch kaum ist es einem gelungen, ihn nach einigen Minuten der Versuche und der Irrtümer oder in einer ungewöhnlich inspirierten Halbminute mit einem seiner Nachbarn zu verbinden, verschwindet der Baustein, hört auf, als Baustein oder Einzelteil zu existieren: Die gewaltige Schwierigkeit, die diesem Zusammenrücken vorausgegangen ist und die das Wort *Puzzle* – Rätsel – auf Englisch so treffend kennzeichnet, hat nicht nur keine Daseinsberechtigung mehr, sondern scheint nie eine gehabt zu haben, so sehr ist sie Selbstverständlichkeit geworden: Die beiden auf wunderbare Weise miteinander vereinigten Bausteine sind zu einer Einheit geworden, die nun ebenfalls Ursache für Irrtum, Zögern, Verwirrung und Hoffen ist."

Vielleicht ignoriert das autistische Kind das Bild in einem gewissen Ausmaße und kann daher im vollendeten Puzzle die einzelnen Puzzleteile immer noch sehen. Wenn dem so ist, könnte es tatsächlich Puzzles leichter legen. Zugleich wäre das eine reine, akkordartige Fleißarbeit; das Kind beginnt mit kleinen Abschnitten und gelangt fast zufällig am Ende zu einem vollständigen Bild. Wie jeder weiß, bereitet gerade das Lückenfüllen besonderes Vergnügen; das Gesamtbild ist jedenfalls oft äußerst trivial. Auch in dieser Erfahrung schlägt sich ein Drang zu Kohärenz nieder, doch wiederum ist es ein sehr begrenzter, lokaler Typ von Kohärenz. Das Puzzle ist, da es selbst nach dem Zusammensetzen als Sammlung von Bruchstücken weiterbesteht, eine Metapher: Es symbolisiert die Wirkung der autistischen Distanz. Für eine nichtautistische Person dagegen verlieren die Bruchstücke, wenn sie zu einem einzigen Bild zusammengesetzt sind, ihre Bedeutung als Bruchstücke und erhalten sie jetzt von der größeren Einheit, zu der sie gehören. Dies stellt Kohärenz in einem größeren Maßstab dar.

Ein Beispiel, das Digby Tantam anführt, illustriert den Gegensatz, den ich betonen möchte, in einem ganz anderen Bereich. Ein Patient, der seit der frühen Kindheit typisch autistische Symptome zeigte, sammelte wie besessen

Adressen von Jugendgerichten. Es ist nicht bekannt, wie dieses äußerst sonderbare Interesse entstand. Wie auch immer, es würde weniger seltsam wirken, wenn es mit einem allgemeinen Interesse an Gerichten, Gerichtsgebäuden oder Stadtplänen verbunden wäre. Dann wäre es nicht nur ein wenn auch eingehend studiertes Fragment, sondern Teil eines größeren Bildes. Das war bei diesem Patienten jedoch eindeutig nicht der Fall. Als man ihn fragte, warum er nichts von den Adressen anderer Gerichte wissen wollte, antwortete er: „Sie langweilen mich zu Tode." Und er meinte das nicht als Witz. Die Bemerkung zeigte völliges Unverständnis dafür, daß Interessen gewöhnlich als Teil eines zusammenhängenden Musters von Vorlieben und Abneigungen begründet werden und nicht willkürlich sind. Manchmal können Wissenschaftler völlig in einem extrem schmalen und winzigen Aspekte eines Problemes aufgehen. Im Unterschied zur abstrusen Neugier berücksichtigt man bei ernsthafter Forschung die Relation zwischen dem Detail und dem allgemeineren Wissen, in das sich dieses Detail einfügen muß.

Aus dem Konzept des bruchstückhaften Inputs, der durch fehlende *zentrale* Kohärenz verursacht wird, folgt, daß auch der Output fragmentarisch sein muß. Nun mögen autistische Menschen vielleicht eine ungewöhnlich zusammenhanglose Welt erleben und schaffen, aber warum sollte sie deswegen durch Wiederholungen und Eintönigkeit gekennzeichnet sein? Was steckt hinter den stereotypen Handlungen, die ein Hauptmerkmal des Autismus darstellen?

Stereotype Bewegungen und Gedanken

Zwecklose Wiederholungen gelten schon seit langem als Anzeichen von Geisteskrankheit. Kraepelin führte 1899 Stereotypien als eines der charakteristischen Merkmale der von ihm als Dementia praecox bezeichneten Störung auf. Doch stereotype Bewegungsstörungen sind auch bei neurologischen Patienten und bei geistig Behinderten verbreitet. Stereotypien kommen jedoch nicht nur bei Bewegungen vor, sondern auch beim Denken, wo sie unsichtbar sind. Die Definition und Klassifikation monoton wiederholter Handlungen und Gedanken ist äußerst unbefriedigend, und Bezeichnungen wie Stereotypien, Manierismen, Perseverationen, fixe Ideen und Zwänge werden oft austauschbar verwendet. Vielleicht gibt es tatsächlich keine solide theoretische Basis für eine Unterscheidung. Ob eine wiederholte Handlung zwanghaft ist oder nicht, ist nur durch Introspektion zu klären.

Warum treten überhaupt monoton wiederholte Handlungen auf? Eine lebende Maschine wie das menschliche Gehirn steht niemals still. Es reagiert ständig auf Reize. Sogar wenn es nicht reagiert, „läuft" es, wie ein Motor im Leerlauf. Eine Hirnschädigung bedeutet oft, daß der Organismus nicht flexibel und rasch reagieren kann. Trotzdem „läuft" er. Oft ist die Aktivität sehr ziellos und erscheint als endlos wiederholte Verhaltensschleife. Solche Schleifen

kommen auch bei völlig gesunden Menschen vor. Hin- und Hergehen, Fuß-
wippen, Summen, Sichwiegen, Schaukeln, Sichkratzen, Nägelkauen, Grübeln,
all das sind nutzlose, aber nichtpathologische Stereotypien im Verhaltensrepertoire aller Menschen. Die Liste ist lang und umfaßt alle nur denkbaren
Arten von Handlungsbruchstücken (einschließlich Gedanken).

Das Auftreten von Stereotypien in streßgeladenen Situationen hat die Hypothese angeregt, Bewegungs- und Denkwiederholungen seien Teil eines ho-
möostatischen Mechanismus, der das Erregungsniveau steuert. Chris Frith und
John Done schließen aus einer umfassenden Durchsicht der Literatur über
stereotypes Verhalten, daß die Befunde psychophysiologischer Studien diese
Vorstellung nicht stützen.[13] Stereotypien senken nicht notwendig das Erregungsniveau. Wenn überhaupt, so steigern sie es häufig. Als Regulatoren
innerer Zustände scheinen Wiederholungen extrem ineffizient zu sein. Sie sind
offenbar vielmehr Konsequenzen einer allgemeinen Bereitschaft zu einer unmittelbar bevorstehenden Handlung.

Stereotypien kommen bei autistischen sowie geistig behinderten Menschen
nicht nur häufig vor, sondern sind oft auch exzessiv. Berkson und Davenport
beobachteten exzessives stereotypisiertes Verhalten bei zwei Dritteln ihrer
geistig behinderten Population.[14] Manche Patienten zeigten in der Hälfte der
Zeit derartige Verhaltensweisen. Dieser Grad der Monotonie kann zu einem
ernsthaften Problem werden, insbesondere wenn das Verhalten selbstschädi-
gend ist. In die Hand beißen, den Kopf anschlagen, sich Haare ausreißen – was
als gelegentliches Symptom harmlos ist – kann sich zu einer extremen Gefähr-
dung auswachsen, wenn es exzessiv wird. Das leidige Problem der Selbstschädigung kann durch Techniken der Verhaltensmodifikation angegangen werden, bei denen Belohnung und Bestrafung nach bestimmten Regeln kontingent
mit dem Zielverhalten erfolgen. In vielen Fällen wurde bei der Reduktion
selbstschädigenden Verhaltens über Erfolge berichtet.[15]

Möglicherweise wird wiederholte Selbstschädigung von dem Bedürfnis
nach einer bestimmten Art intensiver, sensorischer Stimulation ausgelöst, die
nicht als Schmerz interpretiert wird. Denkbar wäre auch, daß die Schmerzemp-
findlichkeit bei bestimmten autistischen Patienten vermindert ist. Angesichts
der Tatsache, daß man bei autistischen Menschen ein erhöhtes Niveau des
schmerzstillenden Neurotransmitters Endorphin festgestellt hat, ist diese Erklärung recht plausibel.

Obwohl autistische Menschen offenbar mehr zu Stereotypien neigen als jede
andere klinische Gruppe, unterscheiden sich die Stereotypien selbst nicht deutlich. Dieselben monoton wiederholten Bewegungen, dieselben Grübeleien finden sich auch bei vielen nichtautistischen Menschen. Woran liegt der ausgeprägte Häufigkeitsunterschied? Eine interessante Studie über die Stereotypien
normaler Menschen von Asendorpf weist auf mindestens einen relevanten
Faktor hin.[16] Er stellte fest, daß die bloße Anwesenheit anderer Menschen die
Menge wiederholter Bewegungen reduzierte, die Studenten in einer Phase des
nervösen Wartens auf eine Prüfung zeigten. Bei normalen Menschen ist stereo-

types Verhalten sehr leicht von außen zu beeinflussen und kann sehr einfach in andere Verhaltensweisen integriert oder ganz unterdrückt werden. Stereotypes Verhalten ist sozial unerwünscht, wahrscheinlich weil es Langeweile oder Unaufmerksamkeit signalisiert. Bei autistischen Menschen wirkt die Gegenwart anderer nicht ähnlich hemmend auf Stereotypien. Häufig wird erwähnt, daß es zwischen ihrem privaten und öffentlichen Verhalten kaum einen Unterschied gibt. Offensichtlich müssen zusätzliche Gründe die häufig exzessiven Stereotypien bei autistischen Menschen erklären.

Ros Ridley und Harry Baker beschreiben einen Typ stereotypen Verhaltens, der bei Tieren zu beobachten ist: die *Käfigstereotypie*.[17] Dieses Verhalten hört sofort auf, wenn der Käfig entfernt wird. Dem stellen sie einen anderen Stereotypientyp gegenüber, der nicht aufhört, wenn die umweltbedingten Einschränkungen beseitigt werden. Diese Stereotypien sind gekennzeichnet durch Rigidität, Perseveration und sozialen Rückzug. Ridley und Baker verfolgten ihre Ursachen bis zu einer neurologischen oder entwicklungsbedingten Auffälligkeit zurück. Sie stellten fest, daß ähnliches Verhalten auch experimentell durch hohe Dosen Amphetamin ausgelöst oder verstärkt werden kann. Da Amphetamin das Dopaminsystem anregt, stellt sich hier eine mögliche Verbindung zu biologischen Studien des Autismus her (siehe Kapitel 5). Eine Funktionsstörung des Dopaminsystemes könnte durchaus mit dem Übermaß an Stereotypien bei autistischen Menschen zu tun haben.

Rituale und Rigidität

Noch einzigartiger beim Autismus als einfache Bewegungs- und Denkstereotypien sind die sogenannten elaborierten Verhaltensrituale. Sie umfassen größere Handlungseinheiten und gehen über einfaches Grimassieren, Schaukeln oder Umhergehen hinaus. Präzise Definitionen fehlen, daher ist das klinische Urteil zur Zeit die einzige Grundlage für die Entscheidung, was als „elaboriert" gilt. Nach allgemeiner Überzeugung muß ein elaboriertes Ritual mehr als ein kurzes Handlungsbruchstück sein und lange, möglicherweise komplexe Gedankenfolgen oder Interessenfixierungen enthalten.

Typische Beispiele nennt der folgende Auszug aus dem Brief einer Mutter:

„Ich weiß nicht genau, wann Johns fixe Ideen anfingen, aber ich glaube, er war etwa drei Jahre, als er anfing, alles, was er nur finden konnte, in unseren Briefkasten, in fremde Briefkästen oder sogar den Postbriefkasten zu stecken. Kurz danach entwickelte er eine Leidenschaft für Türklingeln. Zwischen vier und sieben Jahren galt sein Hauptinteresse Straßenlampen. Abends stand er am Fenster und beobachtete, wie sie angingen. Im vierten Lebensjahr entwickelte er ein großes Interesse an Spiegelungen zum Beispiel in Fenstern und auf glänzenden Oberflächen und trug gerne eine Lupe oder ein Fernglas mit sich herum. Kleine, farbige Stifte in ihre Löcher zu stecken und in andere Löcher, die er finden konnte, war eine ausfüllende Beschäftigung. Als er etwa sechs

war, kam dann sein Interesse an Bussen. Natürlich hatte er eine ganze Sammlung Busse, doch wenn nicht ich ein Spiel damit anfing, wurden sie nur
„geordnet". Was er noch liebte, war, vorbeifahrende Busse zu unterscheiden;
eine Sorte hatte den Eingang in der Mitte und ein weißes Dach – und er regte
sich richtig auf, wenn der Eingang vorne war und das Dach gelb."

Weder der Inhalt noch die Qualität spezieller Interessen und Rituale wurden
systematisch erforscht. Aspekte wie Rigidität, Perseveration und Widerstand
gegen Veränderung sind immer noch sehr wenig untersucht, doch es gibt
einige Hinweise.

Beispielsweise führte ich ein Experiment durch, um zu untersuchen, wie
kleine Kinder spontan Farben wiederholen, wenn sie ein Muster herstellen.[18]
Ich gab ihnen entweder nur zwei oder vier stern- oder punktförmige Stempel
mit verschiedenen Stempelfarben, die sie einfach auf Papier drücken konnten.
Auch forderte ich sie auf, nach Belieben auf einem Xylophon mit entweder
zwei oder vier Klanghölzern zu spielen. Solche Experimente ließen sich ideal
als Computerspiel durchführen, doch vor 20 Jahren, als ich die Studie anferti-
te, wäre diese Idee reine Science fiction gewesen.

Die Ergebnisse dieser einfachen Spiele lassen sich leicht zusammenfassen:
Autistische Kinder verhielten sich deutlicher stereotyp und rigide als andere
Kinder. Ihre farbigen Druckmuster und Xylophonmelodien waren besonders
interessant, weil wir hier ein sehr freies, unstrukturiertes Spielverhalten vor
uns haben. Nichtsdestotrotz waren sogar die in dieser Situation entstandenen
Muster außerordentlich starr. Natürlich wird oft berichtet, daß sich autistische
Personen in einer ganzen Reihe von Alltagssituationen in dieser Weise verhalten. Digby Tantam führt als Beispiel an, daß „jeder Gegenstand im Wohnzim-
mer des Hauses jeden Tag an seinen bestimmten Platz gestellt wird. Das
nimmt bis zu drei Stunden in Anspruch und kann nicht ohne einen schweren
Wutanfall unterbrochen werden." In diesen Studien beobachtete ich ein weiteres bemerkenswertes Phänomen. Wenn ein Xylophon mit vier Klanghölzern
bereitstand, fiel am meisten auf, daß autistische Kinder *niemals* alle vier benutzten. Manche schlugen nur ein Holz, oder vielleicht auch zwei, immer und
immer wieder an. Dies geschah *niemals* bei den nichtautistischen Kindern, die
ich beobachtete. Genau dasselbe eingeschränkte Verhalten fand sich bei den
Farbmustern: Manche autistischen Kinder benutzten immer nur eine Farbe,
manche nur zwei. Es standen aber vier zur Verfügung, und darauf wurde auch
wiederholt hingewiesen. Diese selbstauferlegte Beschränkung entspricht der
extremen Mäkeligkeit beim Essen. Ein autistisches Kind beispielsweise aß
jahrelang nichts anderes als einfach belegte Brote.

Während die autistischen Kinder starr an ihren einmal gewählten Mustern
festhielten, war das weder bei den geistig behinderten, nichtautistischen Kindern noch bei normal entwickelten Vorschulkindern, die an dem Experiment
teilnahmen, der Fall. Sie verhielten sich alles andere als rigide bei der Muster-
herstellung. Sie „spielten" einfach, sie probierten alles verfügbare Material
explorativ aus, ohne sich strenge Regeln aufzuerlegen.

Sehr ähnliche Ergebnisse erhielt Jill Boucher. Auch sie zeigte sich beeindruckt von den außerordentlichen Perseverationstendenzen autistischer Kinder.[19] Diese Studien sprechen dafür, daß spontanes Verhalten nicht zufällig ist, sondern eine eigene Struktur besitzt. Die Struktur, die autistische Kinder zeigen, ist sowohl eingeschränkt als auch übermäßig rigide.

Interpretationen des Wiederholungsverhaltens

Wiederholte Handlungen und Gedanken, ob einfach oder komplex, finden sich bei allen autistischen Kindern, doch sie harren noch der systematischen Erforschung. Sie haben das Interesse der Forscher nicht in dem Maße auf sich gezogen wie etwa die Sprach- und Kommunikationsprobleme beim Autismus. Es wird vielmehr implizit angenommen, daß Stereotypien und Rituale im wesentlichen *Sekundärphänomene* sind, vielleicht vergleichbar mit Käfigstereotypien, die nur Reaktionen auf andere Probleme darstellen. Beim Autismus gibt es jedoch keinen Käfig, den man entfernen könnte.

Ich habe schon erklärt, daß ich zu einer Theorie neige, die alle Variationen stereotypen und perseverativen Verhaltens, das typisch ist für autistische Kinder, als weitere Zeichen einer bestimmten Störung der zentralen Denkprozesse deutet. Aufgrund dieser Störung erleben autistische Kinder Empfindungen als Wahrnehmungsbruchstücke, und ebenso planen und führen sie Handlungen in bruchstückhafter Form aus. Die Fragmentierung selbst ist relativ; das heißt, die Größe der Einheit kann schwanken und stellt nicht das entscheidende Merkmal des Prozesses dar. Entscheidend ist vielmehr, daß die Einheiten *nicht* zu gleicher Zeit *Teile* eines Ganzen sind. Wiederum kann die Puzzlemetapher den Unterschied zwischen Stücken als Stücken und Stücken als Teilen eines Bildes illustrieren.

Diese Hypothese wirft zwei schwierige Fragen auf: Erstens, warum werden Verhaltensfragmente (wenn es denn solche sind) endlos wiederholt; und zweitens, warum ist die Wiederholung so rigide, sogar automatenhaft? Es gibt natürlich noch viele andere Fragen, die mit dem Wesen von Zwängen im allgemeinen zusammenhängen und sich besonders auf Autismus beziehen oder auch nicht.

Ich vermute, daß *Wiederholung* das natürliche „Setting" für Input- und Outputsysteme ist und daß die Wiederholung normalerweise abgebrochen wird, wenn ihre Produkte von einer übergeordneten zentralen Überwachungseinheit anerkannt worden sind. Diese Anerkennung könnte für einen Inputmechanismus das Signal sein, neue Information zu verarbeiten, und für einen Outputmechanismus, zu neuem Handeln überzuwechseln. Mit anderen Worten, was besonderer Tätigkeit einer zentralen Instanz bedarf, ist das Abschalten, nicht das Einschalten. Unter dieser Voraussetzung kann man sich das Gehirn leicht als permanent laufende Maschine vorstellen. Das geschädigte Gehirn zeigt dann beim Autismus eine Entkoppelung der zentralen und der peripheren Mechanismen, weil die zentralen Kontrollprozesse zu schwach sind, um die peripheren zu steuern und sie in angemessener Weise abzuschalten.

Wie ist es mit der Rigidität? Mir scheint, daß Flexibilität eine Eigenschaft insbesondere übergeordneter, kontextbezogener Mechanismen sein dürfte, nicht jedoch untergeordneter Verarbeitungsmechanismen, bei denen Zuverlässigkeit eine größere Rolle spielen dürfte. Es kann durchaus sein, daß übergeordnete Denkprozesse für ihre Flexibilität mit einem Verlust an Automatisierung „büßen". Aus evolutionstheoretischer Sicht liegt auf der Hand, daß das Verhalten neurologisch primitiver Organismen (das heißt ohne zentrales Nervensystem) starr programmiert ist. Wenn neurologisch hochentwickelte Organismen eine sehr spezifische Schädigung zentralisierter Prozesse erleiden, kann die Arbeitsweise peripherer Prozesse völlig intakt bleiben.

Thema dieses Kapitels waren sowohl autistische Empfindungs- als auch Wiederholungsphänomene als zwei Seiten derselben Medaille. Diese Sicht stimmt mit der im vorausgegangenen Kapitel vorgeschlagenen Theorie überein. Das Versagen der zentralen Verarbeitung des postulierten Types kann nicht ohne weitreichende Folgewirkungen bleiben. Wenn die Fähigkeit, zentrale Kohärenz oder Bedeutung herzustellen, bei Autismus extrem eingeschränkt ist, sind Distanz und Zerfall in sinnlose Handlungen unausweichliche Konsequenzen. Es bleibt noch zu klären, wie sich dies auf die Kommunikation und die soziale Interaktion auswirkt.

8. Die schwierige Verständigung mit anderen

Ein Gespräch

Ruth, ein hübsches, 17jähriges Mädchen, besucht eine Sonderschule für autistische Kinder und kommt gut voran. Ihr Lesealter entspricht fast dem normaler Erwachsener. Ruth redet spontan nicht viel, beantwortet Fragen jedoch bereitwillig. Sie spricht etwas krächzend und betont die Endkonsonanten der Wörter. Ihre Redeweise ist seltsam hölzern, kaum moduliert, doch grammatikalisch einwandfrei. Ich unterhielt mich nach einigen Lesetests mit ihr.

UF: Ruth, du hast mir sehr geholfen . . .
R: Ja.
UF: Das war sehr nett von dir . . . Ich finde, du liest ausgezeichnet.
R: Ja.
UF: Hast du schon *immer* so gut gelesen?
R: Jawohlll.
UF: Weißt du noch, wann du lesen gelernt hast?
R: Nein.
(Nach einigen erfolglosen Versuchen, sie dazu zu bringen, über Kindheitserinnerungen zu sprechen, lenkte ich das Gespräch auf die unmittelbare Gegenwart. Ruth bewohnt zusammen mit anderen Internatsschülern eine abgeschlossene Wohnung.)
UF: Jetzt wohnst du da oben in der hübschen Wohnung?
R: Ja.
UF: Gefällt es dir da?
R: Sehrrr.
UF: Kochst du dort auch?
R: Jawohlll.
UF: Was kochst du so?
R: Allesss.
UF: Wirklich. Was ißt du am liebsten?
R: Fischstäbchennn.
UF: Ah ja . . . Und du bereitest sie alleine zu?
R: Beinahe.
UF: Das ist ja schön.
(Wieder waren meine Versuche, Ruth dazu zu bringen, mir von sich aus etwas zu erzählen, erfolglos. Ich konnte ihr nur Leitfragen stellen, die sie vollkom-

men ehrlich beantwortete. Nirgends versuchte sie, auf irgendeine Weise Eindruck zu machen, indem sie zum Beispiel solche Fertigkeiten wie Kochen oder Lesen herausgestellt oder heruntergespielt hätte. Sie hatte offensichtlich überhaupt keine Einstellung ihren Leistungen oder Mißerfolgen gegenüber.)

UF: Und was machst du zum Vergnügen?

R: Nichtsss.

UF: Strickst du vielleicht?

R: Ja.

UF: Oder siehst du fern?

R: Ja.

UF: Welche Sendungen magst du?

R: *Top of the Pops.*

(Nach einigen erfolglosen Fragen zu der Sendung, die ich nicht kannte, wechselte ich das Thema.)

UF: Und liest du?

(Impliziert war hier „zum Vergnügen", doch wahrscheinlich verstand Ruth das nicht.)

R: Ja.

UF: Was liest du? . . . *(keine Antwort)* Liest du Illustrierte?

R: Nein, Ich schau' sie nur an.

UF: Ah ja . . . Weil viele Bilder drin sind?

R: Ja.

(Vermutlich konnte Ruth, weil sie alles wortwörtlich versteht, „eine Illustrierte nur anschauen" nicht als Lesen betrachten.)

UF: Hmm, welche Illustrierten schaust du an?

R: *Radio Times* und *TV Times.*

UF: Oh, ja, die schaue ich mir auch an . . .

R: Jetzt ist Unterricht.

(Deutlich zeigt sich das charakteristisch abrupte Ende eines Gespräches mit einem autistischen Menschen. Ruth wollte nicht grob sein, doch die Pause war vorüber, und sie mußte wieder zum Unterricht. Normalerweise würde das in höfliche Wendungen verpackt. Ruth verfügt nicht über die Verpackungen, sie gibt vielmehr reine Information.)

Was zeigt uns dieses sehr typische Beispiel? Erstens ist die Kommunikation mit einer autistischen Person keinesfalls ein völliger Mißerfolg. Allerdings ist sie extrem begrenzt. Anders als bei gewöhnlichen Gesprächen mußte ich Ruth jede Antwort „aus der Nase ziehen". Warum war das so, obwohl sie doch eindeutig bereit war, alle meine Fragen zu beantworten? Trotz des stattfindenden Informationsaustausches fehlt etwas. Wir spüren eine eigentümliche Distanz, einen tiefreichenden Mangel an Interesse, warum ich die Fragen stellte, und an der Wirkung, die ihre Beantwortung auf mich haben würden. Es ist nicht so, daß Ruth – wie manchen Jugendlichen – „alles egal war". Das Gespräch bestand einfach nur aus kurzen und bündigen Antworten. Frage und

Antwort waren immer kleine Einheiten, und jede Antwort war minimal und endgültig. Jede Antwort unterbrach also den Kommunikationsfluß. Sogar bei trivialen Gesprächen ergibt sich eins aus dem anderen. Manchmal erhält man auf diese Weise ein buntes Bild vom Leben und den Einstellungen eines Fremden. Die Sprache ist ein Mittel zu solchen Erfahrungen; autistischen Menschen scheinen diese aber nicht zugänglich zu sein, selbst wenn sie über Sprache verfügen. In diesem Kapitel versuchen wir, die Gründe dafür zu finden. Diese Gründe müssen das unterschwellige Scheitern der Kommunikation, wie es das Gespräch mit Ruth vorführt, erklären.

Was stimmt nicht mit der Sprache autistischer Kinder?

Über die Sprache autistischer Kinder – die eigenartige Form ihrer Sprache und ihre Verständnisschwierigkeiten – wurde mehr geschrieben als über jede andere ihrer psychologischen Behinderungen. Glücklicherweise gibt es bereits einige ausgezeichnete Sammelwerke, und der Leser sei auf sie verwiesen, wenn er sich für die vielfältigen, bereits bekannten Befunde interessiert, die in diesem Kapitel nicht besprochen werden.[1,2,3]

Die Sprache bietet viele meßbare Leistungsaspekte, anhand derer man auf die zugrundeliegende Kompetenz schließen kann. Sprache basiert auf einem riesigen Spektrum verborgener Fähigkeiten: Die *Phonetik* verweist auf die Fähigkeit, mit gesprochenen Lauten umzugehen; die *Syntax* auf die Fähigkeit, mit den Grammatikregeln umzugehen; die *Semantik* auf die Fähigkeit, Bedeutung zu verstehen und herzustellen. Zuletzt finden wir die *Pragmatik*, die etwas getrennt von den linguistischen Primärfähigkeiten ist und auf die Fähigkeit verweist, die Sprache zum Zwecke der Kommunikation einzusetzen. Ein Beispiel für Pragmatik illustriert Abbildung 8.1. Der Kern der Frage „Kannst

8.1

du mir das Salz reichen?" ist eine Bitte um Salz, nicht um Information (ob jemand in der Lage ist, das Salz zu reichen). Um diesen Kern zu erfassen, braucht man eher pragmatische als syntaktische oder semantische Kompetenz.

Es wurden phonetische, syntaktische und semantische Aspekte der Sprache autistischer Kinder untersucht, häufig mit verwirrenden Ergebnissen. Doch seit kurzem stellt die Pragmatik den wichtigsten Forschungsgegenstand dar.[4] Darüber besteht einhellige Übereinstimmung. Es ist jetzt klar, daß Schwierigkeiten im Bereich der Pragmatik ein universelles Kennzeichen des Autismus sind. Egal welches Niveau die syntaktische oder semantische Fähigkeit erreicht – und bei manchen autistischen Menschen kann es hoch liegen –, die pragmatische Fähigkeit liegt unweigerlich darunter. Sehr subtile pragmatische Schwierigkeiten bei einem Menschen mit guter Sprachfähigkeit illustriert das Gespräch mit Ruth.

Vor kurzem veröffentlichte Helen Tager-Flusberg einen vorläufigen Bericht über eine seltene Längsschnittuntersuchung des Spracherwerbes autistischer Kinder, die noch andauert.[5] Bei kleinen, normalen Kindern, Kindern mit Down-Syndrom und autistischen Kindern erschienen alle möglichen syntaktischen Strukturen und grammatikalischen Formen in derselben Reihenfolge, obwohl die autistischen Kinder einen begrenzteren Ausschnitt grammatikalischer Strukturen verwendeten und ihre Sprache durch Wiederholung und Stereotypien gekennzeichnet war. Deutliche Unterschiede bestanden hingegen im *Gebrauch* linguistischer Formen.

Studien wie diese sind dringend nötig, da sie klären werden, in welchem Ausmaße und bei welchen Aspekten, wenn überhaupt, der Spracherwerb autistischer Kinder beeinträchtigt ist. Je schwerer retardiert die Kinder allgemein sind, desto stärker dürften erwartungsgemäß auch ihre sprachlichen Fähigkeiten beeinträchtigt sein. Das ist etwas anderes als eine spezifische linguistische Beeinträchtigung, die neben oder über dem hinaus bestehen kann, was man aufgrund des jeweiligen allgemeinen Entwicklungsstandes erwarten könnte.[6,7] Die Häufigkeit solcher zusätzlicher, spezifischer Beeinträchtigungen bei Autismus ist bis jetzt unbekannt. Falls Tager-Flusbergs Ergebnisse und ähnliche, noch ausstehende Befunde anderer Autoren sich bestätigen, könnte sich herausstellen, daß sie weit weniger häufig sind als angenommen.

Stumme autistische Kinder können unter phonetischer, syntaktischer und semantischer Behinderung leiden oder auch nicht. Es ist schwierig, ihre linguistische Kompetenz zu beurteilen. Manchmal stellt sich zufällig heraus, daß ein überraschendes Kompetenzniveau besteht. Das war zum Beispiel der Fall bei einem jungen Manne, der sich niemals sprachlich geäußert hatte, bis er die Gelegenheit zur Kommunikation per Computer bekam, die er sofort und sehr effizient nutzte. Auch gibt es Kinder, die nie sprechen, doch bei sehr seltenen Gelegenheiten einen ganzen Satz von sich geben, und Kinder, die nur nachplappern, doch fast nie spontan sprechen. In all diesen Fällen ist es angemessener, von einer schweren Kommunikationsbehinderung als von einer Sprachbehinderung zu sprechen.

Verzögerungen des Spracherwerbes können ebenfalls auf eine linguistische Grundbehinderung hinweisen oder auch nicht. Probleme beim Spracherwerb können durchaus auf Kommunikationsschwierigkeiten zurückgehen. Der normale Spracherwerb wird zweifellos von dem angeborenen Wunsche zu zweckgerichteter Verständigung vorangetrieben. Wenn dieses Bedürfnis bei autistischen Kindern schwach ausgeprägt ist, kann dies den Spracherwerb genauso schwer beeinträchtigen wie beispielsweise Gehörlosigkeit.

Wie es normal entwickelten Kleinkindern gelingt, sich die um sie herum gesprochene Sprache anzueignen, ist immer noch ein großes Rätsel. Neue Wörter werden leicht gelernt, wenn sie „relevanten" Gegenständen zugeordnet werden können. Wenn normale Kinder bereit sind, das Wort für „Kuchen" zu lernen, nehmen sie die Bedeutung in einer Situation auf, wo sich das allgemeine Interesse auf Kuchen richtet. Dann wird das Wort im richtigen Augenblick geäußert und verstanden. Auf diese Weise lernt ein Kind, den Kuchen nicht irrtümlich „Rosine" oder „gelb" oder „hör auf" zu nennen. Autistische Kinder dagegen verpassen Situationen, in denen sich eine Person einem relevanten Gegenstand zuwendet, die das richtige Wort im richtigen Moment ausspricht. Wenn das zutrifft, so bedeutet es, daß autistische Kinder weniger Gelegenheiten zum Lernen haben. Es würde auch bedeuten, daß sie Wörter oder Wendungen lernen, die jemand äußert, ohne sie mit dem Ereignis verknüpfen zu wollen, mit dem sie das Kind dann verknüpft. So ist begreiflich, daß sie tatsächlich lernen, das Wort „Rosine" für Kuchen zu gebrauchen. Dies ist eine Erklärung für die Idiosynkrasien, die in der Sprache autistischer Kinder häufig festgestellt wurden.

Wenn sich die Verzögerung des Spracherwerbes als Folge eines Scheiterns der Kommunikation statt als spezifisches, linguistisches Problem erklären läßt, was gilt dann für die Spracheigentümlichkeiten, die auch bei autistischen Personen mit guter grammatikalischer Kompetenz vorkommen? Die typischsten sind die Echolalie, die metaphorische Sprache und die Vertauschung der Pronomen „ich" und „du". Diese Eigenheiten stellte schon Kanner fest, und sie gehören zu den am zuverlässigsten beobachteten Verhaltensmerkmalen des Autismus. Wir werden jede einzeln betrachten, um herauszufinden, was sie über die Beziehung von Sprache und Kommunikation bei Autismus aussagen.

„Sag guten Tag, Bob" – „Sag guten Tag, Bob."

Unter den charakteristischsten Verhaltensauffälligkeiten autistischer Kinder ist das papageienhafte, echoartige Nachplappern (daher Echolalie). Mindestens drei Viertel aller sprechenden autistischen Kinder zeigen dieses auffällige Phänomen. Als Symptom findet es sich auch bei anderen Krankheitsbildern mit Gehirnauffälligkeiten wie angeborener oder erworbener Aphasie oder Demenz. Sie taucht auch in der Sprache normal entwickelter Kinder auf, jedoch nur in sehr frühem Alter.

Die Fähigkeit, kurze oder lange Sprachfragmente nachzusprechen, setzt ein hohes Niveau der Verarbeitung phonetischer und prosodischer Aspekte der Sprache sowohl als Input als auch als Output voraus. Sie erfordert es, die Aufmerksamkeit allein der Sprache zuwenden zu können, im Gegensatz zu anderen Geräuschen in der Umwelt, die vielleicht zugleich im Hintergrund zu hören sind. Ein Nachahmen nichtsprachlicher Geräusche wird bei autistischen Kindern normalerweise nicht erwähnt.

Welche Sprachfragmente werden am wahrscheinlichsten nachgeplappert? Beobachtungen legen nahe, daß direkt an das Kind und nicht an andere gerichtete Worte wiederholt werden. Bei Gedächtnisexperimenten stellte ich fest, daß zufällige Wortfolgen genauso leicht wiederholt wurden wie sinnvolle Sätze. Andererseits war es sehr schwer, die Kinder zu Wiederholungen einer auf Band aufgezeichneten Stimme zu bringen. Vermutlich lenkt eine reale, sprechende Person die Aufmerksamkeit leichter auf sich als eine unsichtbare, körperlose Stimme. Häufig plappert ein Kind, wenn es ängstlich ist, ermahnende, früher gehörte Worte von Eltern oder Lehrern nach: „Laß' das, Paul." „Du bist doch ein kluger Junge, Gregory." Die Forschung konnte bisher noch nicht klären, in welchem Grade die Kinder Äußerungen beim Nachplappern sofort oder später abwandeln. Wenn kleine, normale Kinder nachplappern, sind Modifikationen sehr verbreitet. Normale Kinder neigen dazu, etwas nachzusprechen, was gerade über ihrer eigenen grammatischen Kompetenz liegt, doch ob das für autistische Kinder auch gilt, wissen wir nicht.

Warum plappern autistische Kinder überhaupt nach? Diese Frage haben Schuler und Prizant ausführlich untersucht und im Überblick behandelt.[8] Trotzdem gibt es noch keine zufriedenstellende Antwort. Die Echolalie bei autistischen Kindern wurde ausführlich wissenschaftlich analysiert, um herauszufinden, welchem kommunikativen Zwecke sie dienen könnte. Zum Beispiel könnte Echolalie bedeuten „Ich verstehe nicht", weil sich das Nachplappern im allgemeinen verstärkt, wenn die Kinder nicht begreifen, was jemand zu ihnen sagt. Manchmal kann man die Echolalie als Bitte interpretieren. „Möchtest du einen Keks" bedeutet „Ja, bitte". In vielen Fällen jedoch kann man nicht ausschließen, daß die Echolalie nur stereotypes Verhalten ist und nicht von einer Kommunikationsabsicht getragen wird.

Sollte man das Nachplappern unterbinden? Es gibt keinen Anlaß, es als gut oder schlecht zu betrachten; daher sind die Praktiker geteilter Meinung. Manche halten es für ungünstig, weil sich die Echolalie sowohl in der normalen Sprachentwicklung als auch bei pathologischen Fällen zurückbildet, wenn die Sprache sich verbessert. Das ist auch bei autistischen Kindern der Fall. Die Kinder, die am meisten nachplappern, sprechen offenbar kaum spontan. Trotzdem zeigen uns derartige Beobachtungen nicht, was Ursache und was Wirkung ist.

Die bahnbrechenden Gedächtnisexperimente von Beate Hermelin und Neil O'Connor, die wir in Kapitel 7 besprochen haben, führen uns in der Tat immer noch am besten zu einer Interpretation der Echolalie. Danach scheint die

Echolalie ein auffälliger Ausdruck der Distanz zwischen den peripheren Verarbeitungssystemen und einem zentralen „Sinnsystem" zu sein. Das autistische Kind nimmt selektiv Sprache auf und übersetzt gehörte Sprache wirksam in gesprochene Sprache. Jedoch scheint diese Verarbeitung das zentrale Denken gewissermaßen zu umgehen. Die Echolalie beweist, daß die Endprodukte einer hochentwickelten Informationsverarbeitung zu Abfallprodukten werden können, weil sie nicht von noch höher entwickelten Prozessen interpretiert werden. Obwohl sie perfekte phonetische, prosodische und syntaktische Einheiten darstellen, werden diese Produkte nicht in eine globale Bedeutung integriert. Statt Zuflüsse zu einem mächtigen Strom zu werden, versickern sie im Sand.

Das Phänomen der Echolalie liegt nicht außerhalb der gewöhnlichen Erfahrung: Jeder verliert einmal den Faden, wenn er müde oder abgelenkt ist. In diesem Fall „ertappt" man sich normalerweise dabei, wie man den zuletzt gehörten Satz still für sich wiederholt, ohne ihn zu verstehen. Es ist, als befände sich der Satz in einer Warteschleife, bis er entschlüsselt werden kann. Zum Nachsprechen einer Botschaft braucht man Energie, doch zum Verstehen der Botschaft ist noch mehr Energie nötig.

Der Gegensatz, den wir betrachtet haben, ist der zwischen dem völligen Verstehen einer Mitteilung und dem einfachen Übermitteln. Viele autistische Kinder, die Sprache nicht völlig verstehen, sind nichtsdestotrotz eindeutig fähig, Sprache aufzunehmen und sich sprachlich auszudrücken. Sie lassen reine Mitteilungen korrekt hinein und hinaus, suchen jedoch offenbar nicht zuerst nach dem *Grund*, aus dem heraus die Botschaften übermittelt werden. Ein Beispiel ist „Sag guten Tag, Bob" – und Bob sagt „Sag guten Tag, Bob". Bob interpretiert die Äußerung nicht, sonst hätte er sie nicht wörtlich wiederholt. Um die Äußerung zu interpretieren, muß der vergangene und gegenwärtige Kontext der Mitteilung betrachtet werden, nicht nur die Mitteilung selbst. Nur wenn das geschieht, steht der Weg für ein umfassenderes Verständnis offen (zum Beispiel: Sie möchte, daß ich freundlich zu Herrn Fox bin, also soll ich „Guten Tag, Herr Fox" sagen). Wenn das autistische Kind nur kleine Informationsbruchstücke beachtet statt eines global kohärenten Informationsmusters, dann fällt ihm diese Aufgabe sehr schwer. Schließt eine schwache zentrale Kohärenz möglicherweise die Fähigkeit aus, die tieferen, intentionalen Aspekte der Kommunikation zu berücksichtigen? Die Echolalie würde sich sehr gut in diese Hypothese einfügen. Können wir andere typische Merkmale der autistischen Sprache in derselben Weise erklären?

„Peter, Peter, pumpkin eater"

Ein besonders seltsames Phänomen des Sprachgebrauches autistischer Kinder wird seit Kanner mit dem Ausdruck „metaphorische Sprache" bezeichnet.[9] Das ist eine äußerst unglückliche Bezeichnung, die weder etwas damit zu tun hat, wie der Laie dieses Wort verwendet, noch damit, wie es der Linguist gebraucht. Wir benötigen ein Beispiel, um zu verdeutlichen, was Kanner damit meint. Paul, ein autistischer Junge, war zwei Jahre alt, als seine Mutter ihm immer den englischen Kindervers *„Peter, Peter, pumpkin eater"* vorsprach. Eines Tages arbeitete sie dabei in der Küche und ließ plötzlich eine Kasserolle fallen. Von diesem Tag an sang Paul *„Peter eater"*, immer wenn er etwas sah, das einer Kasserolle ähnelte.

Die Anekdote bietet ein perfektes Beispiel für verbales Assoziationslernen; mit dieser Lernform wollte man ursprünglich den Spracherwerb normaler Kinder erklären. Wir wissen heute, daß dieses Lernen für kleine, normal entwikkelte Kinder nicht typisch ist. Es dürfte auch kaum typisch für den Spracherwerb autistischer Kinder sein, und in welchem Umfang ihn dieses Prinzip steuert, ist bis jetzt unbekannt.

Kanner formulierte 1946 lakonisch: „Die (metaphorische) Bemerkung des Kindes ist für keine Art des verbalen oder anderen situationsbezogenen Austausches ‚relevant'." Es ist daher weniger verwirrend, wenn man den Ausdruck *idiosynkratische Bemerkungen* verwendet. Diese Bemerkungen sind bizarr, weil sie auf einzelnen, ganz privaten Assoziationen beruhen und sich nicht auf umfassendere Erfahrungen beziehen, die *sowohl* dem Sprecher *als auch* dem Zuhörer zugänglich sind.

Um idiosynkratische Sprache zu verstehen, muß man häufig besondere Detektivarbeit leisten. Herauszufinden, warum und wie ein autistisches Kind bestimmte, idiosynkratische Ausdrücke verwendet, ist ein fesselndes Spiel. Nehmen wir ein Beispiel aus den Wortschatz von Jay, einem bildungsfähigen autistischen Manne, der Elektroniker wurde. Er verwendet durchgängig den Ausdruck „die Altersgruppe der Schwesternschülerinnen", wenn er die letzten Jahre der Adoleszenz meint. Warum Schwesternschülerinnen? Auf diese Frage schrieb er:

> „Ich weiß, daß es für die Altersgruppe von 17 bis 21 Jahren einen andere Bezeichnung als ‚Schwesternschülerinnen' gibt, weil sich diese auf bestimmte Leute bezieht. Herr T., mein Elektroniklehrer bei VGRS könnte die Altersgruppe von 17 bis 21 Jahren die American Television Electronics School- oder ATES-Altersgruppe nennen, weil die meisten Schüler der ATES zu dieser Altersgruppe gehören, wie die meisten Schwesternschülerinnen."

Dieser Kommentar ist bemerkenswert, weil er für ein Wissen um den Standpunkt anderer spricht, ohne daß die Konsequenz gezogen würde, daß es sich um gemeinsame Standpunkte handelt, die eine zweiseitige Kommunikation ermöglichen würden. Jay ist es gleichgültig, welche Bezeichnung die meisten Menschen benutzen würden, geschweige denn, ob sie aus der Altersgruppe der 17- bis 21jährigen eine eigene Kategorie machen würden.

Echte metaphorische – im Gegensatz zu idiosynkratischen – Bemerkungen sind anderen Menschen aufgrund gemeinsamer Erfahrungen zugänglich. Beispielsweise kann man sagen, daß einem der Arm „eingeschlafen" ist. Manchmal sind solche Bemerkungen höchst originell. Zahlreiche Beispiele finden sich nicht nur in der Literatur, sondern auch im Alltag. Beispielsweise beschrieb ein normales, vierjähriges Kind seinen Arm als „prickelig". Das wurde sofort verstanden.

Es bleibt charakteristisch für autistische Kinder, daß sie die bizarren, idiosynkratischen Ausdrücke weiterverwenden; normal entwickelte Kinder, Kinder mit einer spezifischen Sprachbehinderung oder geistig behinderte Kinder tun das nicht. Diese Eigentümlichkeit kann man als Teil eines umfassenderen Kommunikationsversagens sehen: Idiosynkratische Sprache spricht für fehlendes Interesse oder Bedürfnis, mit dem Hörer einen größeren Interaktionskontext zu schaffen, an dem beide aktiv beteiligt sind. Sie spricht auch dafür, daß das Verständnis des Hörers nicht eingeschätzt werden kann. In diesem Sinne bleibt die übermittelte Information ein vereinzeltes, in sich geschlossenes Stück, das nicht zu einem umfassenden, kohärenten Muster gehört.

Ich und du und du und ich

Wenn ein autistisches Kind „ich" durch „du" ersetzt und „du" durch „ich", verblüfft das jeden Beobachter, so grundlegend wirkt dieser Fehler. Kein Wunder, daß dem Phänomen tiefere Bedeutung zugeschrieben wurde! Man hat damit Spekulationen gestützt, autistische Kinder seien tief verwirrt über ihre eigene Identität. Es wurde sogar geltend gemacht, daß das Kind die Pronomen ich, mich, mir und mein aktiv vermeide. Gründliche Untersuchungen lassen keinen Zweifel, daß derartige phantasievolle Spekulationen ins Reich der Märchen über den Autismus gehören und nichts mit der Realität zu tun haben.

Was tatsächlich geschieht, wenn ein autistisches Kind Pronomen vertauscht, ist zugleich einfach und kompliziert zu erklären. Einfach erklären läßt sich das verzögerte Nachplappern einer Äußerung, die mit einer ähnlichen Situation assoziiert ist.[10] Zum Beispiel: Der Junge, der sagte: „Möchtest du einen Keks?" sprach einen Satz nach, den ein Erwachsener häufig benutzte, wenn er ihm einen Keks gab. Der Junge hatte gelernt, diesen Satz mit dem Ereignis zu verknüpfen, ohne gelernt zu haben, was der Satz bedeutet.

Der komplizierte Teil der Analyse von Pronomenfehlern hat mit der sogenannten deiktischen (oder hinweisenden) Funktion von Personalpronomen zu tun. Das bedeutet, daß ihr Gebrauch davon abhängt, wer Sprecher und wer Hörer ist. Sogar in der normalen Sprachentwicklung sind Fehler in diesem Bereich zumindest bis zu einem Alter von fünf Jahren verbreitet. Die begangenen Fehler werden von den Hörern häufig „herausredigiert", weil man selbstverständlich davon ausgeht, daß das Kind nicht wirklich verwechselt, wer wer ist. Befunde aus Experimenten und Beobachtungen zeigen auch, daß bei autistischen Kindern keine Verwirrung über die eigene physische Identität und die anderer herrscht. Eine noch nicht abgeschlossene Studie von Rita Jordan weist darauf hin, daß sie Namen fast immer richtig verwenden. Jedoch neigen sie dazu, Eigennamen zu gebrauchen, wo ihre nichtautistischen Altersgenossen Pronomen benutzen.

Eine Interpretation dieser Ergebnisse, die mit unseren früheren Interpretationen übereinstimmen würde, lautet, daß autistische Kinder nur einem Drang nach lokaler, nicht aber globaler Kohärenz unterliegen. Sie ziehen nur eine sehr begrenzte Informationsmenge auf einmal zusammen. Normale Kinder dagegen berücksichtigen eine viel größere Informationsmenge. Sie verstehen, wie Pronomen sich auf zuvor benutzte oder allseits verstandene Nomen beziehen. Sie wählen daher Namen oder Pronomen, was eben besser in den Diskurszusammenhang paßt.[11]

Normalerweise behalten wir die Bedeutung einer Äußerung sowohl vom Standpunkt des Sprechers als auch dem des Hörers immer im Auge. Doch das ist nicht alles. Wessen Standpunkt in einem bestimmten Falle eingenommen wird, ist Gegenstand sozialen Aushandelns. Autistische Kinder haben Schwierigkeiten mit den Feinheiten der Würdigung sozialer Rollen. Es überrascht daher nicht, daß solche Kinder Personalpronomen „verwechseln" oder überhaupt nicht gebrauchen, auch dann nicht, wenn sie nicht nachplappern.

Aus ähnlichen Gründen haben autistische Kinder Schwierigkeiten mit den Zeitformen. Das ist kein grammatisches Problem, sondern sie wissen nicht, wann sie welche Zeit benutzen müssen. Normalerweise lösen wir diese Frage, indem wir uns auf den übergeordneten Kontext beziehen, in den die Äußerung eingebettet ist. Dasselbe gilt für Wörter wie dies und jenes, hier und dort, kommen und gehen. Auf der Grundlage unserer Diskussion in den vorangegangenen Kapiteln erwarten wir, daß es autistischen Kindern schwerfällt, derartige Relationsausdrücke angemessen zu verwenden. Ohne ein starkes Bedürfnis nach zentraler Kohärenz ist die Fähigkeit, den übergeordneten Kontext zu verwenden, schwach entwickelt.

Die Schwierigkeiten mit den Pronomen und relativen Ausdrücken für Zeit und Raum, das Weiterbestehen idiosynkratischer Bemerkungen und die durchgängige Echolalie sind Phänomene, die wie die Spitze eines riesigen Eisberges wirken. Der Eisberg ist das Verkennen umfassenderer Bedeutung einschließlich der Intentionen des Sprechers. Demnach kann man das typischste Merkmal der autistischen Sprache als Folge, nicht als Ursache eines spezifischen Kommunikationsversagens erklären. Wieweit können sich angesichts dieses Eisberges linguistische Fähigkeiten entwickeln?

Wie gut kann sich die Sprache bei autistischen Menschen entwickeln?

Zahlreiche Befunde beweisen, daß die Sprachentwicklung *retardierter*, autistischer Kinder verzögert verläuft. Das ist natürlich nicht unerwartet. Das gilt auch für geistig behinderte Kinder, die nicht autistisch sind. Überraschenderweise lernt jedoch ein nicht unbeträchtlicher Anteil der geistig behinderten, autistischen Kinder lesen. Sie lesen laut mit ausgezeichneter Phonetik, und sie können unvollständige Sätze grammatikalisch richtig ergänzen.

Maggie Snowling und ich untersuchten die phonetische und syntaktische Kompetenz dieser hervorragenden Leser.[12] Mit einem standardisierten Test der grammatikalischen Kompetenz fanden wir heraus, daß ihre Leistungen genausogut waren wie die nichtautistischer Kinder desselben geistigen Alters. Auch stellten wir fest, daß sie zu sehr feinen syntaktischen Unterscheidungen fähig sind. Wenn sie beispielsweise Sätze wie: „One yellow *bippis* is enough for me" (Ein gelbes *bippis* genügt mir) und „Seven little *bippis* had a boat" (Sieben kleine *bippis* hatten ein Boot) laut lasen, paßten sie ganz unbewußt ihre Phonetik an, je nachdem ob das Wort „*bippis*" (das kein reguläres Wort aus dem englischen Wortschatz ist, aber an das englische Wort *bip* = Lätzchen und an *bipod* = Zweifüßer erinnert) im Singular oder Plural vorkam. Das Endungs-s wird gesprochen, wenn es einen Plural bedeutet, im Singular dagegen nicht. Ebenso unterscheiden wir im Englischen „peas" (Erbsen) und „peace" (Frieden).

Wenn wir dagegen unsere autistischen, flüssig lesenden Kinder aufforderten, die fehlenden Wörter in einer Geschichte zu raten oder unsinnige Wörter, die wir einfügten, herauszufinden, dann versagten sie im Vergleich zur Kontrollgruppe deutlich. Bei einem Sachtext über ein Naturthema zuckten sie nicht mit der Wimper, als sie zu folgendem Satz kamen: „Der Igel konnte den Duft der *elektrischen* Blumen riechen." Mit dem Satz: „Dort tauchte im Zwielicht ein junger – auf" konnten sie nichts anfangen, obwohl sich aus dem Kontext eindeutig ergab, daß das fehlende Wort „Biber" lautete. Sie setzten beispielsweise durchaus das Wort „Hengst" ein. Im lokalen Sinne des Satzes für sich genommen war das durchaus richtig, doch nicht im globalen Zusammenhang des Textes.

Zur *semantischen* Kompetenz autistischer, geistig nichtbehinderter Individuen liegen wenig Untersuchungen vor. Fast sicher scheint, daß es außergewöhnliche autistische Menschen ohne jede merkliche semantische Behinderung gibt, insbesondere wenn sich die Themen auf ihr Interessensgebiet beziehen. Diese Ansicht gründet darauf, daß es einige makellose schriftstellerische Arbeiten von begabten autistischen Menschen gibt. Eine davon ist die Autobiographie der bemerkenswerten Temple Grandin.[13] Diese außerordentlich sprachgewandte junge Frau kann wahrlich für sich selbst sprechen:

> „Ich bin beruflich erfolgreich. Ich reise durch die ganzen Vereinigten Staaten, ganz Europa, Kanada und Australien und konstruiere Anlagen zur Viehhaltung für Viehfarmen, Mastbetriebe und Schlachthöfe. Aufgrund meiner Erfahrung kann ich mich in die Tiere einfühlen, die die Anlagen durchlaufen, und sie so besser konstruieren. Zum Beispiel baue ich die Treibgänge und Pferche rund. Der Grund dafür ist, daß Rinder einem gebogenen Weg leichter folgen. Dafür gibt es zwei Gründe: Erstens können die Tiere nicht sehen, was am anderen Ende ist, und bekommen so keine Angst, und zweitens nutzt die gebogene Anlage das natürliche Verhalten der Tiere aus. Das Prinzip ist, mit dem

Verhalten des Tieres zu arbeiten statt dagegen. Ich glaube, dasselbe Prinzip gilt für autistische Kinder – mit ihnen arbeiten statt gegen sie."

Einem derartig kompetenten und klaren Text kann man kaum etwas hinzufügen. Man muß zugeben, daß Temple Grandin in dieser Hinsicht einzigartig ist.

Diejenigen, die engen Kontakt zu nichtbehinderten und ausdrucksfähigen autistischen Menschen haben, merken oft, daß an deren Sprechweise etwas nicht stimmt, doch daß kaum festzumachen ist was. Ein aufschlußreiches Beispiel liefert einer der zahlreichen Briefe, die Margaret Dewey von Jay erhielt (demselben jungen Manne, der den Ausdruck „Altersgruppe der Schwesternschülerinnen" prägte). In dem folgenden Auszug analysiert er mit bemerkenswerter Einsicht, wie er mit Bedeutungsnuancen zu kämpfen hat.

„Ich frage mich, ob Jacks Stimme immer noch weinerlich klingt oder nicht. Meine Stimme klingt nicht weinerlich, aber sie tat es, als ich in H. war. Ich erzählte Ihnen das letzten Juni auch. Meine Schwester Wanda benutzte das Wort weinerlich anfangs, wenn sie eine nasale Stimme meinte. Warum? Ich weiß es nicht. Sie tat das zwei Monate nach ihrem High School-Abschluß. Ich habe sie kopiert. Das Wort weinerlich für eine nasale Stimme zu verwenden, ist genau das, was ein autistisches Kind tun würde. Der Ausdruck ‚weinerliche Stimmen' wird im geselligen Kreis nicht benutzt. Er ist ziemlich grob und kränkend, wie wenn man Farbige ‚Nigger' nennt. Wenn eine Person von einem Jungen oder Mädchen spricht, deren Stimmen weinerlich klingen, sagt sie immer: ‚Die Stimme dieses Jungen oder Mädchens ist nasal', was auch stimmt. Ich muß mich entschuldigen, daß ich weinerliche Stimmen in diesem Brief verwendet habe. Ich hätte statt dessen nasale Stimmen verwenden sollen. Offenbar kriege ich weinerliche Stimmen einfach nicht aus meinem Kopf heraus."

Der Schreiber beschäftigt sich übermäßig, wenn nicht sogar zwanghaft mit der genauen Bedeutung der Wendung „weinerliche Stimme". Für ihn bezieht sie sich auf die genaue sensorische Qualität, ein reines Wahrnehmungs- oder Verhaltensphänomen. Die Bedeutung geht jedoch eindeutig darüber hinaus. Dieser „Überschuß" ist nur verständlich, wenn man den Grund erwägt, aus dem eine Person den Ausdruck zuerst verwendet. Die Antwort steht in keinem Wörterbuch: Sie liegt im Bereich der Intention. Vielleicht will sich der Sprecher über den Klang der Stimme beklagen. Jay schließt ganz richtig, daß „weinerlich" ein abwertender Ausdruck ist, doch er weiß nicht, wann und wie er ihn benutzen soll. Was ihm also entgeht, sind Bedeutungs*nuancen*. Menschen, die Erfahrungen mit höher entwickelter autistischer Sprache haben, klagen verbreitet über die Tendenz zu starren Schwarz-Weiß-Kategorien. Der Vergleich zwischen „weinerlicher Stimme" und „Nigger" ist merkwürdig übertrieben, während hinsichtlich der sozialen Angemessenheit vielleicht kein Unterschied zwischen weinerlich und nasal besteht. Die Unterschiede und Ähnlichkeiten sind nicht kategorisch, da sie tatsächlich von den Umständen abhängen. Obwohl Jay viel über dieses Problem nachdachte, fiel ihm nicht ein, daß es vielleicht sozial nicht angemessen sein könnte, Stimmfärbungen überhaupt zu kommentieren.

Unterschwellig wissen wir alle, daß dieselben Worte, wenn sie mit unterschiedlichen Kommunikationsabsichten geäußert werden, die Bedeutung ändern. Ein gutes Beispiel dafür ist die Ironie. Für autistische Menschen ändert sich die wortwörtliche Bedeutung in einem ironischen Kontext nicht. Dabei bleiben die Wörter selbst gleich, genau wie in dem Test mit den eingebetteten Figuren die verborgenen Details gleich bleiben. In beiden Fällen neigen autistische Menschen mehr dazu, die Details zu sehen „wie sie sind", unbeeinflußt durch den übergreifenden Kontext.

Biographischen Berichten zufolge ist Ironie für autistische Menschen extrem schwer zu meistern. Die Fähigkeit, mit Nuancen umzugehen, ist jedoch kein Luxus, an dem nur ein paar hochgebildete Leute teilhaben. Sie ist allen normalen Sprachbenutzern vertraut. Natürlich ist diese Fähigkeit je nach sozialer und kultureller Erfahrung und Übung unterschiedlich ausgeprägt. Hier zählt jedoch nur die geistige Kapazität, die das Erlernen von Bedeutungsnuancen möglich, wenn nicht sogar unvermeidlich macht. Ein autistischer Mensch ist behindert, weil diese Kapazität begrenzt ist, und kann daher nur unter großen Anstrengungen lernen, subtile oder wechselnde Bedeutungen zu erkennen.

Die Verwendung der Sprache in der Kommunikation

Kehren wir zurück zu dem Gespräch mit Ruth. Ruth verfügte über einen guten Wortschatz und ausgezeichnete Grammatik und las hervorragend. Trotzdem war sie eine miserable Konversationspartnerin. Geringe sprachliche Fähigkeiten sind nicht der Grund für diese Unfähigkeit zur Konversation. Nichts illustriert die Wahrheit dieser Aussage besser als die Tatsache, daß manche autistischen Erwachsenen in typischer Weise auf syntaktischer und phonetischer Genauigkeit bestehen. „Er spricht, als ob er Ausländer wäre" oder „er nimmt alles wörtlich" lauten die üblichen spontanen Urteile über autistische Gesprächspartner. Dagegen sind in der gewöhnlichen Unterhaltung idiomatische und grammatikalisch nachlässige Sprache an der Tagesordnung. Die Hörer bemerken die Fehler oft gar nicht.

Bis jetzt liegen erst wenige Studien zur Gesprächskompetenz autistischer Menschen vor.[14] Diejenigen von Baltaxe stellen gewissermaßen einen Meilenstein dar.[15] Die Autorin belegte zum Beispiel, daß deutschsprachige, autistische Jugendliche die Höflichkeitsform und die Form der vertrauten Anrede (Sie und du) verwechseln, weil sie soziale Rollen nicht beachten. Sie wies eine Reihe weiterer, subtiler Probleme bei der Sprachverwendung nach, die die Wechselrede und die Unterscheidung neuer von alter Information betreffen. Dies stellen alle neueren Übersichten heraus.

Wenn eine autistische Person ein neues Thema in die Unterhaltung einführt, kennzeichnet sie dieses vielleicht nicht als neu. Andererseits sagen sprachlich

sehr fähige autistische Menschen Beobachtungen zufolge häufig „übrigens
...“, „wo wir gerade davon reden ...“, „also jedenfalls ...“, wenn sie eigentlich *kein* neues Thema anschneiden. Sie haben eine Floskel gelernt, ohne sie
ganz zu verstehen. Es ist notwendig, ziemlich große Informationsmengen zusammenzuziehen, um zu wissen, wann es angemessen ist, ein Thema als neu
zu kennzeichnen. Genau darin besteht möglicherweise das Problem, und es ist
nicht dadurch zu überwinden, daß man „Eröffnungszüge“ für die Konversation lernt.

Bei der Betrachtung der Gesprächskompetenz sind die prosodischen Sprach-
merkmale genausowichtig wie der Inhalt. Wir meinen hier die Intonation,
Tonhöhe, Sprechgeschwindigkeit, Flüssigkeit und Wortbetonung im Dienste
der Kommunikation. Bis jetzt existieren erst wenige Untersuchungen mit normal entwickelten Kindern auf diesem Gebiet, ganz zu schweigen von retardierten oder autistischen Kindern. Sogar gut angepaßte autistische Menschen erweisen sich mit diesen Kommunikationswerkzeugen relativ inkompetent. Ihre
Stimme kann zum Beispiel vom Flüstertone plötzlich zu großer Lautstärke
wechseln, von niedriger zu hoher Stimme. Als ob sie nicht beurteilen könnten,
welche Lautstärke nötig ist, um den Hörer zu erreichen, sprechen sie manchmal zu laut und manchmal zu leise. Die Geschwindigkeit kann ein ähnliches
Problem darstellen. „Wenn ich ihn nur dazu bringen könnte, langsamer zu
sprechen, dann verstünden ihn die Leute vielleicht,“ sagte kürzlich eine Mutter
zu mir. Bei anderen autistischen Menschen liegt das Problem in einem völligen
Fehlen von Variationen, was als Singsang oder monotones, pedantisches Sprechen erlebt wird. Dagegen formuliert manchmal eine scheinbar schön modu-
lierte Stimme eine unsinnige Bemerkung oder einen monoton wiederholten
Satz. All das spricht dafür, daß die Probleme nicht in fehlender Steuerung
wurzeln, sondern in dem fehlenden Wissen, wann und wo gesteuert werden
soll.

Durchgängig ist der Gebrauch der Betonung betroffen. Die Hauptsatzbeto-
nung markiert die Unterscheidung zwischen Schlüsselwörtern und Funktions-
wörtern. „Der *Vater* hielt seinen *Sohn*.“ Heraushebende Betonung dagegen
markiert pragmatische Unterscheidungen. „Der Vater hielt *seinen* Sohn (nicht
ihren).“ Hier haben autistische Menschen besondere Schwierigkeiten.[16] Das
erhärtet, daß der Gebrauch prosodischer Merkmale zum Zwecke der Konversation beeinträchtigt ist, nicht aber die Wahrnehmung oder die Ausführung.
Das Versagen bei der Konversation kann als Folge derselben tieferen Störung,
desselben Eisberges, der alle besprochenen Eigentümlichkeiten erklärt, interpretiert werden. Worin besteht diese Störung?

Information übermitteln und kommunizieren

Die Kommunikationsstörung beim Autismus ist zugleich grob und subtil. Man kann sich das am besten erklären, wenn man sich vor Augen hält, daß es zwei Arten von Kommunikation gibt. Die eine hat bei normalen Individuen die höchste Priorität und den herausgehobenen Status der gänzlich von Intentionen bestimmten Kommunikation. Sie bezieht Information auf psychische Zustände und bewertet übermittelte Information. Die andere dient zur Übermittlung reiner Mitteilungen. Diese zweite Art ist in dem Gespräch mit Ruth klar zu beobachten, die erste scheint dagegen völlig zu fehlen.

Getreue Übermittlung von Information ist keine triviale Leistung. Sie setzt genaues Enkodieren und Dekodieren beim Input und beim Output voraus. Genau das macht Ruth; Kinder, die Echolalie zeigen, auch. Nichtsdestotrotz erwartet man bei der Alltagskommunikation kaum, daß ein Hörer eine bloße Botschaft empfangen und dann als genaue Kopie weitergeben muß. Im Gegenteil setzt man bei den Hörern das Wissen voraus, daß Mitteilungen nicht bloße Information sind, sondern gewöhnlich noch etwas anderes enthalten. Wichtig ist in der alltäglichen Kommunikation eher die Absicht der Mitteilung als die Mitteilung selbst. Mit anderen Worten, als Hörer müssen wir wissen, *warum* der Sprecher *diesen* Gedanken (und keinen anderen) mitteilt, und als Sprecher müssen wir sicher sein, daß wir so verstanden werden, wie wir verstanden werden *wollen*. Wir haben differenzierte verbale und nonverbale Signale, um diese Absichten zu übermitteln.

Die beiden Seiten der intentionalen Kommunikation passen wie Schlüssel und Schloß zu Dan Sperbers und Deirdre Wilsons brillanter und innovativer Theorie der Relevanz.[17] Diese Theorie, die zu erklären versucht, wie das Verstehen möglich ist, eignet sich hervorragend für eine psychologische Erklärung des Kommunikationsversagens beim Autismus.

Ein Beispiel soll die beiden Arten der Kommunikation verdeutlichen. Stellen wir uns eine Rangelei zwischen zwei Geschöpfen vor, wie sie Abbildung 8.2 darstellt. „Crinkley schubst Snakey" ist eine bloße Mitteilung, die den Inhalt der Zeichnung übermittelt. Im gewöhnlichen Unterhaltungsfluß bildet diese Mitteilung nur eine der möglichen Weisen, über das Bild zu reden. Was konkret geäußert wird, hängt vom Kontext ab. Es hängt davon ab, was der Sprecher erwartet, daß der Hörer versteht. Obwohl sie richtig ist, kann die Beschreibung „Crinkley schubst Snakey" eine völlig unangemessene (kindische? pedantische?) Äußerung darstellen. Die verschiedenen Äußerungen in den Sprechblasen übermitteln mehr als der Inhalt des Bildes. In jedem Falle enthalten sie *Überraschung* darüber, daß Crinkley Snakey schubst. Doch jede Äußerung vermittelt die Überraschung auf andere Weise. Während sie jeweils den psychischen Zustand des Sprechers enthüllt, verleiht jede Äußerung der reinen Mitteilung verschiedene Bedeutungsnuancen. Normalerweise legen wir alle möglichen Bewertungen in unsere Äußerungen hinein und enthüllen oder verbergen alle möglichen psychischen Zustände. In der Tat können Äußerun-

8.2

gen etwas über den Grund verraten, aus dem jemand überhaupt mit jemand anderem spricht. Darüber hinaus achten wir permanent auf Aspekte von Äußerungen, die nichts mit ihrem Inhalt zu tun haben, sondern mit der Intention des Sprechers. Sperber und Wilson zufolge würde eine echte Kommunikation ohne diese spezielle Aufmerksamkeit gar nicht funktionieren. Wirklich sind in gewöhnlichen Unterhaltungen reine Mitteilungen (bei denen nur der Inhalt zählt) so selten, daß sie häufig im Sinne eines verborgenen kommunikativen Zweckes interpretiert werden, auch wenn gar keiner da ist. In Abbildung 8.3 ist das der Fall. Weil der normale Sprachbenutzer gewohnheitsmäßig auf eine Intention des Sprechers eingestellt ist, wird die autistische Sprache in einer Weise überinterpretiert wie die telefonische Anfrage in der Zeichnung.

8.3

Das umgekehrte Scheitern verdeutlicht Abbildung 8.1. Hier versagt die Kommunikation, weil nicht zuerst berücksichtigt wird, warum eine Frage gestellt wird. Sie wollte das Salz wirklich haben. Diese Situation erinnert stark an das Unvermögen autistischer Menschen, ähnliche Fragen angemessen zu beantworten.

Normalerweise übermitteln Sprecher nicht einfach *mehr* Information als die in der reinen Mitteilung enthaltene, sondern *bewertete* Information. Dadurch können sie verschiedene Verständnisebenen schaffen, von der absichtlichen Unklarheit der Anspielung bis zur Schärfe und Genauigkeit des treffenden Wortes. Auf diese Weise kann der Sprecher begründen, *warum* er im vorliegenden Kontext eine Äußerung macht, und der Hörer kann die Gründe für diese Äußerung erkennen. Bei einer erfolgreichen Kommunikation werden die Gründe wechselseitig ausgetauscht und verstanden. Da dieses Verstehen allergrößte Wichtigkeit besitzt, ist Redundanz üblich. Nicht nur die Wortwahl, sondern auch die Stimmfärbung und ein ganzes Spektrum nonverbaler Körpersprache kann herangezogen werden. Wir haben Grund zu der Annahme, daß beim Autismus die echte, intentionale Kommunikation im Gegensatz zur Übermittlung bloßer Mitteilungen beeinträchtigt ist. Infolgedessen werden die zahlreichen Werkzeuge, mit denen die Kommunikation sich zu höchster Entfaltung entwickeln kann, nicht beherrscht. Doch daran sind nicht die Werkzeuge schuld.

Es ist überzeugend belegt, daß autistische Menschen mit schnoddriger oder witziger Sprache kaum zurechtkommen und alles wortwörtlich verstehen. Margaret Dewey führte in Amerika eine informelle Untersuchung mit Cartoons aus dem *New Yorker* durch. Sehr begabten und hochgebildeten autistischen Menschen gelang es nicht, sie zu verstehen oder sie lustig zu finden. Die eigenen Äußerungen autistischer Menschen können langatmig und pedantisch sein und enthalten oft vorgefertigte Sätze. Manchmal wirken ihre Kommentare auf andere gestelzt, rüde oder komisch oder auch überhöflich. Ein autistischer junger Mann zum Beispiel sagte: „Darf ich dieser Büchse einen Keks entnehmen?"; angemessener wäre gewesen: „Kann ich einen Keks haben?" Ein anderer junger Mann, der häufig seine Lieblingstante anruft, versäumt nie sich vorzustellen mit: „Hier spricht M. C. Smith, dein Neffe."

Ein letztes Beispiel für die Wechselfälle der beiden Kommunikationsarten – wörtliche und übliche, intentionale – bietet die Filmkomödie *Willkommen, Mr. Chance*.[18] Darin halten etwas leichtgläubige Menschen der sogenannten besseren Kreise einen unschuldigen, geistig behinderten und unzweifelhaft autistischen Helden – gespielt von Peter Sellers – für einen Guru. Sie wissen nichts über ihn, doch sein einfaches und ungekünsteltes Wesen flößt ihnen Ehrfurcht ein. Alles was er sagt (langsam und gemessen) ist eigentlich trivial, lauter Binsenweisheiten. Trotzdem werden sie eifrig entgegengenommen, ausführlich interpretiert und mit tiefer Bedeutung versehen. Bei all dem merkt der Held überhaupt nichts von seiner Wirkung. Die ernste Seite dieser Komödie der Irrungen ist, daß die autistische Wortwörtlichkeit denjenigen den Spiegel

vorhält, die eifrig „intentionalisieren" und aus jeder Mitteilung das herauslesen, was sie hören wollen. Hier macht das Gespür für unterschwellig mitgeteil-
te Intentionen uns einmal alle zum Narren. Natürlich halten wir normalerweise
eher diejenigen für Narren, die nicht über dieses Gespür verfügen.

9. Die Einsamkeit des autistischen Kindes

„Das macht mich alles sehr traurig, weil ich immer älter werde und immer noch niemand kennengelernt habe. Vielleicht könnte jemand, der das liest, Kontakt mit mir aufnehmen. Ich hoffe, daß jemand, der mir etwas Liebe und Zuneigung schenken kann, Kontakt aufnimmt. Das Leben besteht mehr oder weniger aus dauernder Langeweile. Ja, ich glaube, daß ein normaler Mensch es schwierig fände, so zu leben wie ich. Ich glaube, wenn ein normales Mädchen wirklich Interesse an mir hätte, würde ich mich nur um sie kümmern und um kein anderes Mädchen, aber statt dessen rede ich dauernd mit vielen Mädchen, in der Hoffnung, eines zu finden, das sich wirklich für mich interessiert."

Mit diesem Absatz endet Davids 100 Seiten starke Autobiographie, mit deren Hilfe er hofft, eine Gefährtin zu finden. Doch durch was unterscheidet er sich von den Tausenden einsamer Menschen, die ganz ähnliche Sätze hätten schreiben können? Diese Frage müssen wir im Auge behalten, wenn wir den Grund der sozialen Beeinträchtigung beim Autismus verstehen wollen. Wir müssen über die gewöhnliche Betrachtungsweise von zwischenmenschlichen Beziehungen und Kontaktfähigkeit hinausgehen. Wir dürfen nicht nur Gründe für die mangelnde soziale Kompetenz suchen; dieses Problem haben schließlich auch viele Menschen, die nicht autistisch sind.

Nach allgemeiner Übereinstimmung zeigt sich die soziale Unbeholfenheit autistischer Menschen am schlagendsten bei der zweiseitigen Interaktion. Wenn es jedoch um das Wesen der Beeinträchtigung geht, scheiden sich die Geister. Das überrascht nicht, da soziale Kompetenz und Inkompetenz schon bei gewöhnlichen Menschen schwierig zu definieren sind. Das äußere Verhalten ist hier kein brauchbarer Maßstab. Wäre es das, müßten wir denjenigen Menschen eine soziale Behinderung zuschreiben, die nach außen hin wenig Gefühlsregungen zeigen und auf ihre eigenen und auf fremde Gefühle mit der sprichwörtlichen „gerümpften Nase" reagieren. Irrtümlich würden wir andererseits denjenigen, die nur schauspielern, herzliche, gefühlsbetonte Beziehungen unterstellen. Doch wir wissen: Trau, schau wem. Wirklich differenziert entwickelte soziale Kompetenz schließt ein, daß man zwischen Posieren, So-Tun-als-ob und Es-wirklich-ernst-Meinen unterscheiden kann. Sie umfaßt auch die Kunst, ein Einsiedler zu sein, und die Fähigkeit, andere auf Distanz zu halten. Die Einsamkeit des autistischen Kindes ist etwas völlig anderes. Als Wissenschaftler muß man sich ihr mit Bedacht nähern.

Fred Volkmar und seine Kollegen verwendeten die Vineland Adaptive Behaviour Scales an einer großen Stichprobe autistischer und nichtautistischer,

9.1

retardierter Kinder.[1] Ein Vergleich der Punktwerte bei verschiedenen Unterkategorien sozialer Fähigkeiten erwies sich als höchst aufschlußreich. Erstens waren die autistischen Kinder jeden Alters nicht gänzlich sozial desinteressiert oder unansprechbar. Zweitens waren sie nicht in allen Kategorien gleich beeinträchtigt, sondern zeigten ein sehr ungleichmäßiges Muster. Drittens unterschieden sie sich eindeutig von den geistig behinderten nichtautistischen Kindern, die sozial ebenfalls nicht unbeeinträchtigt waren. Die autistischen Kinder wußten auf sich aufzupassen und zeigten gute Leistungen bei einfachen Aufgaben des täglichen Lebens (Verhalten im Straßenverkehr, Körperpflege, Ar-

152

beiten im Haushalt), manchmal sogar bessere als ihre geistigen Altersgenossen. Bei der zwischenmenschlichen Kommunikation jedoch kamen die autistischen Kinder sehr viel schlechter weg. Sie wurden beim Teilen und Zusammenarbeiten, Entschuldigen, Verabredungen treffen und einhalten, Leihen und Zurückgeben, Beherrschen von Impulsen und angemessenem Reagieren auf unterschiedlich vertraute Menschen schlechter beurteilt.

Insbesondere die Fähigkeit autistischer Kinder, auf die emotionalen Reaktionen anderer Menschen einzugehen, wurde von den Betreuern als gering eingestuft, ebenso die Fähigkeit, Gefühle auf verständliche Weise auszudrücken. Die Defizite im Bereiche der zwischenmenschlichen Beziehungen waren so ausgeprägt, daß die autistische Gruppe hier im Durchschnitt vier Jahre unter dem Niveau ihres geistigen Alters lag. Die dokumentierten Behinderungen scheinen auf den ersten Blick nicht aus dem Rahmen zu fallen, von dem Schweregrad einmal abgesehen. Was genau am Sozialverhalten macht das autistische Kind als soziales Wesen so untauglich? Zur Beantwortung dieser Frage genügt es nicht, nur bis zur Manifestation der Beeinträchtigung im Verhalten zu gehen. Beginnen wir zunächst mit einem Blick auf das, was über die Entwicklung sozialer Fähigkeiten beim autistischen Kind bekannt ist.

Die Entwicklung des Sozialverhaltens

Es gibt bisher noch keine systematische Untersuchung der Entwicklung des Sozialverhaltens einzelner autistischer Kinder. Solche Studien sind sogar bei normalen Kindern selten. Im Laufe der Entwicklung verändert sich das Sozialverhalten dramatisch. Es ist in der Tat oft schwierig, kontinuierliche Entwicklungsstränge zu verfolgen. Aus dem Egozentrismus des Kleinkindes kann man nicht auf den Grad des Egoismus beim Erwachsenen schließen. Er schließt die Fähigkeit zu selbstlosem Handeln in späteren Jahren ganz bestimmt nicht aus. Wie wir aus Romanen wissen, kann eine glückliche Kindheit unglücklichen Sozialbeziehungen im Erwachsenenalter vorangehen. Die linkische Schüchternheit in der Pubertät kündigt keine zukünftige Zurückgezogenheit an. Aufgrund derartiger Alltagserfahrungen sollte man auch erwarten, daß die soziale Beeinträchtigung beim Autismus sich auf verschiedenen Entwicklungsstufen verschieden ausdrückt. Richtig ist, daß die Anzeichen der Behinderung im Verhalten mit dem Alter und dem Grade der damit verbundenen Retardierung variieren. Doch besteht auch Übereinstimmung, daß die soziale Grundbehinderung des Autismus trotz Verhaltensänderungen bestehenbleibt.

Bei sozialen Auffälligkeiten während des ersten Lebensjahres muß man ein großes Fragezeichen machen. Es ist nämlich unklar, welche Aspekte spezifisch für Autismus sind – wenn es solche gibt – und welche möglicherweise auf eine andere Ursache einer verlangsamten Entwicklung hindeuten. Kinder zeigen normalerweise fast vom Augenblicke ihrer Geburt an sehr lebhaftes Interesse an Menschen. Eine geistige Behinderung mindert bekanntlich die soziale Ansprechbarkeit genauso wie die Empfänglichkeit für andere Reize. Die Lernfähigkeit ist in allen Bereichen beeinträchtigt. Da die Mehrzahl der autistischen Kinder in einem gewissen Grade geistig behindert ist, müssen wir schon allein aus diesem Grunde eine soziale Behinderung erwarten. Wir werden in einem späteren Abschnitt dieses Kapitels auf diese wichtige, rätselhafte Frage zurückkommen.

In der frühen Kindheit, zwischen drei und fünf Jahren, ist die Isolation des autistischen Kindes von der Welt der anderen besonders ausgeprägt. „Er ist am glücklichsten, wenn man ihn in Ruhe läßt", „er schaut immer durch die Leute hindurch", „er warf nicht mal einen Blick auf seine neugeborene, kleine Schwester" – das sind typische Bemerkungen aus Berichten von Eltern. Das Fehlen angemessener emotionaler Reaktionen des Kindes ist äußerst bedrükkend für die Familie. Was es bedeutet, steht noch offen, sicher aber kein Fehlen von Affekt überhaupt. Autistische Kinder äußern Freude, Furcht, Zorn und andere Stimmungen, doch sie fügen sich häufig nicht in die sozialen Erwartungen ein. Das verzögerte Eintreten oder das Fehlen von Sprache hemmt alle Sozialisationsversuche stark. Außerdem sind soziales Lob und soziale Mißbilligung schwerer einzusehen als bei normal entwickelten Kindern anzuwenden. Autistische Kinder sind offenbar nicht fähig, die Intention hinter diesen üblichen Maßnahmen zur Verhaltenskontrolle zu beurteilen. Zum Beispiel sind sie todunglücklich über eine geringfügige Ermahnung („Deine Finger sind schmutzig"), beachten aber eine wichtige nicht („Komm' von der Straße weg").

Nach dem Alter von fünf Jahren verbessern sich die sozialen Fähigkeiten oft merklich, besonders bei den weniger behinderten Kindern. Eigentlich zeigen autistische Kinder während ihrer gesamten Entwicklung merkliche Sozialisationsfortschritte. Trotzdem fällt es ihnen immer schwerer als anderen Kindern zu lernen, wie man sich *angemessen* verhält.

Autistische Kinder werden von ihren normal entwickelten Altersgenossen oft übel gehänselt und gequält. Das läßt vermuten, daß ihr sonderbares Sozialverhalten derartig auffällt, daß es keines physischen Zeichens bedarf, um sie als Ausgestoßene zu brandmarken. Nichtsdestotrotz gibt es auch autistische Kinder, die das Sozialverhalten so gut gelernt haben, daß ihre Seltsamkeit vielleicht lange Zeit gar nicht bemerkt wird. Sie tritt vielleicht nur in Extremsituationen zu Tage oder wenn wirklich subtile soziale Hinweise interpretiert werden müssen. Beispielsweise können autistische Menschen nicht „zwischen den Zeilen lesen", um zu erfahren, ob sie willkommen sind oder nicht, oder sie geraten in Panik, wenn sie mit einer ungewöhnlichen Anforderung konfrontiert werden. So regredierte eine junge Frau, die berufstätig ist, ein unabhängiges Leben führt und ein eigenes Auto fährt, bei einer Autopanne völlig und zeigte plötzlich Sprach- und Bewegungsstereotypien.

Häufig wird festgestellt, daß autistische Menschen keinen Sinn für persönliche Bescheidenheit, Scham oder Schuld haben. Es fällt ihnen schwer, soziale Tabus zu begreifen, so daß ihr Verhalten in der Öffentlichkeit im Prinzip genau dasselbe ist wie im privaten Bereich. Das schließt Verhaltensweisen ein, die bei kleinen Kindern normalerweise toleriert werden, bei erwachsenen autistischen Menschen jedoch kaum. Eltern und Lehrer müssen viel zusätzliche Mühe aufwenden, um autistischen Kindern beizubringen, was sozial erlaubt ist und was nicht. Und trotzdem dürften sie manchmal wünschen, diese Lektion würde nicht so gründlich gelernt, wie es dann geschieht! Schließlich gibt es Fälle, in denen Höflichkeit in Wirklichkeit eine Beleidigung darstellt („Vielen Dank für das bezaubernde Abendessen", wenn es anerkanntermaßen eine Katastrophe war) und ein Verhalten, über das man normalerweise die Stirn runzelt, zum einzig richtigen wird. Vielen Anekdoten zufolge können sogar begabte autistische Menschen derartige Probleme kaum durchschauen.

Einige der Auffälligkeiten des autistischen Sozialverhaltens können weniger als Behinderungen, denn als ungewöhnlich positive Eigenschaften gesehen werden. Diese Eigenschaften umschreiben Begriffe wie Unschuld, Ehrlichkeit und Arglosigkeit. Autistische Menschen sind unfähig, andere zu betrügen, ja sie sind nicht einmal in der Lage, ihnen etwas vorzumachen. Sie sind weder manipulierbar noch klatschsüchtig. Da ihr Sinn für Eigentum häufig nicht sehr ausgeprägt ist, sind sie nicht neidisch und teilen bereitwillig. Da gibt es die Geschichte des Mannes, der nach dem Tode seiner Eltern all sein Geld und seine Möbel falschen Freunden schenkte und später hungernd in einem leeren und kalten Zimmer seines früheren Heimes aufgefunden wurde. Autistische Menschen fühlen sich vielleicht nicht im üblichen Sinne dieses Wortes ein, doch sie empfinden auch keine Schadenfreude am Unglück anderer. Fremdes Leid, das sie mitansehen müssen, kann sie sogar tief aufwühlen, und sie drücken auch berechtigte Empörung aus. Ein junger Mann, der sah, wie eine junge Frau rauh behandelt wurde, griff ihren Begleiter an – mit schmerzlichen Konsequenzen für sich selbst.

All diese Eigenschaften autistischer Menschen finden seit altersher ihren Niederschlag in Legenden, Geschichten und Märchen. Es besteht die Gefahr, daß sie vergessen werden, wenn man über die tiefgreifende soziale Beeinträchtigung autistischer Menschen spricht. Diese Behinderung besteht eindeutig nicht in einem bloßen, globalen Mangel sozialer Ansprechbarkeit. Der Egozentrismus des autistischen Kindes ähnelt in keiner Weise dem Egoismus eines berechnenden Manipulierers; er hat vielmehr dieselbe Unschuld wie der Egozentrismus des Kleinkindes. Genau wie ihre *Inselbegabungen* liefern diese liebenswerten und positiven Eigenschaften autistischer Menschen wichtige Hinweise für unsere Fragestellung. Die negativen Aspekte des Sozialverhaltens sagen uns vielleicht, wo sich die Behinderung am schmerzlichsten bemerkbar macht, doch wir müssen auch die positiven Aspekte berücksichtigen. Nur wenn wir beide Seiten der Medaille betrachten, können wir das Wesen der Behinderung verstehen.

Meiden autistische Kinder andere Menschen?

Auffälligkeiten bei der zweiseitigen Kommunikation sind das Kardinalmerkmal und die *conditio sine qua non* für die Diagnose „Autismus". Der Fachmann kann diese Auffälligkeit subjektiv sicher identifizieren; trotzdem erwies sich der eigentliche Kern des Problemes als äußerst schwer zu fassen. Zuerst schien es, als könne das Grundproblem beim Verhalten anderer gegenüber am besten als Ablehnung oder Vermeidung von Sozialkontakt beschrieben werden. Die autistische Isolation galt demnach als freiwilliger oder unfreiwilliger Zustand physischer Isolierung von anderen. Beate Hermelin und Neil O'Connor unterzogen zu Beginn ihrer umfassenden experimentellen Forschung an autistischen Kindern diese Vorstellung erstmals einer empirischen Prüfung.[2] Die Tests waren so simpel, wie man sich nur denken kann: Ein autistisches Kind und ein Erwachsener hielten sich neun Minuten lang in einem leeren Raum auf. In den ersten drei Minuten versuchte der Erwachsene, sanften Körperkontakt zu dem Kind aufzunehmen und es zum Spielen zu bewegen, und in den letzten drei Minuten forderte er das Kind verbal zu bestimmten Handlungen und zur Beantwortung von Fragen auf. Es stellte sich heraus, daß sich nur in dieser letzten Phase, wo versucht wurde, sprachlich zu kommunizieren, die autistischen Kinder anders verhielten als die nichtautistischen Kinder desselben geistigen Alters. Das Wichtigste war jedoch, daß es kein Anzeichen einer besonderen Meidung der Person gab.

Dieses Ergebnis bestätigte sich in einem zweiten Experiment. Dabei wurde die physische Distanz des Kindes zu verschiedenen „Objekten" am Ende eines großen Raumes gemessen. Diese „Objekte" waren sorgfältig gewählt, um festzustellen, ob das Kind sich ihnen näherte oder sie mied. Vorhanden waren eine Kiste, ein Schaukelgerät und eine Decke, alles Gegenstände, unter denen sich autistische Kinder vielleicht verstecken würden oder die sie ihren eigenen Zwecken gemäß verwenden würden. In dem Raum befand sich auch eine Frau, eine lebensgroße Puppe und ein großer Lautsprecher, aus dem eine sanfte Stimme zu dem Kind sprach. Wenn autistische Kinder menschlichen Kontakt tatsächlich aktiv mieden, dann würden sie auch alle sozialen Stimuli meiden und andere auswählen. Doch dem war nicht so. Die autistischen Kinder verbrachten genau wie ihre nichtautistischen Altersgenossen signifikant mehr Zeit bei der echten Person als bei allen anderen Stimuli. Was grobe, physikalische Maße des Vermeidens angeht, kann man also unmöglich behaupten, autistische Kinder mieden soziale Stimuli.

Anschließend überprüften Beate Hermelin und Neil O'Connor die klinische Beobachtung der Vermeidung von Blickkontakt, angeblich ein charakteristisches Zeichen der Behinderung autistischer Kinder. Für dieses Experiment war eine kompliziertere Anordnung nötig. Die Kinder mußten in eine große, dunkle Kiste hineinschauen, an deren rechter und linker Seite sich je ein beleuchtetes Feld befand. Der Blick der Kinder wurde durch ein Guckloch an der gegenüberliegenden Seite der Kiste beobachtet. Die Blickrichtung und die

Dauer der Blickfixierung wurden durch einen Schalter mit drei Positionen, den der Versuchsleiter bediente und an den ein Meßschreiber angeschlossen war, kontinuierlich aufgezeichnet. Mit dieser einfachen, aber durchdachten Vorrichtung wurde eines der elegantesten Experimente mit autistischen Kindern durchgeführt.

Es lohnt sich, einige Einzelheiten darzustellen. Drei Gruppen von Kindern, normal entwickelte, autistische und zurückgebliebene, schauten in die Kiste. Alle hatten dasselbe (nonverbale) geistige Alter, etwa sechs Jahre. Nachdem das Kind sich zurechtgesetzt hatte und genau in die dunkle Kiste schaute, wurde jedes Bildpaar 30 Sekunden lang beleuchtet. Die Bildpaare unterschieden sich nur in einer Dimension, beispielsweise war ein Bild rot, das andere schwarz, zeigte eines ein kleines blaues Quadrat, das andere ein großes blaues Quadrat und so weiter. Auch gab es ein Paar aus identischen, leeren Feldern, um festzustellen, ob das Kind willkürlich eine Blickrichtung bevorzugte. Das interessanteste Paar jedoch bestand aus dem Photo eines Menschen und demselben Photo, jedoch zerschnitten und falsch zusammengesetzt. Dann wurde aufgezeichnet, wie lange sich das Kind jedes Bild ansah und wie lange es in der Kiste umherschaute. Die Dauer des „ungerichteten" Schauens stieg in jeder zweiten 30-Sekunden-Darbietungsphase bei allen Kindern um etwa denselben Betrag. Die autistischen Kinder jedoch schauten bei jeder Darbietung in viel höherem Maße ungerichtet umher als die anderen Gruppen. Bei *jeder* Darbietung schauten die autistischen Kinder nur ziemlich kurz direkt auf die Bilder.

Die Kinder aller Gruppen bevorzugten jeweils ein Feld, außer bei den leeren. Sie schauten das interessantere und buntere Bild jedes Paares länger an, genau wie erwartet. Ebenso schauten sie erwartungsgemäß das Gesicht länger an als sein zerschnipseltes Gegenstück. Zudem schauten alle Kinder, einschließlich der autistischen, dieses Paar länger an als alle anderen. Da die autistischen Kinder im Vergleich zu den anderen generell länger „in die Gegend" schauten, sahen sie sich auch die Photos kürzer an, ebenso wie alles übrige.

Das Märchen von der Vermeidung des Blickkontaktes

In einem weiteren Experiment entfernten Hermelin und O'Connor die Seiten der Kiste und ersetzten sie durch Vorhänge. Dann streckte ein Versuchsleiter seinen Kopf durch eines der beiden „Fenster", während der andere die Blickfixierung der Kinder durch das Guckloch beobachtete. Entscheidend an dem Experiment war, daß der Versuchsleiter das Kind manchmal mit offenen Augen direkt ansah und manchmal die Augen geschlossen hielt. Vielleicht aufgrund der ungewöhnlichen „Darbietung" starrten alle Kinder einfach auf das Gesicht, und zwar viel länger als sie auf jedes der Bilder geschaut hatten. Das war unabhängig davon, ob die Augen des Versuchsleiters offen oder geschlossen waren. Bei den autistischen Kindern hätte man erwarten können, daß sie den Blick abwendeten, wenn sie in die geöffneten Augen schauten, doch dies war nicht der Fall.

Merkwürdigerweise gelang es diesen eindeutigen Ergebnissen nicht, das Märchen, autistische Kinder würden sich dem zwischenmenschlichen Kontakt absichtlich verschließen, und dies zeige sich insbesondere an der Vermeidung des Blickkontaktes, zu entlarven. Wir müssen die Gründe für diese unbeirrbare Überzeugung klären. Viele schüchterne, aber normale Menschen vermeiden den Blickkontakt. Doch hier gilt das Phänomen nicht als Zeichen eines auffälligen Vermeidens, sondern als wesentlicher Bestandteil der vollkommen normalen, nonverbalen Interaktion. Dagegen hat man bei autistischen Kindern den Eindruck, sie vermieden den Blickkontakt, auch wenn sie das gar nicht tun. Beate Hermelin bemerkte bei einem Kongreß von Autismusfachleuten: „Das Kind schaut den Aktenschrank genausowenig an wie den Psychiater. Doch der Psychiater beklagt sich." In dieser Aussage liegt jedoch der Keim zu einer neuen Sichtweise dessen, was an den Beziehungen des autistischen Kindes zu anderen Menschen eigentlich beeinträchtigt ist: Es wird nicht der Blickkontakt vermieden, sondern der „Blick" wird nicht zur Kommunikation verwendet. Das Kind schaut weder zur rechten Zeit weg, noch begegnet es dem Blick, wenn man das erwartet.

Einem bekannten Sprichwort zufolge sind die Augen der Spiegel der Seele. Durch den Blickkontakt versuchen wir zu lesen, was der andere denkt oder wünscht. Daß das autistische Kind an dieser besonderen Art des sozialen Austausches nicht teilnehmen kann, bringt den Partner aus der Fassung und führt leicht dazu, daß er sich „beklagt". Hier liegt vielleicht der Grund, daß viele Menschen an der Vorstellung festhalten, autistische Kinder würden den Blickkontakt vermeiden.

Der Blickkontakt ist so wichtig für die Kommunikation, daß eine komplizierte, doch weithin unbewußte „Augensprache" einen Teil unserer sozialen Kompetenz ausmacht. Es gibt bittende und bedauernde Blicke, triumphierende Blicke, wütende Blicke, Blicke, die töten, täuschen und verführen: Die Liste ist so lang wie die zwischenmenschlichen Beziehungen vielfältig. Die Bedeutung dieser Blicke liegt in gemeinsam erlebten oder mitgeteilten psychischen Zuständen. Gäbe es diese nicht, dann gäbe es auch keine Augensprache.

Ein alltäglicher, jedoch wichtiger Zweck des Blickkontaktes ist es, den Rollenwechsel während eines Gespräches anzudeuten. Gewöhnlich geschieht das völlig ohne daß man dessen gewahr wird. Wenn Sie zum Beispiel bei einem Gespräch gern etwas einwerfen möchten, versuchen Sie, die Augen des anderen Sprechers zu beobachten. Natürlich weicht er vielleicht Ihrem Blick absichtlich aus, damit er weitersprechen kann. Auch völlig stumme und dennoch differenzierte, intentionale Verständigung ist mittels der Augensprache möglich.

Peter Hobson berichtet, daß ein autistischer junger Mann wahrnahm, daß „andere Leute mit den Augen miteinander sprechen". Er verstand nicht, wie sie das machten. Michael Rutter beschreibt einen jungen Mann, der sich beklagte,

„daß er nicht Gedankenlesen könne. Andere Menschen schienen über einen besonderen Sinn zu verfügen, mit dem sie anderer Leute Gedanken lesen und ihre Reaktionen und Gefühle vorausahnen konnten; er wußte dies, weil sie es vermeiden konnten, andere zu ärgern, während er immer ins Fettnäpfchen trat und erst merkte, daß er etwas Falsches gesagt oder getan hatte, wenn der andere ärgerlich oder verwirrt wurde.“[3]

Diese beiden Beispiele deuten auf eine faszinierende Möglichkeit. Was auch immer die Unfähigkeit zur Benutzung der Augensprache verursacht, es hat nichts zu tun mit der Meidung menschlichen Kontaktes. Es hat nichts zu tun mit einem fehlenden Bewußtsein der Existenz anderer Menschen. Es kristallisiert sich vielmehr allmählich heraus, daß es etwas zu tun hat mit dem *Bewußtsein der Existenz anderer Psychen*. Bevor wir uns direkter mit dieser Möglichkeit befassen, betrachten wir einige andere experimentelle Arbeiten, die unser Wissen über die soziale Behinderung autistischer Kinder bedeutend vergrößert haben.

Soziale Ansprechbarkeit in der frühen Kindheit

Der normale Säugling zeigt von einem bemerkenswert frühen Alter an soziale Ansprechbarkeit. Das soziale Lächeln erscheint mit ungefähr sechs Wochen, doch menschliche Gesichter werden von Geburt an bevorzugt. Etwas länger braucht der Säugling, bis er verschiedene Personen am Gesicht unterscheiden kann. Dramatisch zeigt sich diese Unterscheidungsfähigkeit, wenn das Kind Angst vor Fremden äußert, was gewöhnlich im Alter von acht Monaten typisch ist. Das „Fremdeln“ bedeutet jedoch mehr als die Fähigkeit, zwischen verschiedenen Menschen zu unterscheiden. Es impliziert auch die Bindung an bestimmte, vertraute Menschen. Kein Wunder, daß Eltern das Unbehagen ihres Kindes beim Anblick fremder Gesichter schätzen! Ist es doch das Zeichen einer besonderen emotionalen Bindung. Am Ende seines ersten Lebensjahres begrüßt ein Kleinkind morgens freudig seine Mutter; es streckt die Arme nach ihr aus und nimmt vorweg, daß es hochgehoben wird; es paßt sich ihrem Körper an und äußert sein Vergnügen durch entsprechende Laute. Doch es versteift sich und wendet sich ab, wenn jemand es knuddeln will, den es nicht kennt.

Guck-Guck-Spiele werden oft als Beweis für unmißverständlich wechselseitige Interaktion im Kleinkindalter zitiert. Zweiseitige Interaktionen treten jedoch schon viel früher auf, als Austausch von Lächeln und Reaktionen in Form von Körperbewegungen. Wenn das Kind aus dem Vergnügen an gemeinsam geteilter Aufmerksamkeit heraus auf Objekte deutet, werden schon die ersten Worte verstanden. Die wechselseitige Interaktion nimmt noch zu, wenn das Sprechenlernen begonnen hat.

Fehlt all das bei autistischen Kleinkindern? Häufig wurde vermutet, daß die frühe soziale Ansprechbarkeit schwach ausgeprägt sein müßte, weil ältere autistische Kinder bei der zweiseitigen Interaktion so behindert sind. Dem liegt die Vorstellung zugrunde, die autistische Isolation erkläre sich vielleicht aus einem Fehlen des angeborenen Geselligkeitstriebes, der normale Kleinkinder kennzeichnet. Die Fakten stützen diese Auffassung jedoch bisher nicht. Frühe Anzeichen von Kontaktfähigkeit fehlen bei autistischen Kindern keineswegs immer. Auch fehlen solche Zeichen nicht *nur* bei autistischen Kindern. Das ergab eine wichtige Studie von Knobloch und Pasamanick, offenbar die einzige direkte Prüfung der Hypothese.[4] Die Studie belegte, daß sich bei vielen geistig behinderten, nichtautistischen Kindern eine so stark verzögerte Entwicklung der sozialen Ansprechbarkeit findet, daß sie vielleicht fälschlich als autistisch diagnostiziert werden.

Umgekehrt gibt es Belege wie Photos, Filme und Tagebücher, daß einige autistische Kinder normale, wechselseitige Interaktion mit ihren Müttern zeigten. Diese Kinder lächelten und brabbelten wie normale Kinder und schienen sich über den Anblick ihrer Eltern zu freuen. Manche streckten ihnen sogar die Arme entgegen, um getragen zu werden, und spielten Versteckspiele. Auch wenn es zahlreiche gegenteilige Beispiele autistischer Kinder gibt, die nichts dergleichen aufwiesen, so gilt das doch auch für viele nichtautistische, doch geistig behinderte Kinder. Da geistige Behinderung häufig mit Autismus verknüpft ist, ist es möglich, daß die Kinder, die in ihrer frühen Kindheit sozial schwer ansprechbar waren, dies nicht aufgrund ihres Autismus, sondern aufgrund ihrer geistigen Behinderung waren. Hier müssen noch mehr Forschungsarbeiten an Kleinkindern mit dem Risiko einer Entwicklungsstörung durchgeführt werden.

Welche Befunde liegen zur frühen sozialen Ansprechbarkeit autistischer Kleinkinder vor? Es gibt nur wenige experimentelle Untersuchungen an kleinen autistischen Kindern, doch die von Marian Sigman und ihren Kollegen ragen heraus.[5] Eine ihrer Arbeiten befaßte sich direkt mit der Frage, ob autistische Kinder persönliche Bindungen herstellen können.

Bindungen

Ein ergiebiges experimentelles Paradigma in der Entwicklungspsychologie beruht auf dem „Fremdeln". Bei diesem Paradigma findet anfangs eine Phase freien Spieles mit Mutter und Kind statt. Dann entfernt sich die Mutter für eine kurze Zeitspanne, und manchmal bleibt ein Fremder bei dem Kind. Schließlich kehrt die Mutter wieder zurück. Bei der Wiedervereinigung lassen sich die Effekte der Bindung an einer deutlichen Steigerung der spontanen Interaktion des Kindes mit der Mutter ablesen. Wenn die Mutter geht, sind Äußerungen von Kummer zu beobachten, ebenso Freude, wenn sie wiederkommt. Diese besonderen Indikatoren sind jedoch nicht so allgegenwärtig und subtil wie die verschiedenen Grade sozialer Ansprechbarkeit vor und nach der Rückkehr der Mutter.

Marian Sigman und ihre Kollegen wendeten das Paradigma der Reaktion auf Fremde bei autistischen Kindern an; die Kinder waren, gemessen an dem Alter, in dem man überhaupt Autismus feststellen kann, so jung wie möglich.[6] Die Kinder, zwischen zwei und fünf Jahren alt, wurden mit nichtautistischen retardierten Kindern desselben geistigen Alters verglichen. Auf dem Hintergrund der allgemeinen Überzeugung, autistische Kinder könnten keine Bindungen eingehen, überraschte die Forscher die Feststellung, daß es in den Reaktionen beider Gruppen auf die Anwesenheit eines Fremden und auf die Rückkehr der Mutter keine Unterschiede gab. Die autistischen Kinder zeigten bei der Wiederbegegnung eine leichte, doch signifikante Steigerung der sozialen Reaktionen auf ihre Mutter. Dieses Experiment beweist die positive soziale Ansprechbarkeit autistischer Kleinkinder.

Gemeinsam geteilte Aufmerksamkeit

Autistischen Kleinkindern mangelt es nicht an sozialer Empfänglichkeit, doch ihre zwischenmenschlichen Interaktionen tragen einen sonderbaren Zug. Diese Eigenheit ist schwer zu fassen. Sigman und ihre Kollegen konnten beim Vergleich autistischer mit retardierten Kindern einige interessante, wenn auch feine Unterschiede feststellen.[7] Die autistischen Kinder redeten weniger mit ihren Müttern als die anderen Kinder. Auch brachten sie ihnen seltener Spielzeuge zum Vorzeigen. Dieses Ergebnis ist wichtig. Loveland und Landry bestätigten es in einer unabhängigen Studie.[8] Außerdem differenzierte im gesamten betrachteten Sozialverhalten dieses feine Defizit am besten zwischen den autistischen und den nichtautistischen Kindern.

Worin besteht der Kern dieses Defizits? Normal entwickelte, zehn Monate alte Kinder zeigen Menschen Gegenstände in ihrer Umgebung, egal ob diese schon hinsehen oder nicht. Offenbar zielt dieses Verhalten darauf, *Aufmerksamkeit miteinander zu teilen*. Dieses Verhalten des Kleinkindes wurde als „protodeklarativ" bezeichnet; es hat dieselbe Funktion wie einige der ersten Wörter: Etwas wird um seiner selbst willen festgestellt.

Was bei diesem frühen Zeigen normalerweise geschieht, ist Folgendes: Das Kind deutet auf etwas, das nicht nur für es selbst bedeutsam ist, sondern auch für den Kommunikationspartner. Der Partner reagiert mit Verständnis. Zum Beispiel: „Ja, du hast auch so einen Pinguin", als ob das Kind, indem es auf einen Pinguin zeigt (und auf nichts anderes), etwas Derartiges sagen wollte. Schon in diesem vorsprachlichen Stadium gibt es wechselseitiges Verstehen, und das ist immens befriedigend. Wenn es gelingt, zeigen sich beide Partner erfreut. Auch wenn das Kind heranwächst, bleibt die wichtige Fähigkeit zur Kommunikation um ihrer selbst willen befriedigend; sie erfährt sogar einen kometenhaften Aufstieg. Auch im Erwachsenenalter verfeinert sie sich immer weiter. Man denke nur an die Werbung und die Politik. Doch aalglatte Diplomatie ist weit weg von dem frühen Zeigeverhalten!

Gemeinsam geteilte Aufmerksamkeit kann das Kind deutlich machen, indem es eine andere Person im richtigen Augenblick anschaut oder ihr Dinge bringt und sie ihr zeigt. Genau diese Handlungen fehlten bei autistischen Kindern. Außerdem zeigte Frank Curcio in einer anderen Studie mit autistischen Kleinkindern, daß sie niemals protodeklarativ auf etwas hinwiesen.[9] Es ist also dieser Aspekt der sozialen Interaktion – der einem naiven Betrachter nicht einmal besonders auffällt –, der sich als ein zentraler Hinweis zur Lösung des Rätsels erweist. Er spricht für eine Unfähigkeit, die Existenz anderer Psychen zu erkennen.

Wenn man seine eigenen psychischen Zustände einem anderen Menschen zugänglich machen will, teilt man ihm üblicherweise durch Wort oder Tat mit, was dafür wichtig ist. Obwohl es oberflächlich so aussehen mag, als übermittle das Kind durch das Zeigen reine Information über den Ort eines Gegenstandes, so steckt doch viel mehr dahinter. Der Ort selbst interessiert kaum, wohl hingegen das Herausheben des Gegenstandes. Er ist zum „Gegenstand" eines bestimmten psychischen Zustandes gemacht worden. Das ist es, was mitgeteilt wird, und für diesen psychischen Zustand, nicht für das Spielzeug, interessiert sich der Partner vor allem.

Ein autistisches Kind teilt mit, wenn es ein kaputtes Spielzeug repariert haben möchte, doch es teilt seiner Mutter nicht mit, welches Spielzeug es um seiner selbst willen erinnert oder mag. Deshalb kann sie an dem psychischen Zustand des Kindes nicht teilhaben. Wir können also die Hypothese aufstellen, daß das Kind nicht unterscheidet zwischen dem Inhalt seiner eigenen Psyche und dem einer fremden und sich die Frage des Mitteilens seiner psychischen Inhalte von daher gar nicht stellt.

Daß autistische Kinder Anzeichen emotionaler Bindungen zeigen, spricht dafür, daß sie den Unterschied zwischen vertrauten und fremden Individuen erkennen. Wir können demnach annehmen, daß autistische Kinder die Existenz anderer als individuelle Menschen erkennen können. Wir gehen jedoch jetzt von der Hypothese aus, daß es ihnen schwerfällt zu erkennen, daß andere Menschen ihre eigene, unabhängige Psyche haben. Eine einfache Unterscheidung wie diese trägt viel dazu bei, die Ungleichmäßigkeit des Sozialverhaltens autistischer Kinder zu erklären, das keinesfalls in *jeder* Hinsicht abweichend ist. Nichtsdestoweniger gibt es andere Erklärungsansätze der sozialen Beeinträchtigung autistischer Kinder, und einer bezieht sich auf die Fähigkeit, Gefühle zu verstehen.

Das Verständnis von Gefühlen

Können autistische Kinder Gefühle am Gesicht oder an der Stimme ablesen? Falls nicht, dann könnte dies allein schon ein Grund für ihre soziale Behinderung sein. Peter Hobson[10,11] stellte die Gefühle „glücklich", „traurig", „zornig" und „ängstlich" auf Videofilm dar und forderte die Kinder auf, sie verschiedenen Ausdrucksformen zuzuordnen. Beispielsweise sollte das Kind sagen, welches der vier Gesichter zu welchen von vier stimmlichen Äußerungen paßte, die diese Gefühle ausdrückten. Bei anderen Aufgaben waren die Gesichter den Situationen in einem Videofilm oder Körperhaltungen zuzuordnen.

Die autistischen Kinder, die an Hobsons verschiedenen Untersuchungen teilnahmen, waren zehn Jahre und älter und erreichten bei den Matrizentests von Raven ein geistiges Alter von durchschnittlich zehn Jahren. Die meisten dieser Kinder, rund zwei Drittel, schnitten bei der Zuordnung der Emotionen sehr schlecht ab. Dagegen lagen fast alle normalen und leicht retardierten Kinder desselben geistigen Alters im oberen Bereich der Leistungsverteilung. Das Versagen so vieler autistischer Kinder war angesichts ihres Alters, Intelligenzniveaus und Bildungsstandes äußerst überraschend, und die Ergebnisse beweisen, daß beim Erkennen von Gefühlen unabhängig von der intellektuellen Begabung eine spezifische Schwierigkeit besteht.

Fraglich ist, ob diese Ergebnisse auf ein nicht weiter ableitbares Defizit der angeborenen Fähigkeit, den Ausdruck von Gefühlen zu verstehen, hindeuten. Viel spricht dafür, daß alle höheren Tiere über eine derartige, angeborene Fähigkeit verfügen, und man könnte behaupten, daß diese Fähigkeit beim Menschen eng mit einem angeborenen Mechanismus zusammenhängt, der emotionale Beziehungen zwischen Menschen ermöglicht. Das ist Kanners ursprüngliche Hypothese, und auch Hobson nimmt an, daß ein derartiger Mechanismus beim Autismus fehlerhaft ist. Die Hypothese hat nach wie vor einiges für sich, weil sie die undefinierbare, emotionale Qualität normaler, persönlicher Beziehungen ernst nimmt – eine Qualität, die man in den Beziehungen autistischer Menschen oft vermißt. Ein Argument für die Existenz eines solchen urtümlichen Mechanismus bei normalen Kindern ist das Phänomen früher emotionaler Bindungen zwischen Mutter und Säugling.

Zu selbstverständlich wurde bisher angenommen, daß die Bildung früher Bindungen bei autistischen Kindern fehlt und daß sich in diesem Mangel ihre Kernsymptomatik am reinsten niederschlägt. Die zur Zeit vorliegenden Befunde legen nahe, daß diese Überzeugung an zwei ernsten Problemen krankt: 1. Der Mangel an früher sozialer Ansprechbarkeit ist beim Autismus nicht universell und bei begabteren autistischen Kindern wahrscheinlich selten; 2. nichtautistischen Kindern kann diese Fähigkeit ebenfalls fehlen, sie sind jedoch später sozial weniger beeinträchtigt als autistische Kinder.

In Hobsons Studien gelang es auch intellektuell kaum behinderten autistischen Kindern nicht, dasselbe Gefühl in verschiedenen Ausdrucksformen zu identifizieren. Vielleicht wußten sie nicht einmal, daß bestimmte Gefühle unmißverständlich dargestellt und erkannt werden können. Ein derart elementares Scheitern können wir mit der Hypothese erklären, daß autistische Kinder ein mangelhaftes Verständnis von Gefühlszuständen haben, weil sie ein mangelhaftes Verständnis aller psychischen Zustände haben. Aus diesem Grunde bleiben ihnen die Wirkungen von Gefühlen und die Art und Weise, wie sie durch Stimme, Gesicht und Gestik ausgedrückt werden, ein Buch mit sieben

Siegeln. Wenn man diese Behinderung so interpretiert, erscheint sie nicht als nicht weiter ableitbar, sondern als Teil eines allgemeineren kognitiven Defizites beim Erkennen psychischer Zustände.

Der Ausdruck von Gefühlen

Fröhliches Glucksen und Wutanfälle sind Beweis genug, daß autistische Kinder Gefühle ausdrücken können. Eine andere Frage ist, ob sie mit den sozialen Erwartungen in Einklang stehen. Zumindest in einem Bereich zeigen autistische Kinder ganz normale Reaktionen. Sie lieben spielerisches Balgen und Raufen, lassen sich gerne kitzeln oder hochwerfen und bewegen sich gerne zu Musik. Nichtsdestotrotz ist es sonderbar, daß sie noch in einem Alter Vergnügen an diesen Spielen finden, in dem normal entwickelte Kinder weniger grobe soziale Interaktionen bevorzugen.

Wenn man kleine autistische Kinder sich selbst überläßt, wirken sie oft ganz zufrieden mit sich und ihrer Beschäftigung. Viele suchen nie spontan Sozialkontakt. Anders als normale Kleinkinder kommen sie selten und wollen umarmt werden, wenn sie Trost brauchen. Es ist dieses Fehlen echten Interesses an zwischenmenschlichen Interaktionen, das aus dem Verhalten autistischer Kinder vorsticht. Dagegen zeigen kleine nichtautistische Kinder, einschließlich solcher mit Down-Syndrom, unmißverständlich, daß sie am Umgang mit anderen Freude haben und daß sie es vorziehen, nicht allein zu sein. Sie können das durch ihr Verhalten ausdrücken, sogar mit einfachen Worten. Bei älteren, begabteren autistischen Personen fallen dem Beobachter andere Merkmale auf. Eigenartig wirkt hier eher, daß sie ihre Sympathien oder Antipathien nicht verbergen und übertrieben freundlich sind.

Wir wissen noch sehr wenig über die Gefühlsentwicklung kleiner Kinder. 1976 führte Derek Ricks eine höchst originelle Studie durch.[12] Er zeichnete die Lautreaktionen autistischer Kleinkinder, die nicht sprachen, in vier Situationen auf, die normalerweise bei Kleinkindern eine emotionale Reaktion in Form vorsprachlicher Lautäußerungen auslösen. Es handelte sich um folgende Situationen: der morgendliche Anblick der Mutter (was eine Begrüßung auslöst); Vorbereitung einer Mahlzeit (was ungeduldiges Drängeln auslöst); Nahrung wird kurz angeboten, dann zurückgezogen (was Frustration auslöst); Darbieten eines Luftballons oder einer brennenden Wunderkerze (was freudige Überraschung auslöst). Die Lautäußerungen der normalen und der autistischen Kleinkinder wurden aufgezeichnet; letztere waren so jung, wie in Hinblick auf die Diagnose von Autismus eben möglich. Die Eltern wurden aufgefordert, sich die Aufzeichnungen anzuhören und die Situation zu identifizieren. Auch sollten sie angeben, welches Kind sie für das ihre hielten.

Die Ergebnisse dieses Experimentes waren verblüffend. Erstens konnten die Eltern der normalentwickelten Kinder ihr eigenes nicht sicher identifizieren. Die Eltern der autistischen Kinder dagegen erkannten ihres mit Leichtigkeit.

Außerdem konnten alle Eltern die verschiedenen Situationen anhand der Lautäußerungen aller normal entwickelten Kinder unterscheiden. Bei den autistischen Kindern gelang den Eltern die Identifikation der Situation nur bei den
Reaktionen ihres eigenen Kindes. Es gibt eindeutig universelle Lautäußerungen, die einfach zu interpretieren sind, doch die autistischen Kinder der Stichprobe benutzten sie nicht. Diese Kinder drücken unterschiedliche emotionale
Reaktionen vielmehr in ihrer eigenen, idiosynkratischen Weise aus.

Es gibt weitere direkte Nachweise der Emotionalität autistischer Kinder.
Auf allen Altersstufen beobachtet man Extremformen von Stimmungen wie
Fröhlichkeit, Kummer, Enttäuschung, Wut oder Angst. Auf der entsprechen-
den Entwicklungsstufe sind autistische Kinder auch zu differenzierten Stim-
mungslagen fähig. Wie wir in Kapitel 7 gesehen haben, zeigt Elly fein abge-
stufte emotionale Reaktionen auf Licht und Zahlen.

Möglicherweise ist die beobachtete Intensität elementarer Gefühle ein Zeichen von Unreife. Es wurde oft festgestellt, daß autistische Menschen wenig
differenzierten mimischen Ausdruck zeigen, eine hölzerne oder steife Körper-
haltung und häufig eine monotone Stimme haben. Viele Beobachter stimmen
überein, daß beim emotionalen Ausdruck autistischer Menschen eine Funktionsstörung, vielleicht eine fehlende Regulierung oder Modulation, vorliegt.
Das könnte zutreffen, wenn das Bedürfnis, den Gefühlsausdruck zu steuern,
aufgrund eines fehlenden echten Interesses an Kommunikation vermindert ist.
Ein derartiges Interesse ist schwer aufrechtzuerhalten, wenn man nicht in der
Lage ist, die unterschiedlichen psychischen Zustände anderer Menschen zu
erkennen.

Marian Sigman und ihre Kollegen haben in einer noch unveröffentlichten
Studie gezeigt, daß autistische Vorschulkinder im Vergleich zu geistig behinderten oder nichtbehinderten Kindern desselben geistigen Alters (etwa zwei
Jahre) alles andere als affektneutral oder -flach sind. Während einer fünfminü-
tigen, strukturieren, direkten Interaktion wurden ihre Gesichter gefilmt und die
Aufzeichnungen dann nach einem objektiven Verschlüsselungssystem für den
Gesichtsausdruck eingestuft. Die autistischen Kinder verhielten sich insofern
anders, als sie insgesamt länger negative Affektäußerungen zeigten – insbesondere manchmal sehr inkongruente, seltsame Mischungen negativer und
positiver Äußerungen. Die Hälfte der autistischen Kinder drückten sich in sehr
idiosynkratischer Weise aus. Dieses Ergebnis erinnert an Derek Ricks Experiment mit den Lautäußerungen. Der Affektausdruck ist nach der Säuglingszeit
kulturell festgelegt und muß erlernt werden, genau wie soziale Konventionen
und Sprache erlernt werden müssen. Autistische Kinder lernen durchaus in
allen diesen Bereichen, doch allen Anzeichen nach außerordentlich langsam
und mühevoll. Das könnte daran liegen, daß der wesentliche Antrieb für dieses
Lernen fehlt: das Bedürfnis nach Kommunikation und dem Verständnis psychischer Zustände.

Gestik

Eine der frappierendsten Beobachtungen, die in Beschreibungen des kindlichen Autismus fast immer zitiert wird, ist die, daß autistische Kinder einen Erwachsenen oder die Hände eines Erwachsenen als Werkzeug benutzen. So führen sie einen Erwachsenen zu einem Gegenstand, den sie haben möchten, und legen seine Hand darauf.

Ein klassisches Beispiel findet sich im ersten Bericht über den „wilden Knaben von Aveyron", den wir in Kapitel 2 vorgestellt haben. Dieser Bericht datiert vom Januar 1800 und stammt von Constans Saint-Estève, dem zuständigen Bezirkskommissar. „Wenn er Durst hatte, schaute er nach links und rechts; er faßte, ohne sonst nur die geringste Andeutung zu machen, einen Krug ins Auge, nahm meine Hand und führte mich hin; dann schlug er mit seiner linken Hand gegen den Krug und bat mich so um etwas zu trinken."

Die Seltsamkeit der Gesten und die Gestenarmut autistischer Kinder ist mehrfach systematisch untersucht worden, sowohl in Experimenten als auch durch Beobachtungen. Bei einer Studie stellten wir fest, daß es bestimmte Gesten gibt, die autistische Kinder mit interaktiver Absicht durchaus geschickt einsetzen können.[13] Gemeinsam ist dieser Klasse von Gesten, daß sie einem instrumentellen Zweck dienen. Das heißt, sie sollen eine andere Person dazu bringen, sofort etwas zu tun. Abbildung 9.2 zeigt Beispiele. Das instrumentelle Zeigen ist solch ein Beispiel; es unterscheidet sich deutlich von dem Zeigen, um gemeinsam geteilte Aufmerksamkeit zu erzielen. Im einen Falle dient das Zeigen dazu, jemanden dazu zu bringen, etwas anzuschauen, das er oder sie zuvor nicht angeschaut hat. Im anderen dient es dazu, dem Partner ein Interesse an etwas mitzuteilen, das er vielleicht bereits anschaut. Die autistischen Kinder mit einem breiten Spektrum intellektueller Fähigkeiten reagierten auf alle vier abgebildeten Gesten angemessen. Auch fünfjährige Kinder und schwer retardierte Kinder mit Down-Syndrom verstanden sie. Interessanter ist jedoch, daß alle Kinder Gleichaltrigen gegenüber spontan die gleichen instrumentellen Gesten verwendeten. Bekanntlich interagieren autistische Kinder viel weniger untereinander als andere Gruppen, auch wenn sie sich gegenseitig sehr gut kennen. In unseren eigenen Beobachtungen bestätigte sich dies. Infolge der niedrigen Interaktionsquote war die Gesamtzahl der Gesten der autistischen Kinder ebenfalls niedrig. Es wurden jedoch Gesten bei einem ähnlichen Anteile der Interaktionen benutzt wie von viel jüngeren, normalen Kindern oder gleichaltrigen Kindern mit Down-Syndrom.

Wenn man nur dieses Ergebnis nimmt, könnte man schließen, daß autistische Kinder in der Interaktion mit ihresgleichen Gesten einsetzen wie alle anderen Kinder auch. Das wäre aber ganz falsch. Wir haben bis jetzt nur instrumentelle Gesten betrachtet. Dieser Typ wird bei einer Art der Kommunikation verwendet die sich etwa folgendermaßen abspielt: Ein bestimmter Gedanke oder Wunsch („geh weg") soll dem Partner mitgeteilt werden. Er ist in einer einfachen und gut gelernten Handbewegung kodiert. Der Adressat deko-

9.2 Instrumentelle Gesten.

diert diese Mitteilung und befolgt sie; er geht wie gewünscht ohne weiteres Bedenken oder Zögern weg. Instrumentelle Gesten sind dem Begriff der reinen Informationsübermittlung, den wir in Kapitel 8 verwendet haben, analog. Dort erläuterte ich, daß die reine Mitteilung sich von der differenzierten, intentionalen Kommunikation unterscheidet, in der Information bewertet werden muß. Beispielsweise ist die Botschaft „geh weg" selten eine derartige reine Mitteilung. Wir untersuchen sie, ob sie eine Entschuldigung, eine Herausforderung oder einen offenen Angriff enthält. Körperliche Gesten können Bewertungen nicht so genau übermitteln wie Worte. „Verschwinde", „hau ab", „schwirr ab", „bitte rück ein Stück", „laß mich in Ruhe", „stör mich jetzt nicht" sind Beispiele für Äußerungen, die verbal alle die Aufforderung wegzugehen enthalten. Beim Verstehen reiner Mitteilungen bleibt nur, der formulierten Aufforderung zu gehorchen oder sich ihr zu widersetzen. Beim Verstehen differenzierterer, intentionaler Botschaften ist der Raum für Kompromisse oder Flexibilität sicher größer. Sagt beispielsweise jemand zu mir: „Tritt nie mehr über meine Schwelle", würde ich wahrscheinlich die tatsächliche Aufforderung ignorieren und als Witz behandeln. Doch ich würde zuerst herauszufinden versuchen, warum die Äußerung überhaupt getan wurde, und meine Reaktion auf diese Intention gründen.

Bestimmte Gesten werden vorwiegend in der intentionalen Kommunikation verwendet; diese nennt man häufig expressive Gesten. Beispiele sind in Abbildung 9.3 dargestellt. Anders als *instrumentelle* Gesten teilen *expressive* Gesten psychische Zustände mit. Sie zeigen absichtlich Gefühle, die man wegen irgend etwas hegt. Es kann einem zum Beispiel peinlich sein, mitanzusehen, wie sich jemand dumm benimmt, und diese Empfindung zeigt man durch eine Geste der Verlegenheit. Andere Beispiele demonstrieren Freundschaft, Freundlichkeit, Gutwilligkeit und Drohgebärden. Auf der Grundlage unserer Hypothese eines schwerwiegenden, aber subtilen Kommunikationversagens auf einer hohen, intentionalen Ebene erwarteten wir, daß die autistischen Kinder diese expressiven Gesten nicht zeigen. Das war tatsächlich der Fall. Kein autistisches Kind in unserer Studie machte während der Beobachtungsphasen eine derartige Geste – dagegen jedes Kind mit Down-Syndrom!

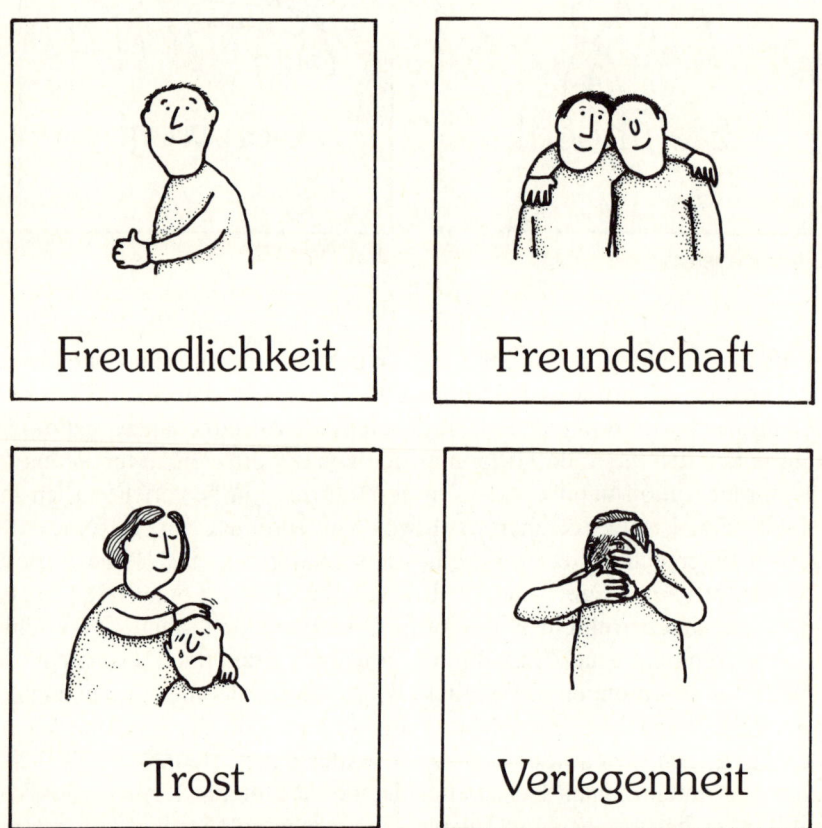

9.3 Expressive Gesten.

Zum Ausdrucke elementarer Gefühle wie Fröhlichkeit, Traurigkeit, Wut oder Angst ist keine differenzierte, intentionale Kommunikation nötig, wohl hingegen zum Ausdruck von psychischen Zuständen, die mit einer persönlichen Bewertung von etwas zusammenhängen. Diese Bewertung kann ein wichtiger Bestandteil der Botschaft sein, die jemand anderem mitgeteilt werden soll. Diese Fähigkeit, derartige Emotionen mitzuteilen und zu teilen, ist gemeint, wenn wir von Empathie sprechen.

Empathie

Wir haben jetzt den Punkt erreicht, wo wir die verstreuten Tatsachen, die über die so besondere, soziale Beeinträchtigung autistischer Kinder bekannt sind, zusammenführen können. Die wichtigste ist, daß die Beeinträchtigung weder so global noch so statisch ist, wie man den Beschreibungen sehr zurückgezogener, sehr retardierter und sehr kleiner autistischer Kinder entnehmen könnte. Auf den ersten Blick erscheinen die festgestellten Behinderungen täuschend geringfügig: Autistische Kinder streben nicht nach mit anderen geteilter Aufmerksamkeit, sie haben Schwierigkeiten, den Ausdruck von psychischen Zuständen, sowie einige Eigentümlichkeiten beim Ausdruck von Gefühlen zu verstehen. Im allgemeinen scheinen diese Schwierigkeiten mehr mit den Feinheiten der Kommunikation zu tun zu haben und nicht für einen Affekt- oder Gefühlsmangel zu sprechen. Kann dies wirklich so weitreichende Folgen für ihre soziale Entwicklung haben?

Die allgemeinste Beschreibung der sozialen Behinderung beim Autismus lautet: mangelnde Empathie. Autistische Menschen fallen auf wegen ihrer Gleichgültigkeit gegen die Nöte anderer und ihrer Unfähigkeit zu trösten, sogar Trost anzunehmen. Empathie setzt die Fähigkeit voraus, zu wissen, was der andere denkt oder fühlt, obwohl dies sich vom eigenen derzeitigen psychischen Zustand unterscheidet. In der Empathie teilt man emotionale Reaktionen auf einen fremden psychischen Zustand. Wenn zwei Menschen zur gleichen Zeit dieselbe Empfindung oder denselben Gedanken haben, sprechen wir eher von Sympathie als von Empathie. Empathie setzt unter anderem das Erkennen unterschiedlicher psychischer Zustände voraus. Sie setzt auch voraus, daß man über diese Erkenntnis des Unterschiedes hinausgeht und die Denkweise der anderen Person mit allen emotionalen Folgereaktionen übernimmt. Sogar begabte autistische Menschen haben offenbar Probleme mit Empathie in diesem Sinne.

Diese Ebene des emotionalen Verständnisses ist zweifelsohne ein entscheidender Aspekt von Freund- und Feindschaft. Sympathie dagegen ist intellektuell nichtbehinderten, autistischen Menschen möglich. Wie Margaret Dewey berichtet, fühlt Jack bei der Zeitungsmeldung: „Diese Menschen leiden ständig" – ohne daß er psychische Zustände berücksichtigen müßte – echtes Mitleid. Er war selbst schon hungrig und weiß, wie sich das anfühlt. Obwohl er autistisch ist, kann er Sympathie für die Menschen empfinden, die unter einer Situation leiden, die auch ihn schon bedrückt hat.

Eine andere Art von Sympathie ist möglicherweise das reflexhafte oder scheinbar nichtintentionale Nachahmen der wahrgenommenen Emotion einer anderen Person. So etwas kommt bei ansteckendem Gelächter oder Weinen vor und ähnelt dem ansteckenden Gähnen. Bis jetzt hat noch niemand geprüft, ob es eine derartige emotionale Mimikry bei autistischen Kindern gibt. Um eine Erklärung für das Merkmal zu finden, welches Kanner als Störung des affektiven Kontaktes bezeichnete, muß man ein Paradoxon erklären: Wie ist es möglich, daß ein Großteil der emotionalen Ansprechbarkeit existiert, wenn zugleich ein bedeutsamer Aspekt der emotionalen Kommunikation fehlt? Die Theorie, daß autistischen Kindern die Fähigkeit fehlt, die Existenz fremder Psychen zu erkennen, ist in dieser Hinsicht vielversprechend.

Ein und dasselbe Verhalten kann zwei sehr verschiedene Bedeutungen haben. Wenn ein Kind schreit, wenn es sich wehtut, drückt es unwillkürlich eine Empfindung aus. Andererseits wissen wir, daß ein Kind auch absichtlich schreien kann, ohne daß ihm etwas wehtut, nur damit sich ihm jemand tröstend zuwendet. Der Unterschied zwischen beiden Verhaltensweisen ist riesig, doch *unsichtbar*. Das Erschließen von Intentionen nur aus dem Verhalten enthält also Fußangeln. Die Versuchung, anderen geistige Zustände und alle möglichen Intentionen zu unterstellen, ist allgegenwärtig. Wir tun das sogar bei unbelebten Gegenständen, ganz zu schweigen von Tieren und Kindern, die noch nicht sprechen können.

Glücklicherweise sind auf diesem Gebiet der Psychologie bedeutende theoretische und methodologische Fortschritte erzielt worden.[14] David Premack und Guy Woodruff leisteten hier Pionierarbeit mit ihrer Studie zur Intentionalität bei Schimpansen.[15] In der Folge entwickelten Heinz Wimmer und Josef Perner ein durchdachtes Paradigma zur Untersuchung der Entwicklung dieser bis dahin bei Kleinkindern noch nicht untersuchten Konzepte.[16] Dieses Paradigma hat zu einem neuen Verständnis autistischer Kinder geführt, wie wir im folgenden Kapitel sehen werden.

10. Psychische Welten verstehen

Psychische Welten in einem Gemälde

Abbildung 10.1 zeigt ein Gemälde von Georges de la Tour (1593–1652). Wir sehen vier reich gekleidete Menschen: Eine Frau und zwei Männer sitzen an einem Tisch und spielen Karten. Hinter der Gruppe steht eine Dienerin, die ein Glas Wein hält. Diese dürren Tatsachen sagen nichts über das stumme Drama, das sich hier vollzieht – vor unseren Augen, doch nicht sichtbar in dem Sinne, wie die Figuren sichtbar sind.

Wir wissen, daß sich ein Drama abspielt, weil die Figuren beredt mit Händen und Augen sprechen.

Die Dame in der Mitte schaut mit einem merkwürdigen Blick zur Seite, ebenso die Magd. Beide sehen auf den Spieler zur linken Seite, der wiederum

10.1 Das Gemälde *Le tricheur* (Der Falschspieler) von Georges de la Tour, 1620. (Das Bild hängt im Musée du Louvre in Paris und wurde mit Genehmigung von Photographies Giraudon reproduziert)

uns anblickt. Auch deutet die Dame mit dem Zeigefinger ihrer rechten Hand auf ihn. Der Spieler, auf den so durch Blick und Geste hingewiesen wird, hält mit seiner linken Hand zwei Asse hinter dem Rücken. In seiner rechten, auf den Tisch gestützten Hand hält er seine übrigen Karten. Der andere Spieler auf der rechten Seite schaut offensichtlich völlig vertieft in seine Karten.

Selbst mit diesen zusätzlichen Einzelheiten erfaßt die Beschreibung noch nicht, was in dieser Szene vorgeht. Dazu müssen wir die Tatsachen zusammenstellen und Schlüsse aus ihnen ziehen. Die Fakten und die Folgerungen haben etwas damit zu tun, was die Figuren sehen, wissen und glauben. Obwohl wir psychische Zustände nicht sehen können, können wir sie, geleitet durch die Intentionen des Malers, erschließen – mit Logik und Präzision, nicht durch willkürliche und vage Spekulation. Infolgedessen wissen wir, daß der Maler ein Mogeln beim Kartenspiel ins Bild gesetzt hat. Wieso können wir das mit solcher Sicherheit sagen? Unser Verständnis beruht auf einem starken, geistigen Werkzeug, das jeder normale Erwachsene besitzt und unterschiedlich geschickt benutzt. Dieses Werkzeug ist ein Satz von Annahmen über psychische Zustände und Prozesse, eine „Theorie" der psychischen Welt oder kurz eine intuitive Psychologie (*theory of mind*). Diese „Theorie" ist keine wissenschaftliche Theorie; sie ist sehr viel pragmatischer. Sie befähigt uns, Beziehungen zwischen äußeren Tatbeständen und inneren, psychischen oder mentalen Zuständen vorherzusagen. Dies könnten wir – ohne diesen Begriff pejorativ zu gebrauchen – „psychologisieren" (*mentalizing*) nennen. Psychologisieren ist eine zwanghafte Tätigkeit. Offenbar können wir nicht anders, als hinsichtlich der Ursachen und Wirkungen von Verhalten Schlüsse zu ziehen. Wenn also ein Mann Karten hinter seinem Rücken versteckt, betrügt er. Vielleicht gründet der Zwang auf dem Bedürfnis, disparate Informationen zu einem kohärenten Muster zusammenzuziehen. In der Metapher des mächtigen Stromes, in den viele Nebenflüsse münden, haben wir dieses Bedürfnis bereits als wichtiges, dynamisches Prinzip des zentralen Denkens gekennzeichnet.

Wir leiten nicht irgendwelche Bedeutungen aus irgendwelchen Mustern her; es gibt da Einschränkungen. Um den Sinn des Gemäldes zu „sehen", müssen die verschiedenen Hinweise, die der Maler sorgfältig eingebaut hat, zusammenstimmen. Jeder Hinweis zwingt uns zu bestimmten Schlußfolgerungen, und diese Schlüsse müssen zu einer kohärenten Interpretation zusammengezogen werden.

Einen deutlichen Hinweis geben die versteckten Asse. Gemäß unserer intuitiven Psychologie schließen wir, daß die anderen nicht wissen, was sie nicht sehen. Wir schließen auch, daß die anderen Spieler glauben, die Asse befänden sich im Stapel, weil wir wissen, daß dies der Spielregel entspräche.

Ein anderer Hinweis ist der starrende Blick der Dienerin. Wir schließen aus ihrer stehenden Position, daß sie die Asse hinter dem Rücken wohl gesehen hat und daher weiß, daß gemogelt wird.

Ein dritter Hinweis ist der seltsame Blick der Dame in der Mitte, die mit ihrem Finger auf den Betrüger weist. Die Dame weiß also Bescheid. Vielleicht weiß der Schwindler selbst nicht, daß sie es weiß. Sein Gesicht ist abgewendet, und er wirkt unbesorgt.

Ein letzter und ganz wichtiger Hinweis besteht darin, daß der dritte Spieler nicht von seinen Karten aufblickt. Der Maler will uns damit zu verstehen gehen, daß jener nicht weiß, was vorgeht. Wir schließen, daß er derjenige ist, der betrogen wird, und daß er den Haufen Münzen verlieren wird, der jetzt vor ihm liegt.

Diese Analyse stellt kein Modell des Prozesses dar, wie Menschen in Wirklichkeit zu einer kohärenten Interpretation von psychischen Zuständen kommen. Die übliche Reaktion entspricht vielmehr einer blitzartigen Eingebung oder einem langsamen Dämmern der Wahrheit. Trotzdem zeigt die Analyse, daß wir unbewußt vielleicht zahlreiche Berechnungen durchführen müssen.

Bei unserem Verstehensprozeß des Dramas im Bild unterstellen wir verschiedene Arten von *Wissen*. Wir schließen beispielsweise, daß die Dame *weiß*, welchen Zweck der Betrug hat, oder daß der junge Mann *nicht weiß*, welche finsteren Machenschaften da vorgehen. Interessant ist aber, daß unsere Schlüsse sich sogar darauf erstrecken, welche *emotionalen Zustände* die Figuren erleben könnten (Überraschung, Zorn), doch wir werden im Ungewissen gelassen, was als nächstes passiert. Wird die Dame den Betrüger zur Rede stellen? Wird sie mit ihm gemeinsame Sache gegen den jungen Mann machen? Wird der junge Mann rechtzeitig gewarnt? Der Maler zwingt uns nur, bestimmte Zuschreibungen psychischer Zustände zu machen, doch das Ergebnis läßt er offen.

Wenn wir eine reale Szene statt einer gemalten beobachten, laufen unsere Schlußfolgerungen ganz ähnlich ab. Wir registrieren bestimmte Verhaltensweisen, doch wir belassen es nicht dabei. Wir interpretieren das Verhalten, genau wie Amateurpsychologen, als Ausdruck verborgener psychischer Zustände. Auf diese Weise können wir eine bessere Kohärenz der verarbeiteten Information herstellen, als wenn wir nur Verhaltensweisen mit Ereignissen verknüpften. Wir können erfolgreich interpretieren, was Menschen tun, und manchmal sogar vorhersagen, was sie als nächstes tun werden, weil wir von einer allgemeinen Theorie der Funktionsweise der menschlichen Psyche ausgehen. Das wird auch an der Forschungsweise des Behaviorismus offenbar. Behavioristen müssen einen sehr distanzierten Standpunkt einnehmen, um Verhalten objektiv beobachten zu können. Sie müssen die natürliche Tendenz, Verhalten mit inneren Zuständen zu verknüpfen, bewußt unterdrücken, weil sie Tatsachen ohne jede Zuschreibung einer „Innenwelt" oder einer „Psyche" beschreiben wollen.

Das behavioristische Vorgehen ist eindeutig künstlich. Es setzt strenge Disziplin voraus. Eine derartige Disziplin ist in unserem Alltagsleben weder möglich noch wünschenswert. Wie eine Spinne Netze weben muß, so sind wir darauf programmiert, Informationen zu kohärenten Mustern zu verweben. In dieser Praktik vermischen sich Vorannahmen über das Verhalten und seine Ursache-Wirkung-Zusammenhänge.

Diese detaillierte Darstellung des Effektes einer allgemeinen, intuitiven Psychologie hat natürlich den Zweck, vor diesem Hintergrund besonders deutlich zu machen, was passiert, wenn eine solche Psychologie fehlt. Daß autistische Kinder nicht über eine intuitive Psychologie verfügen, wurde aufgrund ihrer eigenartigen Unfähigkeit, gewöhnliche Beziehungen zu Menschen herzustellen, bereits vermutet. Eine Implikation dieser Hypothese ist, daß autistische Menschen sozusagen von Natur aus Behavioristen sind und nicht dem gewöhnlich vorhandenen Zwang unterliegen, Bewußtsein und Verhalten um der Kohärenz willen zu verknüpfen.

Das Sally-Anne-Experiment

Wenn man die Hypothese, daß sich autistische Kinder der Existenz (fremder) psychischer Zustände nicht bewußt sind, prüfen will, muß man zahlreiche Fallstricke berücksichtigen. Zunächst einmal muß man untersuchen, ob andere geistig behinderte Kinder sich in dieser Hinsicht von autistischen Kindern unterscheiden. Falls nicht, dann trüge die Hypothese nichts zur Erklärung des Autismus bei. Eine Möglichkeit zur Klärung dieses Problemes bietet eine Situation, in der etwas geschieht, ohne daß ein Dritter davon weiß. Das Ereignis kann nicht Teil des psychischen Zustandes der nichtsahnenden Person sein. Wenn ein Kind „psychologisieren" kann, ist dieser Schluß selbstverständlich. Es bedarf keiner mühseligen, logischen Operation, das Verhalten der nichtsahnenden Person, das unter den veränderten Umständen nicht mehr angemessen ist, vorherzusagen. Das Verhalten wirkt jetzt möglicherweise „dumm" und bringt das Kind vielleicht zum Lachen.

Dies ist das Grundprinzip einer effektiven Methode, mit der Heinz Wimmer und Josef Perner die Entwicklung einer intuitiven Psychologie bei kleinen Kindern untersuchten.[2] Wimmers und Perners sorgfältig kontrollierte Experimente ergaben, daß sich die Entwicklung einer intuitiven Psychologie sehr lange hinzieht. Erst ab einem Alter von drei bis vier Jahren erkennen normal entwickelte Kinder die volle Tragweite einer falschen Annahme. Vor diesem Alter ist kaum nachzuweisen, daß sie sich des Unterschiedes zwischen dem, was sie selbst glauben, und dem, was ein anderer glaubt, sowie der Tatsache, daß man über ein und dasselbe Ereignis verschiedener Meinung sein kann, bewußt sind.

Diese Ergebnisse lassen bei autistischen Kindern die Fähigkeit zu psychologisieren erst dann erwarten, wenn sie unabhängig von ihrem chronologischen Alter ein geistiges Alter von etwa vier Jahren erreicht haben. Doch nur wenn autistische Kinder weit über diesem geistigen Alter nicht psychologisieren könnten, nichtautistische, behinderte Kinder dagegen sehr wohl, wäre dies ein direkter Beweis für eine entsprechende Hypothese. Um die Hypothese zu testen, daß autistische Kinder Überzeugungen (einen Typ psychischer Zustände) nicht berücksichtigen, benutzten Simon Baron-Cohen, Alan Leslie und ich

Das ist Sally.

Das ist Anne.

Sally hat einen Korb.

Anne hat eine Schachtel.

Sally hat einen Ball. Sie legt den Ball in ihren Korb.

Sally geht nach draußen.

Anne nimmt den Ball aus dem Korb und legt ihn in die Schachtel.

Jetzt kommt Sally zurück.

Sie möchte mit ihrem Ball spielen.

Wo sucht Sally nach ihrem Ball?

10.2   Das Sally-Anne-Experiment.

die Methode von Wimmer und Perner.[3] Wir testeten autistische, normale und retardierte Kinder mit Down-Syndrom, die alle ein geistiges Alter von mehr als drei Jahren hatten. Das Vorgehen bei dem Experiment erklärt Abbildung 10.2. Wir verwendeten zwei Puppen, Sally und Anne, und spielten eine kleine Szene durch: Sally hat einen Korb, und Anne hat eine Schachtel. Sally hat einen Ball und legt ihn in ihren Korb. Dann geht sie hinaus. Anne nimmt Sallys Ball aus dem Korb heraus und legt ihn in ihre Schachtel, während Sally fort ist. Jetzt kommt Sally zurück und möchte mit ihrem Ball spielen. An diesem Punkt stellen wir die entscheidende Frage: „Wo sucht Sally nach ihrem Ball?"

Die Antwort lautet natürlich: „im Korb". Diese Antwort ist richtig, weil Sally den Ball in den Korb gelegt und nicht gesehen hat, wie er entfernt wurde. Sie *ist überzeugt*, daß der Ball immer noch da ist, wo sie ihn hingelegt hat. Daher schaut sie in dem Korb nach, auch wenn der Ball nicht mehr dort ist. Die meisten nichtautistischen Kinder gaben die richtige Antwort, das heißt, sie zeigten auf den Korb. Dagegen antworteten alle autistischen Kinder bis auf einige wenige falsch. Sie zeigten auf die Schachtel. Dort war der Ball tatsächlich, doch Sally wußte das natürlich nicht. Sie berücksichtigten Sallys eigene Überzeugung nicht.

Viele nichtautistische Kinder, die das Problem lösten, fanden es auch lustig. Manche fingen sogar zu kichern an, als Anne (die böse, böse Anne!) den Ball zu ihrer Kiste trug. Sie ahnten sofort, was kommen würde, und nahmen an dem kleinen Verschwörungsspiel teil. Manche ließen spontan Sally sagen: „Oh – wo ist mein Ball?"

Daß die autistischen Kinder nicht verstehen konnten, was Sally glaubte, ist umso bemerkenswerter, als sie ein viel höheres geistiges Alter als die anderen Kinder hatten. Intellektuell konnten sie zahlreiche logische Probleme lösen. Doch sie waren unfähig, das anscheinend einfache Testproblem zu bewältigen. Sie merkten sich richtig, wo Sally den Ball hinlegte, und sie antworteten richtig auf die Frage: „Wo ist der Ball wirklich?" Die Schwierigkeit liegt einzig und allein in dem entscheidenden Schluß, daß Sally, wenn sie nicht sah, daß der Ball in die Schachtel gelegt wurde, immer noch glauben *mußte*, daß er im Korb sei. Dieser Schluß war für die meisten Kinder mit Down-Syndrom offenbar kein Problem, jedoch für die meisten der intellektuell viel weniger beeinträchtigten autistischen Kinder.

Die versteckte Münze und der Bleistift in der Smarties-Schachtel

Es ist nicht ratsam, sich nur auf ein Paradigma zu verlassen, wenn man ein überraschendes und theoretisch bedeutsames Ergebnis erhält. Schließlich könnte das verblüffende Ergebnis mit Sally und Anne auf einem verborgenen Artefakt beruhen. So ist es möglich, daß in der Entwicklung weit fortgeschrittene, autistische Kinder nicht bereit sind, zwei Holzpuppen psychische Zustände zuzuschreiben, dies bei echten Menschen jedoch durchaus tun. Auch wollten wir eine andere Stichprobe autistischer Kinder testen, die intellektuell noch weniger beeinträchtigt waren als die vorherigen.[4]

Nun spielten wir selbst die Szene: Alan Leslie gab mir ostentativ eine Münze und bat mich, sie in eines von drei Verstecken zu legen. Ich wählte ein Versteck, bat das Kind, mir zu helfen und sich das Versteck zu merken, und verließ dann unter einem Vorwand den Raum. Während ich draußen war, legte Alan die Münze mit verschwörerischem Gehabe an eine andere Stelle. Dann konnte er das Kind ganz natürlich fragen: Wo *glaubt* Uta, daß die Münze ist? Hat Uta *gesehen*, was wir getan haben? *Weiß* Uta, daß die Münze jetzt dort (er zeigte auf die neue Stelle) ist? Zum Schluß stellte er dieselbe Frage wie zuvor, nämlich: Wo *sucht* Uta nach der Münze, wenn sie zurückkommt?

Wir erhielten im wesentlichen die gleichen Resultate wie zuvor. Das heißt, 15 von 21 autistischen Kindern versagten. Doch wir konnten jetzt sicherer sein. Manche Kinder, die falsch vorhersagten, wo ich die Münze suchen würde, sagten auch, daß ich *glaubte* (oder *wüßte*), daß die Münze dort sei, und dies trotz der Tatsache, daß sie richtig angaben, daß ich das Verlegen *nicht gesehen* hatte und daß ein neues Versteck gewählt worden war. Mit anderen Worten, sie hatten nicht verstanden, daß in diesem Fall Sehen Wissen bedeutete und Nichtsehen Nichtwissen.

Die Logik des Psychologisierens scheint uns so einfach und zwingend wie eins und eins zwei ist. Von einem Alter von etwa vier Jahren an nehmen wir es für selbstverständlich, doch bei autistischen Kindern sollten wir nicht davon ausgehen.

Man könnte argumentieren, daß das Problem nicht unbedingt in der Logik des Psychologisierens liegt, sondern an einem wieder anderen, äußeren Faktor. Vielleicht wollten die autistischen Kinder einem Erwachsenen, der Tests durchführt, keine falschen Überzeugungen zuschreiben.

Um diese Möglichkeit zu prüfen, benutzten wir eine Aufgabe, bei der das Kind selbst erfährt, was es bedeutet, etwas Falsches zu glauben.[5] Das Experiment ist in Abbildung 10.3 dargestellt. Für diesen Test wurde ein Behälter für Süßigkeiten (eine Röhre) benutzt, der allen Kindern wohlbekannt ist. Alle getesteten Kinder erwarteten, daß in dieser Schachtel Smarties seien, und alle waren enttäuscht, als bloß ein kleiner Bleistift herausfiel. Nun wußten die autistischen Kinder, daß ein Bleistift in der Schachtel war. Als sie gefragt wurden, was ein neues Kind, das zum ersten Mal zum Test kam, sagen würde, antworteten sie alle falsch mit „ein Bleistift". Nur etwa vier von 20 autistischen Kindern machten diesen Fehler nicht und sagten ganz richtig, das nächste Kind werde zuerst auch „Smarties" sagen.

Die Kinder, die falsch antworteten, waren sich sehr wohl bewußt, daß sie selbst irrtümlich Smarties in der Schachtel vermutet hatten. Sie erinnerten sich, was sie auf die Frage geantwortet hatten. Wir können daraus schließen, daß sie nicht wußten, *warum* sie gedacht hatten, es seien Smarties in der Schachtel. Der Grund ist natürlich, daß der Behälter eine Smarties-Schachtel *ist* und sie daher zu Recht Smarties darin erwarteten. Die Kinder erkannten jedoch nicht, daß jemand anders denselben Fehler aus demselben Grund wie sie selbst machen mußte.

177

Etwas sehen, etwas erwarten und etwas mitgeteilt bekommen kann sich in gleicher Weise auf psychische Zustände und das Verhalten auswirken. Das lenkt unsere Aufmerksamkeit auf den zentralen Charakter des Psychologisierens, das den Wahrnehmungsmodi übergeordnet ist. Information aus verschiedenen Quellen, die Ergebnisse von Sehen, Sicherinnern und Erfahren, werden zu einer kohärenten Interpretation des Geschehens integriert. Weil er ein kohärentes Ganzes bildet, ist der Informationsgehalt so einfach, daß jeder normale Vierjährige damit fertig wird. Wäre die Information kein kohärentes Ganzes – vielleicht aufgrund eines schwachen Dranges zur Kohärenz –, sondern bliebe sie ein Komplex aus getrennten Informationsstücken, dann fände sie jeder schwierig. Vielleicht befinden sich autistische Kinder in genau dieser Lage.

Comics für Physiker, Behavioristen und Psychologen

Um Physik oder Verhaltenspsychologie zu verstehen, ist Psychologisieren bedeutungslos. Doch wie können wir sicher sein, daß das Psychologisieren eine eigene Art von Logik darstellt, die bei nichtbehinderten autistischen Kindern schwach ausgeprägt oder gar nicht vorhanden sein kann, während die logischen Fähigkeiten im üblichen Sinne intakt sind? Zu dieser Frage führten Simon Baron-Cohen, Alan Leslie und ich ein Experiment mit Comics wie den in Abbildung 10.4 dargestellten durch. Es nahmen dieselben Versuchspersonen wie bei dem Sally-Anne-Experiment teil. Sie hatten eine doppelte Aufgabe. Erstens sollten sie die Bilder so ordnen, daß sich eine Geschichte ergab; das erste Bild war schon am richtigen Platz. Zweitens sollten die Kinder die Geschichte mit ihren eigenen Worten erzählen.

Aus der Anordnung der Bilder konnten wir ersehen, wie gut die Kinder auch ohne Worte verstanden, welche Geschichte intendiert war. Die sprachliche Schilderung ermöglichte jedoch eine tiefere Einsicht in das Verständnis des Kindes für die gemeinte Geschichte. Wenn insbesondere das Psychologisieren den autistischen Kindern schwerfiel, würden sie nur bei den „psychologistischen" Geschichten schlecht abschneiden, nicht aber bei den „mechanischen" oder den „verhaltensbezogenen". Genau das traf auch ein.

Eine Geschichte über ein mechanisches Ereignis verstanden in der Tat alle unsere autistischen Kinder. Sie ordneten die Bilder alle richtig. Darüber hinaus verwendeten sie die richtige Begrifflichkeit, wenn sie die Geschichten erzählten, zum Beispiel: „Der Luftballon platzte, *weil* er an dem Zweig hängenblieb." Oder: „Der Baum *ließ* ihn zerplatzen."

Ein verhaltensbezogenes Script kann ohne Bezug auf psychische Zustände erzählt werden. „Ein Mädchen geht in einen Laden, um Süßigkeiten zu kaufen. Es bezahlt bei dem Kaufmann und trägt seine Süßigkeiten weg." Eine übliche Abfolge eines sozialen Geschehens zu ordnen und zu erzählen, lag also ebenfalls innerhalb des Kompetenzbereiches unserer autistischen Kinder. Nicht so die psychologistischen Geschichten. Die überwiegende Mehrheit unserer intellektuell nichtbehinderten autistischen Kinder war nicht fähig, sie zu verstehen. Eine psychologistische Geschichte ergibt nur dann einen Sinn, wenn einem Protagonisten ein bestimmter psychischer Zustand zugeschrieben wird. Zum Beispiel: Ein Junge legt ein Bonbon in eine Schachtel und geht dann hinaus zum Spielen. Während er draußen ist (die Logik des Psychologisierens registriert: ohne sein Wissen), ißt seine Mutter das Bonbon. Als er zurückkommt, ist er *überrascht*, daß die Schachtel leer ist (die Logik des Psychologisierens registriert: Er glaubte, sein Bonbon sei noch in der Schachtel).

Die psychologistische Geschichte folgt gänzlich dem Modell des Sally-Anne-Experimentes, und dieselben Kinder, die in diesem Experiment scheiterten, schnitten auch hier sehr schlecht ab. Sie konnten die Bilder nicht ordnen. Sie erzählten ihre „Geschichten" ohne Bezug auf psychische Zustände. Zum Beispiel: „Ein Junge legt ein Bonbon in eine Schachtel. Er geht nach draußen

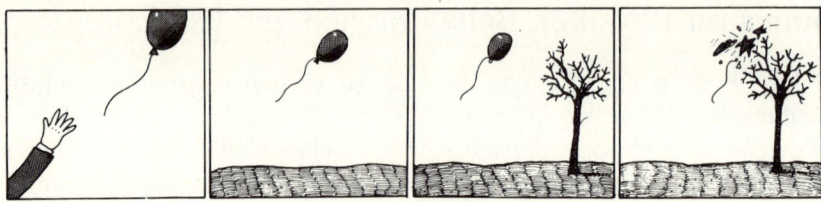

Eine mechanische Geschichte

Eine verhaltensbezogene Geschichte

Eine psychologistische Geschichte

10.4   Drei Typen von Bildsequenzen.

zum Spielen. Seine Mutter ißt das Bonbon. Er kommt zurück und öffnet die Schachtel. Sie ist leer." Das ist keine Geschichte, auch wenn die Abfolge der Ereignisse korrekt wiedergegeben wird. Als Geschichte macht sie nicht mehr Sinn als eine Beschreibung der Ereignisse in einer anderen Reihenfolge. Zum Beispiel: „Der Junge legt ein Bonbon in eine Schachtel. Er geht zum Spielen hinaus. Er kommt zurück und macht die Schachtel auf. Sie ist leer. Seine Mutter ißt ein Bonbon."

Die nichtbehinderten Kinder und die Kinder mit Down-Syndrom waren den autistischen Kindern, trotz ihres geringeren geistigen Alters, bei den psychologistischen Geschichten weit überlegen, sowohl beim Ordnen als auch beim Erzählen. Bei den mechanischen Geschichten schnitten sie schlechter ab und in etwa gleich bei den verhaltensbezogenen. Diese Ergebnisse zeigen, daß die autistischen Kinder die besseren „Physiker" und gleich fähige „Behavioristen" sind; doch die anderen Kinder sind die besseren „Psychologen".

Die Ergebnisse sprechen dafür, daß das Psychologisieren eine ganz andersartige Fähigkeit erfordert als das kausale und das verhaltensbezogene Denken.

Wenn autistischen Kindern jedoch die Tendenz zu zentraler Kohärenz fehlt, wie ich es behaupte, wie können wir dann erklären, daß sie durchaus fähig sind, den Sinn physikalischer und verhaltensbezogener Ereignisfolgen zu erkennen? Das Verständnis einfacher Kausalereignisse und Verhaltensgewohnheiten wird auf lokaler Ebene offenbar durch kohärenzschaffende Prozesse gesteuert. Die Tendenz zu lokaler Kohärenz fehlt beim Autismus eindeutig nicht – im Gegensatz zu der zu globaler Kohärenz. Der Unterschied besteht darin, daß die „Informationsbäche", die in der lokalen Kohärenz entspringen (und das bezieht sich auch auf Ursachenketten), nicht in „Flüsse" einmünden, die große Informationsmengen in sich vereinigen.

Affektiver Kontakt und intuitive Psychologie

Um eine kohärente intuitive Psychologie zu entwickeln, braucht man nicht nur die Fähigkeit zu psychologisieren, sondern auch Erfahrung. Man braucht Erfahrung mit Menschen, die verschiedene Beziehungen untereinander und verschiedene persönliche Interessen haben. Erfahrungen nützen jedoch dann kaum etwas, wenn das Kind sie nicht aufnimmt und in bereits existierendes Wissen integriert. Das Individuum muß im Laufe seiner Entwicklung eine Folge von Psychologien entwickeln, weil sich die jeweils vorangehenden immer wieder als unangemessen herausstellen.

Pinocchio beispielsweise, das Urbild des weltfremden Kindes, wurde von verschlagenen Geschöpfen übel an der Nase herumgeführt, doch er lernte seine Lektion. Pinocchio war schließlich fähig zu merken, wer ein falscher und wer ein wahrer Freund war. Autistische Kinder sind dazu nicht imstande; ihre Weltfremdheit ist von anderer Art. Wir haben die Hypothese aufgestellt, daß ihnen die Grundtendenz abgeht, große Informationsmengen über Ereignisse, Gegenstände, Menschen und Verhalten zusammenzufassen. Selbst wenn sie über die kognitiven Voraussetzungen für das Psychologisieren verfügten, würden sie immer nur „kleine" psychologische Theorien über psychische Zustände bilden, nicht aber eine umfassende intuitive Psychologie. Autistische Kinder sind Behavioristen. Sie *erwarten* nicht, daß Menschen freundlich oder grausam sind. Sie nehmen das Verhalten, wie es ist. Deshalb werden sie durch Intentionen, die die *Bedeutung* des Verhaltens ändern – wie Täuschung, Schmeichelei, Überredung und Ironie –, vor schwierige Interpretationsprobleme gestellt. Während der autistische Mensch Verhalten „wortwörtlich" interpretiert, gilt das Gegenteil für den „zwanghaften Psychologisierer"; er interpretiert Verhalten nicht aus diesem selbst heraus, sondern von den Intentionen her, die dahinterstecken. Darin besteht die Wirkung einer intuitiven Psychologie.

Daß Menschen manchmal unaufrichtig sind oder andere gerne mal „auf den Arm nehmen" und dennoch so tun, als meinten sie es ernst, ist für autistische Menschen eine Gefahr und stellt sie vor sinnlose Rätsel. Die häufig zitierte

Aussage, autistische Menschen sähen alles nur „schwarz oder weiß" und verstünden Bedeutungsnuancen nicht, wird vor diesem Hintergrund verständlich.

Wir können das Bewußtsein der Existenz der Psyche dem Bewußtsein der Existenz anderer Menschen als Träger physikalischer Ereignisse entgegensetzen. Wenn autistische Kinder nur über die letztere, physikalische Art sozialen Bewußtseins verfügen, dann würde man natürlich erwarten, daß sie zwischen verschiedenen Menschen unterscheiden können. Und das können sie auch! Sie können ebenso verschiedene Gefühlsäußerungen unterscheiden, sofern sie eindeutig sind. Ähnlich können sie zwischen „guten" und „bösen" Menschen unterscheiden, wenn „gut" und „böse" in Worten oder Taten immer klar gekennzeichnet werden.

Die soziale Beeinträchtigung, die sich aus der Unfähigkeit zu psychologisieren ergibt, ist keine globale Behinderung. Nicht alle sozialen Interaktionen hängen davon ab. Auch gibt es keinen Grund zu der Annahme, mangelhaftes Psychologisieren würde emotionale Bindungen verhindern. Wir stellten im vorangegangenen Kapitel fest, daß es klare Nachweise echter, persönlicher Bindungen bei autistischen Kindern und Erwachsenen gibt. Die autistische „Störung des affektiven Kontaktes" ist ebenfalls keine globale Störung. Wenn jedoch autistische Menschen psychische Zustände nicht sehr gut begrifflich fassen können, dann können sie sich auch nicht in die *psychischen Zustände*, etwa die Gefühle anderer, einfühlen.

Welche Implikationen hat eine intuitive Psychologie für die emotionalen und sozialen Beziehungen? Einige Beispiele mögen illustrieren, daß wir die psychischen Zustände anderer auch in den trivialsten sozialen Begegnungen berücksichtigen und damit das herstellen, was man affektiven Kontakt nennen könnte. Menschen sind permanent eingestellt auf die Gedanken anderer und versuchen, sie zu erraten. Das erfordert keine intensive gedankliche Anstrengung, sondern erleichtert es im Gegenteil, aus großen Mengen disparater Informationen einen Sinn herauszufiltern.

Betrachten wir Beispiele aus dem Alltag von Lucy und ihren Freunden.

1. Mit der Art und Weise, wie sie „Guten Morgen" sagt, teilt sie mit, in welcher Stimmung sie ist oder vielmehr, mit welcher Stimmung sie wahrgenommen werden möchte. (Sie denkt: „Ich sage nicht, wie furchtbar ich mich fühle.") Peter reagiert auf das, was er für Lucys „wahre" Stimmung hält. (Er denkt: „Hm, das klingt ja überhaupt nicht gut.") Seine Antwort: „Soll ich dir ein Aspirin holen?" klänge eindeutig verrückt, wenn man nicht annähme, daß dabei eine intuitive Psychologie am Werk ist.
2. Lucy trifft auf Jane. Sie tauschen Bemerkungen über das Wetter aus. Das ist oberflächlich gesehen natürlich nutzlose Information. In Wirklichkeit teilen sie einander etwas anderes mit. (Lucy denkt: „Ich bin freundlich gestimmt und rede gern mit dir, besonders wenn es nicht um ein echtes Problem geht!")
3. Jetzt erscheint Paul, doch Lucy tauscht mit ihm *keine* Belanglosigkeiten aus. Das kann man als bedeutungsvolle und deutliche Botschaft auffassen. (Sie

denkt: „Du bist bei mir schlecht angeschrieben. Ich hoffe, du merkst, daß ich jetzt nicht mit dir reden will.") Paul hört, daß Lucy mit Jane tratscht. „Hast du schon gehört, daß Frau Wood wieder heiraten wird?" (Lucy denkt: „Jetzt ist Paul bestimmt geschockt. Geschieht ihm recht.")

Betrachten wir diese Beispiele jetzt aus einem anderen Blickwinkel. Lucy interagiert mit ihrer autistischen Schwester Jennifer.

1. Jennifer hört Lucys bedrücktes „Guten Morgen" und schließt, daß dieser Morgen ein „guter" ist. Lucy ist über diese Reaktion nicht erfreut, doch wenn sie will, daß Jennifer ihr ein Aspirin bringt, muß sie ihr das sagen.
2. Bemerkungen über das Wetter würden es Jennifer ermöglichen, über ihr spezielles „Hobby" zu reden. Sie zeichnet täglich Temperatur, Luftdruck und Niederschlag auf. Falls nötig, widerspricht sie Lucy: „Es ist nicht wärmer als gestern. Als ich das letzte Mal abgelesen habe, waren es 16,3 Grad; die Temperatur von gestern . . ." Das könnte zu einer langweiligen Unterhaltung führen, die Lucy schon lange zu vermeiden oder abzubrechen gelernt hat.
3. Mit Jennifer kann Lucy nicht wirklich tratschen, sondern nur Informationen austauschen. Information wird unterschiedslos empfangen und gegeben, ohne irgendwelche Wirkungen zu bedenken, etwa ob sie jemanden verletzt oder erfreut. Jennifer weiß nicht, was es bedeutet, ein Geheimnis zu bewahren. Es ist ihr rätselhaft, daß das einfache Aussprechen der Wahrheit andere verletzen könnte. Ihre Bemerkung: „Tante Doreen hat ihren Schnurrbart rasiert" rief auf deren Verlobungsfeier nicht gerade Begeisterung hervor. Trotzdem entsprach diese Bemerkung nur Jennifers Beobachtung, sie wollte damit nicht absichtlich eine peinliche Situation herbeiführen.

Diese Beispiele sprechen dafür, daß das Versagen bei der gewöhnlichen, intentionalen Kommunikation und die Unfähigkeit, affektive Beziehungen zu anderen herzustellen, in Wirklichkeit ein und dasselbe sind. Das Versagen schlägt sich am deutlichsten darin nieder, daß sogar sehr begabte autistische Menschen Gesprochenes sowie soziale und affektive Beziehungen immer wörtlich auffassen. Da Bemerkungen und Interaktionen nicht als Teil des Gewebes impliziter Vorannahmen erlebt werden, ist die Interpretation verbaler und nonverbaler Signale äußerst begrenzt. Von daher ist es unnötig, eine eigene, affektive Reaktionsunfähigkeit zu postulieren.

Das Beispiel Jennifer verweist noch auf etwas anderes. Es gibt einen Unterschied zwischen Interaktionen mit explizitem Informationsaustausch und Interaktionen mit impliziten, emotionalen Reaktionen. Lucy webt offensichtlich ständig an einem Netz aus Erwartungen, was andere denken, wissen, wünschen oder fühlen. Das begründet ihre Bemerkungen und bestimmt, ob sie von der Reaktion erfreut ist oder nicht. Aus diesem Grunde stören oder langweilen sie Reaktionen, die nicht an ihre Erwartungen bestimmter innerer Zustände anknüpfen.

Schritt-für-Schritt-Berichte über ein Verhalten oder die Auflistung von Tatsachen sind oft langweilig, wenn sie nicht den größeren Kontext aufscheinen lassen, in den sie hineingehören. Solche größeren Kontexte können jedoch mit minimalem Aufwand heraufbeschworen werden. Betrachten wir den Anfang der Erzählung *Gogols Frau* von Tommaso Landolfi:[7] „... Da ich nun dabei bin, mich dem komplizierten Problem um Nikolai Wassiljewitschs Frau zuzuwenden, kommen mir doch einige Bedenken. Habe ich überhaupt das Recht, bekannt zu machen, was allen unbekannt ist, was selbst mein unvergeßlicher Freund vor der Welt verheimlichte ...?" Das Netz ist gewoben. Schon ist man gefangen. Was ist das für ein kompliziertes Problem? Warum ist es nicht enthüllt worden? Das ist der Stoff, aus dem unsere soziale und affektive Welt gemacht ist.

Die Einsamkeit des autistischen Kindes besteht nicht nur in einer Ausdrucks- und Verständnisschwäche in bezug auf Emotionen. Dem autistischen Menschen sind andere psychische Zustände wie Wissen oder Glauben ebenso rätselhaft. Die affektive Qualität, die subjektiv bei *vielen* Interpretationen psychischer Zustände – ob fremde oder eigene – erlebt wird, gehört zu einer intuitiven Psychologie dazu. Sogar in dem Sally-Anne-Experiment, in dem nur eine Überzeugung unterstellt und berücksichtigt werden mußte, waren emotionale Reaktionen leicht hervorzurufen – beispielsweise Schadenfreude. Affektive Erfahrungen sind Bestandteil der Dynamik von Kohäsion und Distanz in unseren zentralen Denkprozessen.

Autismus und Selbstbewußtsein

Wenn die Entwicklung einer intuitiven Psychologie für autistische Kinder schwierig ist, dann folgt daraus, daß die Entwicklung ihres Selbstbewußtseins ebenfalls schwierig sein kann. Zwar verfügen autistische Kinder zweifellos über angemessene Repräsentationen des körperlichen Selbst. Sie können Menschen von Dingen sowie Bekannte von Fremden unterscheiden. Die Hypothese eines schwachen Selbstbewußtseins bezieht sich nur auf die Entwicklung einer angemessenen Repräsentation des Selbst als Besitzer und Beherrscher psychischer Zustände. Wenn dieses psychische Selbst ein Produkt der Reflexion ist, dann entsteht es möglicherweise nicht ohne die Fähigkeit, über psychische Zustände zu reflektieren. Das reflektierende Selbst bleibt so flüchtig wie das Spiegelbild eines Spiegels.

Im Selbstbewußtsein gipfelt die Fähigkeit zu psychologisieren. Ein Fehlen dieser Fähigkeit ist daher gleichbedeutend mit fehlendem Selbstbewußtsein. *Autos*, das griechische Wort für selbst, erinnert jedesmal, wenn wir den Ausdruck Autismus gebrauchen, an diese Möglichkeit. Es ist schwierig, sich intellektuell reife, menschliche Wesen ohne Selbstbewußtsein vorzustellen. Was bedeutet das? Solche Individuen wären völlig auf sich selbst gestellt, doch sie wären sich nicht einmal selbst genug. Die Gesellschaft anderer Menschen böte ihnen aber auch nicht das Erlebnis psychischer Gemeinschaft, und sie zögen sie daher der Gesellschaft „unbeseelter" Dinge nicht unbedingt vor. Zyniker mögen die menschliche Natur und die „Unmenschlichkeit" des Menschen gegenüber seinen Mitmenschen noch so abstoßend darstellen, sie stellen doch nie in Frage, daß die Gesellschaft von Wesen, die eine Psyche besitzen, so lebenswichtig ist wie Licht, Wasser und Nahrung.

Es bringt uns hier nichts, in die jahrhundertelange philosophische Debatte einzusteigen, was das Bewußtsein seiner selbst und anderer sei und wie es zustandekomme. Die Fähigkeit, sich andere Menschen zu erklären, ist auch die Fähigkeit, sich sich selbst zu erklären. Diesen Sinn entnehmen wir nicht langweiligen, empirischen Datensammlungen, sondern gewagten (und häufig irrigen) Theorien. Die Theorie, die wir auf die Psyche anderer anwenden, ist genau die gleiche, die wir auf unsere eigene Psyche anwenden. Wir berufen uns auf psychische Zustände, um zu erklären, warum wir etwas getan haben; oder vielmehr, wir unterstellen, wann immer möglich, kohärente Ziele und Motive und vermeiden den Schluß auf zufällige oder äußere Ursachen. „Sie fragt ständig nach, weil sie im Grunde unsicher ist" ist eine typische Alltagsunterstellung. Sie macht etwas Kohärentes aus etwas, das ansonsten ein Paradoxon bliebe. Im Alltag „wissen" wir, wie die Psyche funktioniert, doch das hat natürlich mit einer wissenschaftlichen Erklärung wenig zu tun. In Wirklichkeit sind wir Lichtjahre davon entfernt, mit der Gewißheit unseres Alltagswissens tatsächlich zu wissen, wie die Psyche funktioniert. Wenn wir die Kraft der intuitiven Psychologie betrachten, können wir dem Problem des Selbstbewußtseins etwas näher kommen. Zu wissen, daß man denkt, ist zu wissen, daß man existiert, um Descartes' berühmten Satz *cogito ergo sum* einmal so zu paraphrasieren.

Die Ursprünge der intuitiven Psychologie

Welche Voraussetzungen müssen bei einem kleinen Kind vorhanden sein, damit es psychologisieren kann, und welche Konsequenzen hat diese Fähigkeit für die Entwicklung? Diese Frage hat Alan Leslie glänzend beantwortet. Ihm zufolge gibt es eine verblüffende Ähnlichkeit zwischen der Logik des Psychologisierens und der des So-Tun-als-ob. Man kann diese Art Phantasietätigkeit als Vorläufer einer intuitiven Psychologie sehen.

Die Psyche des normalen Säuglinges verfügt von Geburt an über ein „Grundwissen" über wichtige Eigenschaften der Welt. Auf einer primitiven Ebene „weiß" schon das Neugeborene um solche Dinge wie Zeit, Raum und Kausalität. Das Kind „weiß" auch schon von Dingen und Menschen und reagiert verschieden auf sie. Natürlich muß der Säugling noch Einzelheiten über diese Welt lernen, und er kann dies, weil er fähig ist, *Repräsentationen* von Menschen, Dingen und Ereignissen zu bilden. Repräsentationen bringen die Außenwelt in die Innenwelt hinein. Doch ab einem Alter von einem Jahr an geht das Kleinkind offenbar einen Riesenschritt vorwärts und bildet Repräsentationen von Repräsentationen (Metarepräsentationen) von realen Ereignissen. Was Wissen im Verhältnis zu Wissen über Wissen ist, das sind Repräsentationen für Metarepräsentationen.

Dieser Entwicklungsfortschritt ist für alle höheren geistigen Funktionen von größter Bedeutung. Alan Leslie schlägt einen Mechanismus vor (die Entkopplung), der erklärt, wie Metarepräsentationen funktionieren könnten. Leslie zufolge ist dieser Mechanismus angeboren und reift erst im zweiten Lebensjahr. Ab diesem Zeitpunkt entwickelt sich die Fähigkeit zu symbolischen Aktivitäten und dann allmählich die Fähigkeit zu psychologisieren. Dies (unter anderem) bildet die Voraussetzung für die Entfaltung einer vollgültigen intuitiven Psychologie.

Was Leslies Theorie für den Autismus bedeutsam macht, ist die begründete Vermutung, daß bei autistischen Kindern *sowohl* das symbolische Spiel *als auch* das Psychologisieren beeinträchtigt sind. Es ist nachgewiesen, daß autistische Kinder so gut wie überhaupt keine Als-ob-Spiele spielen. Meist spielen sie realitätsorientiert. Wir finden kaum überzeugende Berichte imaginativen oder symbolischen Spieles, wie es für normal entwickelte Vorschulkinder typisch ist. Wieso soll ausgerechnet das spielerische *So-Tun-als-ob* einen derart wichtigen Aspekt der normalen Entwicklung darstellen?

„Das So-Tun-als-ob sollte dem kognitiven Psychologen als eine sehr seltsame Fähigkeit erscheinen. Schließlich soll es sich vom Standpunkt der Evolution aus am meisten auszahlen, wenn die kognitiven Prozesse die Wirklichkeit möglichst *wahrheitsgetreu* widerspiegeln. Der wahrnehmende, denkende Organismus sollte die Welt soweit wie möglich richtig auffassen. Die symbolische Tätigkeit jedoch schlägt diesem Grundprinzip ins Gesicht. Beim So-Tun-als-ob verzerren wir absichtlich die Realität. Wie merkwürdig ist es da, daß diese Fähigkeit nicht als geläuterter Gipfel der intellektuellen Entwicklung erscheint, sondern sich schon zu Beginn der Kindheit spielerisch und frühreif manifestiert.

Das realitätsorientierte Spiel, das den wirklichen Eigenschaften eines Gegenstands entspricht oder Wissen um seine übliche Verwendung ausdrückt, wirft viele interessante Probleme auf. Das symbolische Spiel stellt uns tiefere Rätsel. Wie bringt es ein Kind fertig, eine Banane so zu behandeln, als sei sie ein Telefon, ein Stück Plastik, als sei es lebendig, oder eine leere Seifenschale, als enthielte sie Seife? Wenn sich gerade ein Repräsentationssystem entwickelt, wie können seine semantischen Relationen derartige, mehr oder weniger willkürliche Verzerrungen tolerieren?"

So beginnt Alan Leslie den Artikel, in dem er die Ursprünge sowohl des So-Tun-als-ob als auch der intuitiven Psychologie systematisch beleuchtet. Wir können hier nicht auf die Einzelheiten dieser Theorie eingehen, doch es ist möglich, an einem Beispiel den Mechanismus darzustellen, den Leslie für einen entscheidenden Bestandteil der Fähigkeit zur Metarepräsentation hält: die Entkopplung.

In Anführungszeichen sprechen

In dem Film *Citizen Kane* kommt die berühmte Schlagzeile vor: *Kandidat im Liebesnest mit „Sängerin"*. Kanes Plan, Gouverneur zu werden, wurde durch diesen Skandal zunichte. Sein Freund äußert, daß er sich danach sein Leben lang bemühte, die Anführungszeichen von dem Wort *Sängerin* zu entfernen. Kane versuchte, die *„Sängerin"* in einen berühmten Opernstar zu verwandeln. Es war absehbar, daß er damit scheiterte. Wie die Anführungszeichen implizierten, war das Mädchen eben *keine* Sängerin in irgendeinem ernstzunehmenden Sinne.

Dieses Beispiel illustriert die Entkopplung anhand der bekannten Praxis, Wörter in Anführungszeichen zu setzen. Anführungszeichen fungieren als Signal für eine Entkopplung. Sie zeigen an, daß die Bezugsgrößen Wahrheit und Existenz aufgehoben sind. *„Sängerin"* entbindet von der Verpflichtung zu glauben, daß die Person wirklich singen kann, Sängerin dagegen nicht. Dieser Unterschied ähnelt dem zwischen primären Repräsentationen und Metarepräsentationen.

Das Beispiel zeigt noch mehr als eine Entkopplung. Es zeigt, wie leicht der entkoppelte Gedanke, befreit von seiner üblichen Pflicht, sich auf die Realität zu beziehen, in andere Gedanken eingegliedert werden und seine Bedeutung dramatisch ändern kann. Beispielsweise wissen wir, daß *„Sängerin"* ironisch zu verstehen ist, eigentlich als *Nichtsängerin*. Wie wirksam Interpretationen manipuliert werden könenn, zeigt das folgende, reale Beispiel.

Im August 1987 gelang es Charles Glass, einem amerikanischen Journalisten, der im Libanon als Geisel gefangengehalten wurde, seinen Bewachern zu entfliehen, während sie schliefen. Statt Glass als Helden zu empfangen, wußte die Öffentlichkeit aus irgendeinem Grunde nicht genau, wie Glass' Bericht einzuschätzen war. Vielleicht dachte man, daß er unmöglich wirklich hatte fliehen können. Es erwies sich später, daß er tatsächlich so geflohen war, wie er es beschrieben hatte. Seine Schilderung seiner Flucht stellte daher eine wahre Repräsentation eines realen Ereignisses dar. Die allgemeine Verdachtsstimmung jedoch ließ die Fluchtbeschreibung bloß als eine mögliche Version des „wahren" Tatbestandes erscheinen, möglicherweise sogar als Lüge. Die Wirkung der Sprache der Entkopplung kann man an der Formulierung der Fernsehnachrichten am Fluchttag ablesen. Ein bekannter und bewährter Moderator bezeichnete Glass als „einen jungen Mann, *der sagte* ‚er sei eine Geisel gewesen'." Diese Ausdrucksweise zog in Zweifel, daß Glass überhaupt eine Geisel gewesen war, und seine Flucht erst recht! Der entkoppelte Ausdruck „er sei eine Geisel gewesen" ist eingebettet in den Rahmen *der sagte* ‚(er sei . . .)'. Durch dieses Mittel wurde die Wahrheit unmerklich in eine dreiste Behauptung verwandelt. Es stellte sich dann heraus, daß der Moderator selbst nicht an der Wahrheit zweifelte, sondern sich in einem Moment der Verwirrung nur versprochen hatte. Nichtsdestotrotz schienen die unglücklich gewählten Worte die allgemeine Verdachtsstimmung zu bestätigen.

Beide Beispiele illustrieren, wie allgegenwärtig wir im Alltag Metarepräsentationen gebrauchen. Unsere Meinungen von unseren Meinungen sind oft wichtiger als die Meinungen selbst, und diese wiederum sind in der Kommunikation wichtiger als die Tatsachen. Die Beispiele demonstrieren auch die potentielle Unbeständigkeit einer kohärenten intuitiven Psychologie. Konkreter gesagt, sie illustrieren, was es heißt, zwischen den Zeilen zu lesen, statt Äußerungen wörtlich zu nehmen. Sogar begabte autistische Personen sind bekannt für ihre Tendenz zu wörtlichem Verstehen. Eine derartige Unfähigkeit, zwischen den Zeilen zu lesen, würde zu genau den Mißverständnissen führen, die typisch sind für den Autismus.

Ein Versagen bei der Entkopplung ist ein Beispiel für die Art und Weise, wie die Fähigkeit, Metarepräsentationen zu bilden und/oder zu handhaben, beeinträchtigt sein könnte. Ein derartiges Versagen dürfte ernste Auswirkungen auf die Entwicklung haben. Vorstellbar ist, daß das Entkopplungsdefizit eine in besonderer Weise behinderte Untergruppe autistischer Kinder charakterisiert. Möglicherweise gibt es auch eine andere Untergruppe, die zwar über einen intakten Entkopplungsmechanismus verfügt, deren Fähigkeit zur Metarepräsentation jedoch aus anderen Gründen beeinträchtigt ist. Beispielsweise können solche Kinder diese Fähigkeit vielleicht nicht einsetzen. Manche sind vielleicht nur in eng umschriebenen Situationen dazu fähig, wenn nicht allzuviel Information zusammengefaßt werden muß. Sie wären dann auch nie in der Lage, Repräsentationen höherer Ordnung zu verstehen, etwa Bluff und Gegenbluff, doch es gelänge ihnen, Überzeugungen zu unterstellen.

Eine Erklärung der Wingschen Triade der Beeinträchtigungen

Wenn nun in der Psyche des autistischen Kindes tatsächlich der grundlegende Entkopplungsmechanismus mangelhaft ist, wie es Alan Leslie vermutet, würden mehrere, scheinbar isolierte Autismusmerkmale plötzlich zusammenstimmen wie lange vermißte Teile in einem Puzzle. Man kann so besser als mit jeder anderen bisherigen Theorie die drei Symptome erklären, die die Wingsche Triade der Beeinträchtigungen ausmachen und die bei allen autistischen Kindern vorkommen.

Die Wingsche Triade umfaßt beeinträchtigte Sozialbeziehungen, beeinträchtigte Kommunikation und beeinträchtigtes symbolisches Spiel.[9] Leslie hat dargelegt, daß sowohl die intuitive Psychologie, die für die normale soziale Interaktion und Kommunikation entscheidend ist, als auch die Phantasietätigkeit demselben relativ spät reifenden, urtümlichen Mechanismus entspringen. Eine sehr spezifische neurologische Störung, die genau diesen Aspekt der kognitiven Entwicklung beeinträchtigt, ist daher sehr plausibel. Klar ist auch, daß dieser Aspekt sich in der Evolution erst spät entwickelt hat. Tiere unterhalb unserer nächsten Verwandten, der Menschenaffen, verfügen nicht über die Fähigkeit, Metarepräsentationen zu bilden. Es ist sogar zweifelhaft, ob die Menschenaffen sie besitzen.[10]

Diese Theorie würde erklären, warum die Diagnose Autismus nicht vor dem zweiten oder sogar dritten Lebensjahr (aufgrund unterschiedlicher Entwicklungsgeschwindigkeiten) sicher zu stellen ist. Das für die Diagnose entscheidende Verhalten manifestiert sich normalerweise nicht vor diesem Alter, und wir wissen jetzt auch warum.

Vielleicht der interessanteste Aspekt dieser Interpretation besteht darin, daß sie einen spezifischen Grund nennt, warum die Kinder Schwierigkeiten haben, eine intuitive Psychologie zu entwickeln. Das Fehlen einer derartigen Psychologie bringt Sinn in die ganze Palette der scheinbar nicht miteinander verbundenen Verhaltenssymptome, die wir in den vorangegangenen Kapiteln betrachtet haben. Was häufig als Sprachproblem erscheint, wird als Problem in der Semantik psychischer Zustände verständlicher. Oder: Was als gestörte affektive Beziehung erscheint, kann man als die Unfähigkeit interpretieren, zu ermessen, was es bedeutet, eine Psyche zu haben und anders zu denken, zu wissen, zu glauben und zu fühlen als andere. Was sich als soziale Lernbehinderung darstellt, wird aus genau dem gleichen Blickwinkel heraus verständlich: Die Formen der sozialen Regeln rein äußerlich zu lernen, genügt nicht – man braucht die Fähigkeit, zwischen den Zeilen zu lesen, ja sogar die Gedanken anderer Menschen.

Der Mangel an gemeinsam geteilter Aufmerksamkeit zwischen autistischen Kindern und ihren Müttern gilt als eines der frühesten und besten Unterscheidungsmerkmale autistischer von anderen geistig behinderten Kindern, wie wir in Kapitel 9 gesehen haben. Auch dieses Merkmal kann man der Unfähigkeit zuschreiben, anderen Menschen Interessen zuzugestehen, die den eigenen ähnlich sein oder sich von ihnen unterscheiden können. Im Verhalten des sehr kleinen autistischen Kindes, das aus dieser Störung resultiert, fehlt das Hinweisen auf und Vorzeigen von interessanten Dingen. Dann finden sich die endlosen Monologe der intellektuell nichtbehinderten autistischen Person über Themen, an denen der Partner kein Interesse zeigt. Ein anderes auffallendes Merkmal autistischer Kinder, ihre mangelnde Verwendung des Blickkontaktes, paßt ebenfalls hierher. Man kann dies als die Unfähigkeit deuten, die „Sprache der Augen" zu lernen, das heißt, den Gebrauch und die Bedeutung der Signale zu erlernen, die mit bestimmten psychischen Zuständen verbunden sind. Eine fehlende intuitive Psychologie kann sowohl die Vermeidung sozialen Kontaktes als auch sozial unangemessene Annäherung erklären: Beides folgt aus dem mangelnden Bewußtsein der Existenz fremder Gedanken, Gefühle oder Wünsche. Die Kommunikationsstörung ist eine unvermeidliche Folge dieses Defizites.

Für die Erklärung der Wingschen Triade aus ein und derselben Entwicklungsstörung spricht sehr viel. Klassisch autistische Kinder zeigen jedoch über die Triade hinaus zusätzliche Symptome. Denken wir nur an zwei hervorstechende Merkmale: das eigentümliche Muster der intellektuellen Fähigkeiten und die Wiederholungsphänomene Stereotypien und Rituale. Aus diesem Grunde haben wir bisher immer nach einem breiteren Erklärungsansatz für den Autismus gesucht.

In den vorangegangenen Kapiteln haben wir das charakteristische Muster der intellektuellen Fähigkeiten autistischer Kinder geschildert und erklärt, ebenso ihre eingeschränkten und zwanghaften Interessen. Die verschiedenen Phänomene treten am krassesten *beim idiot savant* zutage. Sie alle können als Auswirkungen einer zentralen, kognitiven Funktionsstörung interpretiert werden. Diese Funktionsstörung kann man unter den Begriffe „Distanz" subsumieren, das heißt, als schwache Tendenz zur zentralen Kohärenz der Gesamtinformation deuten. Man darf annehmen, daß die Informationsverarbeitung beim Kernautismus bis zum Punkt der Interpretation durch ein zentrales System normal verläuft. Diese Schlußfolgerung ergibt sich aus den Befunden zu Wahrnehmungsproblemen. Bei autistischen Kindern weisen die verschiedenen, spezifischen Inputverarbeitungsmechanismen kein auffälliges Defizit kohäsiver Effekte auf. Dieses Defizit zeigt sich nur auf der höchsten Ebene des zentralen Denkens. Diese Ebene ist auch die Ebene der Metarepräsentation. Hier können wir auf unsere eigenen Gedanken hinunterschauen wie ein Raumfahrer auf die Erde. Die Fähigkeit zu psychologisieren ist das kohäsive Interpretationsmittel *par excellence*: Sie zwingt komplexe Informationen aus völlig disparaten Quellen in ein Muster zusammen, das *Bedeutung* hat. Die Fähigkeit, die es uns erlaubt, zu wissen, was wir wissen, könnte der Schlüssel zu der Fähigkeit sein, Sinn zu erkennen.

11. Eine Welt des wörtlichen Verstehens

Woher weiß man, daß man weiß?

Milton ist ein zwölfjähriger, intelligenter autistischer Junge, der an unseren Leseexperimenten teilnahm. Er las – flüssig – ausgewählte Textpassagen, und wir stellten ihm verschiedene Fragen, um sein Textverständnis und sein allgemeines Wissen zu prüfen. Als er eine besonders gute Antwort gab, fragen wir ihn mehr zufällig: „Woher weißt du das?" Seine trockene Antwort lautete: „Telepathie". Wir wiederholten die Frage bei verschiedenen anderen Gelegenheiten, und er beantwortete sie immer gleich. Er sagte nie: „Ich habe davon gelesen" oder: „Mein Lehrer hat es mir gesagt" oder: „Das ist doch klar".

Milton hatte eine Erklärung dafür, wie das Wissen in seinen Kopf kam: Es wurde durch Telepathie hineinbefördert. Wie sehr unterscheidet sich diese Erklärung von einer gewöhnlichen intuitiven Psychologie, wie sie ein aufgeweckter Zwölfjähriger haben mag! Nichtsdestotrotz schimmert eine Ahnung darin auf, daß es so etwas wie Gedanken gibt. Leider reicht jedoch eine Ahnung nicht.

Hier greift wieder die Vorstellung, daß eine starke Tendenz zu zentraler Kohärenz großer Informationsmengen eine normale Psyche charakterisiert, nicht jedoch eine autistische. Milton faßte Informationen aus seiner eigenen, früheren Erfahrung, seiner allgemeinen Weltkenntnis, aus dem Text, den er gerade gelesen hatte, und aus den Intentionen hinter unseren Fragen nicht zusammen. Statt dessen gab er eine stereotype Allzweckantwort. Sie entspricht genau der Art Ursache-Wirkung-Erklärung, die für folgende Frage angemessen wäre: „Wieso zieht der Eisenstab die Nadeln an?" Antwort: „Magnetismus". Für alltägliche Zwecke unterscheidet sich das physikalische, ursachenbezogene Weltverständnis deutlich vom Verständnis der psychischen Welt.

Josef Perner und seine Kollegen untersuchten in einem Experiment, ob autistische Kinder wissen, warum sie über ein bestimmtes Wissen verfügen.[1] Der Grund war, daß sie etwas Bestimmtes gesehen hatten, jemand anders jedoch nicht. Das Experiment war höchst einfach. Josef entnahm einer Schachtel aufs Geratewohl irgendeine Kleinigkeit und legte sie in einen Behälter. Dann ließ er das Kind ostentativ hineinschauen und machte dabei immerzu ganz deutlich, daß ich (ich saß am anderen Ende des Tisches) nicht hineinschauen durfte. Daß dies verstanden wurde, überprüfte er mit der Frage: „Hast du *gesehen*, was in dem Behälter ist?" und: „Hat Uta *gesehen*, was in dem Behälter ist?" Die entscheidenden Fragen lauteten: „*Weißt* du, was in dem

Behälter ist?" und: „*Weiß* es Uta?" Erstaunlicherweise versagte die Hälfte der getesteten autistischen Kinder. Alle hatten ein höheres geistiges Alter als das, in dem normale Kinder einen solch einfachen Test leicht bewältigen würden.

Die Folgen eines derart verblüffenden Ergebnisses liegen auf der Hand. Bei vielen autistischen Kindern können wir nicht davon ausgehen (wie wir es bei einem normalen Dreijährigen tun), daß sie wissen, daß Sehen Wissen bedeutet und daß, wenn jemand etwas nicht gesehen hat, er es auch nicht weiß. Von daher müssen wir erwarten, daß viele autistische Kinder eine wichtige Tatsache nicht unbedingt erzählen. Warum sollte schließlich jemand eine Tatsache nicht kennen, wo sie selbst sie doch kennen? In dem Experiment meinte ein Kind allen Ernstes: „Ja, Uta weiß es [was in dem Behälter ist]", obwohl ich den Gegenstand nicht gesehen hatte und ihn nicht kennen konnte.

Betrachten wir eine weitere Folge der Unfähigkeit zu wissen, woher Wissen kommt. Das Kind kennt den Unterschied zwischen begründetem Wissen und bloßem Raten nicht. Beispielsweise behauptete in unserem Experiment ein Kind, in dem Behälter sei ein Panda (obwohl es keinen gesehen hatte und gesagt hatte, es habe keinen gesehen). Als es gezeigt bekam, was tatsächlich darin war – eine Rose –, reagierte es nicht überrascht. Erlebte es etwa oft, daß seine Erwartungen falsch waren?

Häufig hat man gesagt, die Welt sei für ein autistisches Kind unvorhersagbar. Wenn wir die Überlegungen, die zu den verschiedenen Experimenten mit dem Psychologisieren führten, systematisch anwenden, könnten wir autistischen Kindern vielleicht einen Teil dieser Welt durchschaubarer machen. Zunächst einmal wissen wir genauer, was für sie unvorhersagbar ist: das, was Menschen aufgrund ihrer psychischen Zustände tun. Zweitens wissen wir, was für sie vorhersagbar ist: das, was Menschen als direkte Konsequenz physikalischer Ereignisse tun. Dasselbe autistische Kind, das sehr gut versteht, warum ein Kunde im Laden bezahlt oder warum ein Mensch vor einem herabstürzenden Stein zur Seite springt, versteht vielleicht nicht, warum ein höflicher Gast eine weitere Portion ablehnt, obwohl er noch Hunger hat, warum ein Angestellter, der befördert werden will, der Chefsekretärin Blumen schenkt, warum ein Schulmädchen immer über Magenschmerzen klagt, wenn es seine Hausaufgaben nicht gemacht hat oder warum ein Kleinkind übertrieben heftig weint, wenn sein Bruder es geschubst hat.

Unwahrscheinliche Vorstellungen

Telephatie ist ein eindrucksvoller Begriff. Er erinnert uns daran, daß wir nicht über ein Sinnesorgan verfügen, um Gedanken direkt zu empfangen, obwohl so etwas sicher interessant wäre. Wir alle pflegen den alltäglichen Umgang mit anderen Menschen in der unerschütterlichen Annahme, daß Menschen Gedanken haben. Um andere Menschen zu verstehen und ihr Verhalten vorauszusagen, müssen wir normalerweise nicht auf Telepathie zurückgreifen, weil wir uns von einer viel grandioseren Theorie leiten lassen, wie Gedanken entstehen und das Verhalten beeinflussen. Diese Theorie ist kein Luxus. Die Voraussage des Verhaltens eines Feindes aufgrund seiner Gedanken kann eine Frage auf Leben und Tod sein. Wenn ich zum Beispiel glaube, daß er glaubt, daß ich mich im Graben verstecke, dann werde ich mich *nicht* im Graben verstecken, sondern in der Hütte. Wenn nun die Tür der Hütte knarrt, öffne ich sie möglichst gerade dann, wenn der Hund bellt, so daß das Geräusch getarnt wird und nicht zu hören ist.

Die nötigen Schlußfolgerungen zur Irreführung eines Feindes beruhen auf großen Informationsmengen aus verschiedenen Quellen. Diese Information muß zusammengefaßt werden. Wie ist das möglich? Ich habe wiederholt die nützliche Vorstellung dargelegt, daß der menschliche Geist bei der Verarbeitung komplexer, hochorganisierter Informationen so arbeitet, als werde er von einer zentralen Kohäsionskraft getrieben. Aufgrund dieses zentralen Dranges zu Kohärenz wissen wir, was wichtig ist und was nicht. Relevante Informationen können zu einem übergreifenden Zwecke zusammengezogen werden: ihren Sinn zu erkennen. Wir müssen weniger schnelle und richtige Reaktionen auf komplexe Information erklären, sondern vor allem einfühlsame Reaktionen, Reaktionen, die das Sinnbedürfnis anderer Menschen berücksichtigen.

Psychologisieren können bedeutet nicht, etwas über die Gedanken eines anderen zusammenzuphantasieren, sondern sicher zu *wissen*, welche Mutmaßungen man über diese Gedanken anstellen kann und welche nicht. Zwei Anekdoten sollen dies verdeutlichen.

Die erste dreht sich um einen intellektuell nichtbehinderten, autistischen jungen Mann, der sich trotz seines Autismus im Haushalt und bei Botengängen sehr geschickt anstellt. Er geht oft einkaufen, und man vertraut ihm Geld an. Als seine Mutter eines Tages einen Gewürzkuchenteig rührte, sagte sie zu ihm: „Ich habe keine Nelken mehr. Würdest du mir bitte welche kaufen gehen?" Eine geraume Weile später kam der Sohn mit einer Einkaufstasche voller Mädchenkleidung einschießlich Unterwäsche aus einer teuren Boutique zurück.

Der Junge hatte das Wort „*cloves*" (Gewürznelken) als „*clothes*" (Kleider) mißverstanden, was verständlich ist, insbesondere, weil das Wort „*cloves*" so viel seltener gebraucht wird. Welcher normale junge Mann jedoch nähme an, seine Mutter bäte ihn einfach so, ihr Kleider zu kaufen? Diese Hypothese ist so exotisch, daß sie sofort verworfen würde. „Ich *muß* mich verhört haben" wäre die zu erwartende Reaktion, gefolgt von einer Bitte um Klärung.

Die zweite Anekdote stammt aus dem Buch von Coleman und Gillberg.[2]

> „Ein zehnjähriges . . . autistisches Mädchen (WISC-IQ 100) . . . bekam panische Angst, als die Krankenschwester, die nur eine Blutprobe wollte, sagte: ‚Gib mir deine Hand; es tut nicht weh.' Das Mädchen beruhigte sich sofort wieder, als jemand anders sagte: ‚Streck deinen Zeigefinger aus.' Sie hatte bei der ersten Aufforderung geglaubt, sie solle sich die Hand abschneiden lassen und sie der Schwester geben."

Wie die erste Anekdote illustriert diese Geschichte einen Irrtum, der zwar verständlich ist, jedoch völlig den Rahmen der üblichen Erfahrungen und gesellschaftlichen Konventionen sprengt. Im ganzen vorliegenden Buch finden sich Beispiele für diese sogenannte wörtliche Auffassung. Die Auswirkungen und Ursachen hiervon bilden einen Schlüssel zum Verständnis des Autismus.

Im Alltag können wir uns nicht zuviele irrtümlich wörtliche Interpretationen leisten; wir suchen Interpretationen, die sich in einen breiteren Kontext einfügen, der soziale und kulturelle Erfahrungen einbezieht. Es ist unwahrscheinlich, daß die beiden autistischen Protagonisten der Anekdoten so wenig Lebenserfahrung hatten, daß sie die Situation nicht angemessen interpretieren konnten. Sie verwendeten aber diese Erfahrung nicht so wie andere Kinder mit demselben Hintergrund und demselben IQ und Alter. Interessant ist, daß das Mädchen seine Interpreation der Aufforderung der Schwester sofort fallenließ, als es eine eindeutige Anweisung erhielt. Das wäre nicht der Fall gewesen, wenn es ein tiefsitzendes Mißtrauen gegenüber Schwestern gehegt hätte. Hätte sie dies nur getan! Es hätte ihrem Verhalten in der üblichen Weise Sinn gegeben. Beispielsweise würde es dann in ein kohärentes Muster einer Krankenhausphobie passen und wäre nicht einfach eine bizarre Reaktion.

Eine Möglichkeit, bruchstückhafte, wörtliche Interpretationen in der Alltagskommunikation zu vermeiden, besteht darin, unseren Hypothesen, was andere Menschen denken, wissen, wünschen oder glauben, Vorrang zu geben. Normalerweise geschieht dies durch eine intuitive Psychologie. Ein durchgängiges Thema dieses Buches ist, daß autistischen Kindern bei ihrer Interpretation des Inputs der Drang zur Kohärenz fehlt. Damit interpretieren sie menschliches Verhalten auch nicht psychologisch.

Unwahrscheinliches Verhalten ist deswegen unwahrscheinlich, weil es nicht zu einem kohärenten Gedankensystem (oder einer Theorie) über die Intentionen anderer Menschen gehört. Die beiden autistischen Kinder benahmen sich, als ob „alles möglich" wäre. In gewissem Sinne ist das völlig berechtigt: Es kann die Realität widerspiegeln. Der Roulettespieler *sollte* die Maxime „alles ist möglich" für die richtige Theorie halten, wenn er überlegt, ob er auf Rot oder auf Schwarz setzen soll. Doch stattdessen hält er sich an eine Theorie, mit der er voraussagt, ob die Kugel als nächstes auf Rot fällt. Der Spieler ist dem Irrtum verfallen, es gäbe in zufälligen Ereignissen Muster und er könnte den Zufall überlisten. Das ist ein Trugschluß, dem ein Spieler unterliegt. Der Glaube an Muster und Bedeutung ist jedoch in vielen Situationen berechtigt. Dazu gehören soziale Beziehungen und die intentionale Kommunikation. In diesen Fällen ist der Trugschluß des Spielers kein Trugschluß. Er funktioniert vielmehr fast immer!

Natürlich gibt es auch den Trugschluß des Theoretikers. Eine Theorie kann zu einer unangemessenen Beschreibung der verfügbaren Information verleiten. Wie der Spieler kann auch ich dem Glauben nicht widerstehen, daß es Muster gibt. Es wäre jedoch merkwürdig, wenn die relevanten Fakten über den Autismus nur eine bedeutungslose, zufällig zustandegekommene Ansammlung wären.

Viele Forscher würden zustimmen, daß beim Autismus eine Funktionsstörung der Informationsverarbeitung eine Rolle spielt. Ich behaupte, daß nur in einem Aspekt der zentralen Prozesse, nämlich dem Drang zu zentraler Kohärenz, eine Funktionsstörung vorliegt. Es kann dem Leser nicht entgangen sein, daß ich selbst, um meine Theorie zu erläutern, die Wirkung einer starken Kohäsionstendenz bewiesen habe! Dieses Beispiel für die Rekursivität menschlicher Gedanken steht in deutlichem Gegensatz zum Autismus als Beispiel für nichtrekursives Denken.

Kontext und Kommunikation

Ich habe oben unterschieden zwischen der Kommunikation reiner Mitteilungen und einer besonders subtilen Form intentionaler Kommunikation. Diese subtile Form zeichnet den Menschen einerseits gegenüber dem Tier, andererseits gegenüber intelligenten Maschinen aus. Wir können effiziente Übermittler von bloßer Information sein, ebenso wie Maschinen. Wir können uns sozial und affektiv auf andere Menschen beziehen, wie das auch alle höheren Tiere untereinander tun. Doch Menschen besitzen etwas, das darüber hinausgeht. Sie haben die Möglichkeit, sich eine weite, bunte Innenwelt von Beziehungen und Bedeutungen zu teilen, in der andauernd Spiele riskiert und gewonnen oder verloren werden. Autistische Kinder, die ja für solche Spiele unempfänglich sind, können an einer derartigen Welt nicht voll teilnehmen. Sie mag sie faszinieren oder ängstigen, doch sie verwehrt ihnen den Zutritt als Mitspieler.

Einer von Digby Tantams Patienten, ein hochintelligenter autistischer Mann, war versessen auf Krimis und Toxikologiebücher. Nie verstand er die Psychologie, mit der der Detektiv in den von ihm so heißgeliebten Romanen meist einen Fall zu lösen pflegt. Insbesondere begriff er nicht, warum jemand log. Warum also las er Detektivgeschichten? Und warum Toxikologiebücher? Tantams scharfsichtiger Vorschlag lautet wie folgt: „Die fiktive Fähigkeit des Detektivs, auf das Motiv zu schließen, interessierte ihn in beträchtlichem Maße. Es erschreckte ihn, daß er das nicht konnte. Er beruhigte sich damit, daß er das Verbrechen auch ohne psychologische Einsicht, durch eine toxikologische Analyse der Leiche lösen könnte."

Der Kontext ist der wichtigste Bestandteil wirklich intentionaler Kommunikation und zugleich dasjenige Merkmal, das diese von bloßer Informationsübermittlung unterscheidet. Kennzeichen für letztere ist die stückweise Verarbeitung von Information. Prinzipiell ist das nicht falsch. Im Gegenteil, dieser Informationsmodus garantiert Stabilität: Derselbe Code bedeutet immer dasselbe, wie bei einem Computer. Auf die menschliche Alltagskommunikation trifft diese Garantie nicht zu. Hier besteht eine *Verpflichtung*, sich auf den Kontext zu beziehen. Das bedeutet, daß wir häufig sagen müssen: „Das hängt davon ab." Die Bedeutung jeder sprachlichen oder gestischen Äußerung kann nur dann richtig verstanden werden, wenn sie *nicht* Stück für Stück behandelt, sondern in einen Kontext eingefügt wird. Dan Sperber und Deirdre Wilson schreiben über den Kontext in der Kommunikation:

> „Die Gruppe von Prämissen, die zur Interpretation einer Äußerung verwendet werden, machen das aus, was gemeinhin als *Kontext* bezeichnet wird. Ein Kontext ist ein psychologisches Konstrukt, eine Untergruppe der Vorannahmen des Hörers über die Welt. Natürlich beeinflussen diese Annahmen – viel mehr als der tatsächliche Zustand der Welt – die Interpretation einer Äußerung. Ein Kontext in diesem Sinne ist nicht auf Information über die unmittelbare, physikalische Umgebung oder die unmittelbar vorausgehenden Äußerungen begrenzt: Erwartungen hinsichtlich der Zukunft, wissenschaftliche Hypothesen oder Glaubensvorstellungen, anekdotische Erinnerungen, allgemeine kulturelle Anschauungen, Annahmen über den psychischen Zustand des Sprechers, all das kann bei der Interpretation eine Rolle spielen."[3]

Welche Vorschläge ergeben sich aus diesen Vorstellungen für eine effektivere Kommunikation mit autistischen Menschen? Zum einen wäre es nützlich, als Partner einer autistischen Person eine wörtliche und behavioristische Einstellung anzunehmen, sowohl als Hörer wie als Sprecher. Für die autistische Person müssen Implikationen expliziert werden, auch wenn sie in der normalen Kommunikation überflüssig und selbsterklärend wirken. Es war beispielsweise nötig, einen autistischen jungen Mann anzuweisen, die Frauen in seinem Büro nicht anzustarren, weil sie das übelnehmen könnten. Ähnlich muß man aktiv Informationen erfragen, weil die autistische Person vielleicht „vergißt", eine bedeutsame Tatsache zu erwähnen.

Der größte Teil der Kommunikationsbemühungen lastet auf den Schultern des nichtautistischen Partners. Er oder sie muß betonen, was wichtig ist, und die Themen sorgfältig ausführen. Andeutungen oder hochgezogene Augenbrauen als Hinweise funktionieren kaum. Eine Orientierung am Wörtlichen bedeutet, *mit* den autistischen Menschen zu arbeiten, statt gegen sie, um Temple Grandins Worte zu paraphrasieren.

Mit diesen Vorschlägen mache ich nur explizit, was einfühlsame und begabte Lehrer oder Betreuer autistischer Menschen intuitiv tun. Vertrauen auf die Intuition ist jedoch nicht immer richtig. Die Intuition unserer eigenen und fremder psychischer Zustände beeinflußt uns ständig und beherrscht unsere persönlichen Beziehungen. Es ist sehr schwer, aber nötig, sie zu unterdrücken, wenn man autistische Menschen zu verstehen versucht. Die Versuchung ist nur allzugroß, auf solche Vermutungen zu verfallen wie: „Mein Kind lehnt meine Gefühle ab"; „er lächelte, weil er wußte, daß ich seine Mutter anrufen werde"; „sie hat die Möbel zur Strafe kaputtgemacht, weil wir Oma weggeschickt haben". Keine dieser Annahmen ist haltbar, wenn ein Kind nicht psychologisieren kann.

Wirksame Therapien

Ich überflog bei einem Kongreß gerade die ausgestellten Neuerscheinungen, als ich neben mir einen Vater murren hörte: „Oh nein – nicht schon *wieder* ein Buch darüber, was man mit seinem autistischen Kind machen soll!" Zumindest diese spezielle Kritik trifft den vorliegenden Band nicht! Warum bringen Ratgeberbücher manche Eltern so auf? Ein Grund liegt sicher darin, daß sich Therapie- und sonderpädagogische Konzepte nicht einfach als praktische Ratschläge formulieren lassen. Bücher über verschiedene Erziehungs- und Verhaltensstrategien kommen manchen Menschen entgegen, widerstreben jedoch anderen. Außerdem gehen spezielle Ratschläge oft an der Sache vorbei, weil sich die einzelnen autistischen Kinder beträchtlich unterscheiden und weil sich ihre Bedürfnisse im Entwicklungsverlauf unweigerlich ändern. Manche Eltern jedoch sind von Therapien generell enttäuscht, nicht nur von der Art und Weise ihrer Beschreibung. Man kommt nicht um die Tatsache herum, daß die Grundstörung beim Autismus bis heute nicht zu heilen ist.

Einige allgemeine Empfehlungen haben sich als sinnvoll für die Erziehung und Betreuung autistischer Kinder erwiesen. Zunächst einmal brauchen die Kinder Liebe genau wie jeder andere Mensch. Wendy Brown von der Broomhayes School in Devon beschrieb treffend den idealen Betreuer: Es sei nötig, „das Kind zu mögen, *weil* es autistisch ist und nicht *obwohl* es autistisch ist." Unabhängig vom Alter und unabhängig vom intellektuellen Niveau scheint die Einrichtung einer geregelten Umgebung wünschenswert. Daß dies von Vorteil ist, haben Rutter und Bartak nach einem sorgfältigen, langfristigen Vergleich verschiedener Behandlungsstrategien an verschiedenen therapeutischen Einrichtungen für autistische Kinder nachgewiesen.[4] Eine Lernumgebung, die geprägt ist von Bestimmtheit, Ruhe und Bestätigung, ist für jedes Kind förderlich; sie empfiehlt sich auch für das autistische Kind. Begabte Lehrer haben Seltenheitswert, doch wenn sich solch eine Person mit einem autistischen Kind befaßt, kann sich das dramatisch auswirken. Im Rahmen der Kapazität des Kindes kann sie sehr viel vermitteln: Sprache, soziales Know-how, Schulbildung, Weltkenntnis, künstlerische Techniken, Haushaltätigkeiten, Gesundheitspflege und spezielle, berufliche Qualifikationen.[5]

Aufgrund meiner eigenen Erfahrungen war ich tief beeindruckt von den Fähigkeiten und der Hingabe vieler Eltern, Lehrer und Therapeuten, die Ergebnisse erzielen, ohne auf Wunder zu hoffen. Ich kann aber auch verstehen, daß verzweifelte Eltern auf „Werbetricks" von schwarzen Schafen in der Rehabilitation hereinfallen. Man darf nicht vergessen, daß hier schließlich Geschäftsinteressen im Millionen-Dollar-Umfang im Spiel sind.

Ein weiter Weg liegt noch vor uns, bis wir genaue Empfehlungen auf einer soliden, wissenschaftlichen Basis geben können. Aber das ist das einzige, was man erwarten darf. Wir dürfen nicht auf ein Zaubermittel oder einen plötzlichen Sprung in die Normalität hoffen. Man tut vielmehr immer noch gut daran, mit den besten verfügbaren Erziehungs- und Betreuungsmethoden für autistische Kinder fortzufahren. Auch sollte man Therapien mit Skepsis begegnen, die abgeblich auf wissenschaftlichen, jedoch unbewiesenen Grundlagen beruhen und schweren Schaden anrichten können, ohne dem Kind auch nur im geringsten zu helfen. Wenn die Wirksamkeit und die Erfolgsaussichten mit Referenzen „belegt" werden, dann ist klar, daß wissenschaftliche Befunde fehlen!

Was hat die in diesem Buch vorgestellte Theorie für die Betreuung autistischer Menschen zu bieten? Eine ähnliche Frage beantwortete mir Margaret Dewey folgendermaßen: Ist es nützlich, wenn man weiß, daß dyslexische Personen eine spezifische, kognitive Behinderung haben? Die Theorie ist gut fundiert, doch sie ergibt nicht unmittelbar eine Therapie. Wenn man sie jedoch zur Diskussion stellt, gibt sie neue Anstöße für die Suche nach Fördermethoden für Kinder, die nicht auf traditionelle Weise lernen können. Mit der Zeit und zunehmender Erfahrung bildet sich ein Kanon erfolgreicher Verfahren heraus, den man auf einzelne dyslexische Kinder anwenden und nach ihren Bedürfnissen modifizieren kann. Er stellt sich bei jedem Kind etwas anders dar. Dasselbe gilt vermutlich im Falle autistischer Kinder. Man muß die Theorie in vielen unterschiedlichen Weisen anwenden.

Als Beispiel dafür, daß autistische Kinder Schwierigkeiten beim Psychologisieren haben, berichtete Margaret Dewey folgende Begebenheit:

> „Donald kam etwas durcheinander aus der Sonderschule nach Hause, weil sich die Heimfahrt verzögert hatte. Seine Eltern schickten ihn in die Küche, um sich etwas zu trinken zu holen. Sein Vater ging ihm gleich darauf nach, um zu sehen, ob er sich beruhigt hatte. Er kam gerade rechtzeitig, um Donald Milch in den Abfluß gießen zu sehen. Natürlich rief er unwillkürlich, Donald solle damit aufhören, weil Milch in Flaschen gekauft werden muß und nicht billig ist. Er vermutete, Donalds innerer Aufruhr an diesem Tag schlage sich irgendwie in diesem Verhalten nieder. Donald geriet bei dem Verweis völlig aus der Fassung, ließ sich auf den Fußboden fallen und begann zu weinen."

Die theoriegeleitete Interpretation lautet wie folgt: Donald schmeckte die Milch nicht, weil sie alt war und vielleicht einen Stich hatte. So hatte er vielleicht beschlossen, sie in den Ausguß zu schütten, wie er das seine Eltern mit saurer Milch hatte tun sehen. Was er dagegen unterließ, war, seine Handlungsweise zu verteidigen, als sein Vater dazukam. Genau das würde man bei einem Kinde erwarten, das nicht erkennt, daß jemand anders nicht unbedingt dasselbe weiß wie es selbst. Daher stellte die laut gerufene Anweisung aufzuhören eine völlig unerwartete Reaktion dar, eine schockierende Wendung, die Donald unverständlich war. Sein normalerweise liebevoller Vater hätte ihn doch loben müssen, daß er verdorbene Milch wegschüttete! Diese neue Interpretation half den Eltern sehr, Donald zu trösten.

Diese Interpretation wird dadurch zu einer prüfbaren Hypothese, daß es bei einer ähnlichen Gelegenheit möglich ist, im entscheidenden Augenblick genau zu bestimmen, was in Donalds Kopf vorgeht. Die Hypothese ist sehr viel präziser als die Interpretation, daß Donald schlecht auf einen schlechten Tag reagierte. Sie dreht sich um ein Kommunikationsversagen und dabei wiederum nur um einen Aspekt der Kommunikation, nämlich die Übermittlung psychischer Zustände. Genau an dieser Stelle tauchen die praktischen Probleme auf, und hier können sie manchmal verhindert werden.

Ich hoffe, daß diejenigen, die einem autistischen Menschen nahestehen, mit Hilfe der Theorie dieses Buches die eigentliche Behinderung, die der Autismus verursacht, besser verstehen können. Diese Behinderung ähnelt im Prinzip eher der Blindheit oder Gehörlosigkeit als etwa der Schüchternheit. Man stelle sich vor, man wollte ein blindes Kind erziehen, ohne zu wissen, daß es blind ist. Man würde sehr ungeduldig, wenn das Kind fortwährend in irgendwelche Dinge hineinlaufen würde! Und bei einem ungeduldigen oder ärgerlichen Lehrer kann ein Kind nicht gut lernen. Es ist daher für alle Lehrer, Therapeuten, Eltern und Freunde wichtig, etwas über das Wesen der Behinderung zu wissen.

Wenn die Behinderung einmal identifiziert ist, stellt sich als nächstes die Frage: Kann man sie ausgleichen? Es gibt beispielsweise viele dyslexische Menschen, die ihre Behinderung überwinden und gut lesen lernen. Es gibt auch Beispiele autistischer Menschen, die nichtwörtliche Äußerungen verstehen lernen, die an der Körpersprache ablesen können, wenn jemand lügt, und die wissen, was sie tun müssen, damit sich andere Menschen freundlich und hilfsbereit verhalten. Ein sehr kluger autistischer Junge erkannte früh, daß er Witze nicht begriff, und er setzte hinfort seinen ganzen Ehrgeiz daran, zu lernen, die Pointe zu begreifen. Jahrelang bat er seine Eltern, ihm Karikaturen zu erklären, und begriff Pointen schließlich gut, auch wenn er sich selten über den Witz amüsieren konnte. Von geistig behinderten autistischen Kindern kann man selbstverständlich nicht erwarten, daß sie ihre Behinderung in dem Maße kompensieren, wie es manchmal in Ausnahmefällen möglich ist.

Einige dieser Menschen mögen dem Außenstehenden überhaupt nicht autistisch vorkommen. Bei einer vorstrukturierten Begegnung mag einem überhaupt nichts Seltsames auffallen. Man kann jedoch außerhalb von Routinesituationen, für die keine Konventionen und Regeln gelten, den Unterschied zwischen wohlerzogenen autistischen Menschen und nichtbehinderten Menschen feststellen. Es ist schwierig zu beurteilen, wieviel Mühe ein äußerlich normales Verhalten kostet. Wahrscheinlich denken viele, es sei der Mühe wert; andere vertreten vielleicht eine andere Meinung und beschließen, statt auf kompensatorisches Lernen abzuheben, auf die Behinderung Rücksicht zu nehmen und dies auch von anderen zu fordern.

Wir alle können auf verschiedene Behinderungen Rücksicht nehmen – man denke beispielsweise nur an Rampen für Rollstuhlfahrer. Wir können uns jedoch auch sehr intolerant verhalten, wenn wir die Art der Behinderung nicht verstehen. Anders ausgedrückt, je besser wir sie verstehen, desto besser können wir ihr entgegenkommen. Einem völlig blinden Menschen hilft man bereitwilliger, weil man sich vorstellen kann, wie es ist, überhaupt nicht zu sehen. Eine auf spezielle Weise sehbehinderte Person stößt oft auf wenig

Sympathie. Die Menschen können sich nicht vorstellen, was eine solche Teilbehinderung bedeutet. Sie fühlen sich getäuscht, wenn der Mensch mit dem weißen Stab anfängt, ein Buch zu lesen.

Ganz ähnlich könnte ein autistischer Mensch mit vielen kompensatorischen Fähigkeiten weniger Sympathie erfahren als einer, der völlig stumm und distanziert ist. „Er kann doch unmöglich autistisch sein – er hält Blickkontakt, und er redet mit mir"; diese Bemerkung hört man häufig. Ganz ähnlich hört man: „Sie kann doch nicht dyslexisch sein, sie liest doch ein Buch!" Beiden Fällen gemeinsam ist, daß der Schein trügt. Kompensatorisches Lernen ist möglich, doch das bedeutet nicht, daß die Grundbehinderung verschwindet. Außerdem gibt es beim Autismus (und der Dyslexie) genau wie bei der Sehbehinderung Abstufungen.

Wann wird Autismus heilbar sein? Vielleicht finden wir Präventions- und Therapiemöglichkeiten, wenn wir die Ätiologie gänzlich verstanden haben. Die Therapie müßte am Beginn der Ursachenkette ansetzen, die zu Autismus führt. Man könnte auf eine Behandlung spekulieren, die die Schädigung rückgängig macht, es dem Kind sozusagen ermöglicht, die Entwicklung von vorne zu beginnen. Es wäre unvernünftig, auf etwas Einfacheres zu hoffen.

Ein einschlägiges Beispiel hierfür ist das seltene Lesch-Nyham-Syndrom.[6] Die Symptome umfassen geistige Retardierung, Bewegungsauffälligkeiten, Selbstverstümmelung und Gicht. Es klingt unwahrscheinlich, doch all das geht auf eine einzige, spezifische Ursache zurück, einen Enzymdefekt der Hypoxanthin-Guanin-Phosphoribosyltransferase. Leider hat die Aufklärung der Störung bisher noch nicht zu einer erfolgreichen Therapie geführt. Man könnte denken, daß die Verabreichung des fehlenden Enzyms genügen würde, doch dem ist nicht so. Nötig ist die Behandlung der Einzelsymptome, auch wenn sie Sekundärfolgen der zugrundeliegenden Pathologie darstellen. Vielleicht würde das Enzym als Heilmittel wirken, wenn man es zum richtigen Zeitpunkt anwenden könnte, das heißt vor der Geburt.

Aus diesem Beispiel ziehe ich den Schluß, daß man unabhängig von irgendwelchen Hoffnungen auf eine biologische Heilung die psychologischen Symptome des Autismus berücksichtigen muß.

Glaubwürdige und unglaubwürdige Theorien des Autismus

Wie bei allen Störungen mit weitgehend unbekannter Ätiologie blühen hier wilde Spekulationen. Das Rätsel des schönen, autistischen Kindes, das in seiner eigenen Welt eingeschlossen ist, stellt eine unwiderstehliche Versuchung für Amateurpsychologen dar. Sie lassen sich dazu verleiten, ihre Antworten auf einige wenige Tatsachen und Beobachtungen zu stützen. Manche stellen Analogien zu oberflächlich ähnlichen Phänomenen aus anderen Bereichen her – etwa zu hospitalisierten Kindern, deprivierten, mutterlosen Affenbabies, Kindern, die sich weigern zu sprechen, schizophrenen Patienten oder sogar Möwen im Streit. Das ist keine solide Vorgehensweise. Doch woher wissen wir, welches Vorgehen glaubwürdig und solide ist?

Jede glaubwürdige Autismustheorie muß natürlich Übereinstimmung mit all dem aufweisen, was wir über die normale Entwicklung des Kindes und über die abweichende Entwicklung geistig behinderter Kinder wissen. So ist die Vorstellung absurd, daß Kinder mit einem geistigen Alter von weniger als drei Jahren unterschwellige Einstellungen anderer Menschen ihnen gegenüber erkennen könnten. Theorien, die nicht berücksichtigen, wie sehr sich die Psyche eines autistischen Kindes von der eines normalen Erwachsenen oder – auf der anderen Seite – auch eines Tieres unterscheidet, kann man nicht ernst nehmen.

In Kapitel 3, wo wir die Märchen über den Autismus diskutierten, haben wir einige davon kennengelernt. Einer der frühesten Erklärungsversuche bezog sich auf die gesegneten Narren des alten Rußland, die als vom Heiligen Geist besessen galten – was viele Jahrhunderte lang eine höchst brauchbare Theorie darstellte. Eine andere Theorie sollte das Verhalten des wilden Knaben von Aveyron erklären: das völlige Fehlen der Einflüsse von Kultur und Gesellschaft. Diese Erklärung hat sehr lange überlebt und ist ein Vorläufer der Theorie, Autismus werde durch eine gestörte Mutter-Kind-Beziehung verursacht. Wenn derartige Theorien so grundsätzlich unglaubwürdig sind, warum sind sie dann so populär? Ironischerweise sind es häufig die Eltern, die eher auf umweltbezogene statt auf genuin biologische Erklärungen hoffen.

> „Daß die Verhaltensentwicklung zumindest zeitweise durch die Umwelt gehemmt werden kann, wissen sowohl die Laien als auch die Fachleute. Es ist daher ganz natürlich, daß Eltern behinderter Kinder eifrig nach äußerlichen Gründen suchen, denen sie die beobachtete Retardierung zuschreiben können. Die Eltern hoffen inständig, daß diese Ursachen wie ein Hindernis wirken, das durch eine Therapie beseitigt werden kann oder das spontan verschwindet und die gehemmten Entwicklungskräfte freisetzt."[7]

So beschrieben 1941 Gesell und Amatruda in ihrem klassischen Werk *Developmental Diagnosis* das Problem. Die Eltern denken, wenn sie auf ursächliche Umweltfaktoren hoffen, in keiner Weise an ihr mögliches eigenes Versagen, traditionelle Therapeuten jedoch ziehen diesen Faktor meist zuerst in Betracht. Während manche immer noch die unbewiesene Ansicht vertreten, mangelnde mütterliche Fürsorge könne Autismus verursachen, könnte in Wirklichkeit das Umgekehrte der Fall sein. Eine schlechte Mutter-Kind-Beziehung – wenn sie überhaupt mit Autismus in Zusammenhang gebracht wird – dürfte eher eine Wirkung als eine Ursache von Autismus sein. Wahrscheinlich erwächst diese Vorstellung aus der metaphorischen Ausschmückung der „autistischen Isolation", die, wie andere Autismusmythen auch, eher symbolischen als wissenschaftlichen Wert besitzt.

Theorien, die den Autismus als mangelnde emotionale Anpassung oder als eine psychiatrische Störung Erwachsener begreifen, sind obsolet. Wir wissen heute, daß der Autismus eine Form geistiger Behinderung ist, die auf einer abweichenden Gehirnentwicklung beruht. Michael Rutter formulierte das 1983 so: „Es handelt sich viel eher um einen ererbten Mangel der kognitiven Ausstattung des Kindes als um eine ‚gestörte' Leistung oder Funktion einer Ausstattung, die im Grunde intakt ist."[8] Beim reinen Autismus sind nur die psychischen Funktionen betroffen, von diesen nur einige und da wiederum nur einige Aspekte. Das physische Erscheinungsbild des klassisch autistischen Kindes ist normal, die Fähigkeit, sich im Raum umherzubewegen, ist normal, die Fähigkeit, mit Dingen umzugehen, ist normal. Außerdem ist in den reinsten Fällen die Fähigkeit zur sinnlichen Wahrnehmung der Welt normal, ebenso die Fähigkeit, abstrakte Begriffe zu bilden, Ereignisse zu klassifizieren, räumliche Verhältnisse zu verstehen, Ursache und Wirkung zu begreifen und logische Schlüsse zu ziehen. Der Autismus ist eben deswegen so rätselhaft, weil das, was fehlt, so subtil ist, daß sogar in den Problembereichen der sozialen Interaktion und Kommunikation weithin Kompetenz besteht. Dieser subtile und schwer zu fassende Mangel ist es, den eine gute Theorie des Autismus identifizieren und erklären muß.

Der reine Autismus ist selten, wie die epidemiologischen Studien bewiesen haben. Autismus in Verbindung mit anderen Entwicklungsstörungen kommt sehr viel häufiger vor. Aus diesem Grunde mußte zwangsläufig Verwirrung über die wesentlichen, ursächlichen Beeinträchtigungen entstehen. Als Theoretiker kann man hier sehr leicht auf Abwege geraten. Schließlich gibt es zahlreiche autistische Kinder, die kein normales Erscheinungsbild haben, sich nicht gut bewegen können, unbeholfen im Umgang mit Dingen sind, Probleme bei der Sinneswahrnehmung haben, nicht sprechen oder beträchtliche Schwierigkeiten beim abstrakten Denken haben. Viele sind völlig von jeglicher Kommunikation abgeschnitten. All diese Beeinträchtigungen, so auffällig, schwerwiegend und behindernd sie sind, wurden hier beiseite gelassen, weil sie nicht zum Kern des Autismus gehören. Sie werden daher auch nicht von einer spezifischen Theorie des Autismus erfaßt. Ich habe mich vielmehr auf den kleinsten gemeinsamen Nenner konzentriert, der allen den Merkmalen zugrundeliegt, die sowohl bei den am wenigsten als auch den am meisten behinderten autistischen Individuen auftreten.

Um diese Kernmerkmale zu identifizieren, mußten wir unter die Oberfläche der Symptome schauen. Dann erst konnten wir den roten Faden entdecken, der sich durch die Befunde zieht. Es ist dies die Unfähigkeit, Information so zusammenzufassen, daß sie kohärente und bedeutungshaltige Vorstellungen ergibt. Die Veranlagung der Psyche, aus der Welt Sinn herauszulesen, ist gestört. Genau diese besondere Störung in der „Mechanik der Psyche" kann die wesentlichen Merkmale des Autismus erklären. Der Rest ist sekundär. Wenn wir diese Tatsache aus dem Blick verlieren, verfehlen wir auch den übergreifenden Zusammenhang.

Literaturauswahl

Die Literatur über Autismus ist riesig. Eine englische Bibliographie über 40 Jahre von 1943 bis 1983 führt über 1200 Artikel und Bücher auf. (Eine bei Belz publizierte Bibliographie zum Autismus erfaßt ca. 2000 Bücher, Monographien und andere Publikationen zwischen 1934 und 1981) In den letzten sieben Jahren hat sich diese Zahl wahrscheinlich verdoppelt. Die folgende Literatur für den interessierten Leser habe ich so zusammengestellt, daß jedes Werk als Zugang zu weiteren, relevanten Texten dienen kann. Ich habe daher Übersichtsartikeln, Büchern und späteren Beiträgen den Vorzug vor den Originalarbeiten gegeben. Ausgenommen sind Beiträge, die ausführlicher beschriebene Arbeiten und Schlußfolgerungen dokumentieren, die auf spezifischen, in Überblickswerken üblicherweise nicht zitierten Studien beruhen.

Jedem, der sich näher mit dem Thema Autismus beschäftigen möchte, bieten die folgenden Publikationen ausgezeichnete Ausgangspunkte:

Das *Journal of Autism and Developmental Disorders*, verlegt bei Plenum Press, New York. Es erscheint viermal im Jahr und enthält aktuelle Forschungsberichte. Von 1970 bis 1978 hieß es *Journal of Autism and Childhood Schizophrenia*.

Das neue *Handbook of Autism and Pervasive Developmental Disorders*, herausgegeben von Donald Cohen, Anne Donnellan und Rhea Paul (Wiley, New York) ist ein nützliches Kompendium.

Eric Schopler und Gary Mesibov sind Herausgeber der Reihe *Current Issues in Autism*, die mit etwa einer Ausgabe jährlich bei Plenum Press, New York, erscheint.

Einen knappen, doch umfassenden Überblick über die gesamte Autismusforschung, der trotz seines Erscheinungsdatums 1981 immer noch lesenswert ist, bringen M. DeMayer, J. N. Hintgen und R. K. Jackson *Infantile Autism Reviewed: A Decade of Research*. In: *Schizophrenia Bulletin* 7, S. 388–451

Ein von Michael Rutter und Eric Schopler herausgegebener und 1978 bei Plenum Press, New York, veröffentlichter Band mit dem Titel *Autism: A Reappraisal of Concepts and Treatment* enthält verschiedene Forschungsberichte, die immer noch nützlich sind.

Lorna Wings Buch *Autistic Children: A Guide for Parents* ist unschätzbar für jeden, der sich vorwiegend mit praktischen Fragen beschäftigt. Das Buch erschien 1971 bei Constable, London, und wurde in zahlreiche Sprachen übersetzt. Deutsch: *Das autistische Kind. Wie Erziehungsschwierigkeiten und Verhaltensstörungen überwunden werden können*. Ravensburg (Otto Maier Verlag) 1973.

Wer sich näher über die Auswirkungen geistiger Behinderung informieren möchte, dem empfehle ich Janet Carrs engagiertes und kenntnisreiches Kapitel *The Severly Retarded Autistic Child* in: *Early Childhood Autism: Clinical, Educational and Social Aspects*, herausgegeben von Lorna Wing, Oxford (Pergamon) 1976[2].

Information über das autistische Kind mit normaler Intelligenz enthält Digby Tantams Büchlein *A Mind of One's One: A Guide to the Special Difficulties and Needs of the More Able Autistic Person for Parents, Professionals, and Autistic People*, erschienen bei der National Autistic Society, London, 1988.

Autism and Asperger's Syndrome von Frith, U. (Hrsg.), Cambridge University Press, 1991) enthält Kapitel von L. Wing, C. Gillberg, D. Tantam und M. Dewey.

The Annotated Bibliography of Autism 1943–1983 von Tari, A. J., Clewes, J. T. und Semple, S. J. (Hrsg.), die 1985 bei der Ontario Society for Autistic Children, Guelph, erschien, ist nützlich als Überblick und als Anleitung bei der Literatursuche.

Eine Auswahl deutschsprachiger Sach- und Fachbücher:

Innerhofer, P.; Klicpera, C. *Die Welt des frühkindlichen Autismus*. München (Ernst Reinhardt) 1988.

Kusch, M.; Petermann, F. *Entwicklung autistischer Störungen*. Bern (Huber) 1990.

Wing, J. K. (Hrsg.) *Frühkindlicher Autismus. Klinische, pädagogische und soziale Aspekte*. 3. ergänzte und überarbeitete Auflage. Weinheim (Beltz) 1987.

Kehrer, H. E. *Kindlicher Autismus*. Basel (E. Karger) 1978. Mit einem Aufsatz der Autorin über: Sprache und Denken bei autistischen Kindern.

Kehrer, H. E. *Bibliographie über den kindlichen Autismus*. (von 1934–1981) Weinheim (Beltz) 1982.

Anmerkungen

Anmerkungen zu Kapitel 1

1   Kanner, L. *Autistic Disturbances of Affective Contact*. In: *Nervous Child* 2 (1943) S. 217–250.
2   Asperger, H. *Die „Autistischen Psychopathen" im Kindesalter*. In: *Archiv für Psychiatrie und Nervenkrankheiten* 117 (1944) S. 76–136.
3   Tantam, D. *Asperger's Syndrome. Annotation*. In: *Journal of Child Psychology and Psychiatry* 29 (1988) S. 245–255.
4   *Diagnostisches und Statistisches Manual Psychischer Störungen DSM III-R*. Übersetzung der Revision der 3. Auflage des *Diagnostic and Statistical Manual of Mental Disorders* der *American Psychiatric Association*. Weinheim/Basel (Beltz) 1989.
5   *Diagnoseschlüssel und Glossar psychischer Krankheiten*. Deutsche Ausgabe der Internationalen Klassifikation der Krankheiten der WHO ICD, 9. Revision, Kapitel V. Berlin/Heidelberg/New York (Springer) 1980.
6   Rutter, M.; Schopler, E. *Autism and Pervasive Developmental Disorders: Concepts and Diagnostic Issues*. In: *Journal of Autism and Developmental Disorders* 17 (1987) S. 159–186.
7   Rutter, M.; Hersov, L. (Hrsg.) *Child and Adolescent Psychiatry: Modern Approaches*. Oxford (Blackwell) 1985[2].
8   Park, C. C. *The Siege: The First Eight Years of an Autistic Child*. 2. Auflage mit einem Epilog *Fifteen Years After*. Boston (Atlantic-Little, Brown) 1987.
9   Everard, P. *Involuntary Strangers*. London (John Clare) 1980.
10 Lovell, A. *In a Summer Garment: The Experience of an Autistic Child*. London (Secker & Warburg) 1978; als Taschenbuch unter dem Titel *Simple Simon*. London (Lion Publishers) 1983.
11 Schopler, E.; Mesibov, G. B. (Hrsg.) *Autism in Adolescents and Adults*. New York (Plenum Press) 1983.

Anmerkungen zu Kapitel 2

1   Lane, H. *The Wild Boy of Aveyron*. Cambridge (Harvard University Press) London (Allen & Unwin) 1977. Taschenbuchausgabe (Granada) 1979.
2   Feuerbach, A. Ritter von *Kaspar Hauser oder Beispiel eines Verbrechens am Seelenleben des Menschen*. (Originalausgabe 1833) Stuttgart (Klett) 1984.
3   Curtiss, S. *Genie: A Psychological Study of a Modern-day „Wild Child"*. New York (Academic Press) 1977.
4   Skuse, D. *Extreme Deprivation in Early Childhood. II. Theoretical Issues and a Comparative Review*. In: *Journal of Clinical Psychology and Psychiatry* 25 (1984) S. 543–572.

Anmerkungen zu Kapitel 3

1 Challis, N.; Dewey, H. W. *The Blessed Fools of Old Russia*. In: *Jahrbücher für Geschichte Osteuropas* NS 22 (1974) S. 1–11.

2 *Die Blümlein des heiligen Franziskus von Assisi*. Nach der Ausgabe der Tipographia Metastasio, Assisi 1901. Frankfurt/Main (Insel) 1973.

3 Wyndham, J. *Kuckuckskinder*. Frankfurt/M. (Suhrkamp) 1991.

4 Hoffmann, E. T. A. *Sämtliche Werke*. 6 Bände, von Steinecke, H. (Hrsg.) Frankfurt/Main (Deutscher Klassiker Verlag).

5 Dick, P. K. *Blade Runner*. München (Heyne) 1982.

6 Weizenbaum, J. *Die Macht der Computer und die Ohnmacht der Vernunft*. Frankfurt/Main (Suhrkamp) 1978.

7 Lodge, D. *Schnitzeljagd*. Frankfurt/Main (Ullstein) 1987.

Anmerkungen zu Kapitel 4

1 Lotter, V. *Epidemiology of Autistic Conditions in Young Children: I. Prevalence*. In: *Social Psychiatry* 1 (1966) S. 124–137.

2 Lotter, V. *Epidemiology of Autistic Conditions in Young Children: II. Some Characteristics of the Parents and Children*. In: *Social Psychiatry* 1 (1967) S. 163–173.

3 Bryson, S. E.; Clark, B. S.; Smith, I. M. *First Report of a Canadian Epidemiological Study of Autistic Syndromes*. In: *Journal of Child Psychology and Psychiatry* 29 (1988) S. 433–445.

4 Lord, C.; Schopler, E.; Revicki, D. *Sex Differences in Autism*. In: *Journal of Autism and Developmental Disorders* 12 (1982) S. 317–330.

5 Wing, L. *Sex Ratios in Early Childhood Autism and Related Conditions*. In: *Psychiatry Research* 5 (1981) S. 129–137.

6 Newson, E.; Dawson, M.; Everard, P. *The Natural History of Able Autistic People: Their Management in Social Context. Summary of the Report to the DHSS in Four Parts*. In: *Communication* 18 (1984) S. 1–4 und *Communication* 19 (1984) S. 1–2.

7 Rutter, M.; Lockyer, L. *A five to fifteen Year Follow-up Study of Infantile Psychosis: I. Description of Sample*. In: *British Journal of Psychiatry* 113 (1967) S. 1169–1182.

8 Freeman, B. J.; Ritvo, E. R.; Needleman, R.; Yokota, A. *The Stability of Cognitive and Linguistic Parameters in Autism: A Five-year Prospective Study*. In: *Journal of the American Academy of Child Psychiatry* 24 (1985) S. 459–464.

9 Steinhausen, H. C.; Gobel, D.; Breinlinger, M.; Wohlleben, B. *A Community Survey of Infantile Autism*. In: *Journal of the American Academy of Child Psychiatry* 25 (1986) S. 186–189.

10 Goldstein, G. I.; Lancy, D. F. *Cognitive Development in Autistic Children*. In: Siegel, L. S.; Morrison, F. J. (Hrsg.) *Cognitive Development in Atypical Children: Progress in Cognitive Development Research*. New York (Springer) 1985.

11 Schopler, E.; Andrews, C. E.; Strupp, K. *Do Autistic Children Come From Middle Class Parents?* In: *Journal of Autism and Developmental Disorders* 9 (1979) S. 139–152.

12 Wing, L. *Childhood Autism and Social Class: A Question of Selection?* In: *British Journal of Psychiatry* 137 (1980) S. 410–417.

13 Gillberg, C. *Infantile Autism and Other Childhood Psychoses in a Swedish Region: Epidemiological Aspects.* In: *Journal of Child Psychology and Psychiatry* 25 (1984) S. 35–43.

14 Green, W. H.; Campbell, M.; Hardesty, A. S.; Grega, D. M.; Padron-Gayol, M.; Shell, J.; Erlenmeyer-Kimling, L. *A Comparison of Schizophrenic and Autistic Children.* In: *Journal of the American Academy of Child Psychiatry* 23 (1984) S. 399–409.

15 Wolff, S.; Narayan, S.; Moyes, B. *Personality Characteristics of Parents of Autistic Children.* In: *Journal of Child Psychology and Psychiatry* 29 (1988) S. 143–153.

16 Wing, L.; Gould, J. *Severe Impairments of Social Interaction and Associated Abnormalities in Children: Epidemiology and Classification.* In: *Journal of Autism and Developmental Disorders* 9 (1979) S. 11–30.

17 Wing, L.; Attwood, A. J. *Syndromes of Autism and Atypical Development.* In: Cohen, D. J.; Donnellan, A.; Paul, R. (Hrsg.) *Handbook of Autism and Pervasive Developmental Disorders.* New York (Wiley) 1987.

18 *Diagnostisches und Statistisches Manual Psychischer Störungen DSM III-R.* Übersetzung der Revision der 3. Auflage des *Diagnostic and Statistical Manual of Mental Disorders* der *American Psychiatric Association.* Weinheim/Basel (Beltz) 1989.

19 Wing, L. *The Continuum of Autistic Characteristics.* In: Schopler, E.; Mesibov, G. B. (Hrsg.) *Diagnosis and Assessment.* New York (Plenum Press) 1988.

20 Kolvin, I. et al. *Studies in the Childhood Psychoses I to VI.* In: *Bristish Journal of Psychiatry* 118 (1971) S. 381–419.

21 Green et al. (siehe Anm. 14).

22 Petty, L.; Ornitz, E. M.; Michelman, J. D.; Zimmerman, E. G. *Autistic Children Who Become Schizophrenic.* In: *Archives of General Psychiatry* 41 (1984) S. 129–135.

23 Ornitz, E. M.; Guthrie, D.; Farley, A. H. *The Early Development of Autistic Children.* In: *Journal of Autism and Childhood Schizophrenia* 7 (1977) S. 207–230.

24 Newson et al. (siehe Anm. 6).

25 Knobloch, H.; Pasamanick, B. *Some Etiologic and Prognostic Factors in Early Infantile Autism and Psychosis.* In: *Pediatrics* 55 (1975) S. 182–191.

Anmerkungen zu Kapitel 5

1 Thompson, A. M. *Adam – A severly Deprived Colombian Orphan: A Case Report.* In: *Journal of Child Psychology and Psychiatry* 27 (1986) S. 689–695.

2 Gillberg, C.; Steffenburg, S. *Outcome and Prognostic Factors in Infantile Autism and Similar Conditions: A Population-based Study of 46 Cases Followed Through Puberty.* In: *Journal of Autism and Developmental Disorders* 17 (1987) S. 273–287.

3 Coleman, M.; Gillberg, C. *The Biology of the Autistic Syndromes.* New York (Praeger) 1985.

4 Schopler, E.; Mesibov, G. B. (Hrsg.) *Neurobiological Issues in Autism.* New York (Plenum Press) 1987.

5 Wing, L. (Hrsg.) *Aspects of Autism: Biological Research.* London (Gaskell, Royal College of Psychiatrists) 1988.

6   Bauman, M. L.; Kemper, T. L. *Histoanatomic Observations of the Brain in Early Infantile Autism*. In: *Neurology* 35 (1985) S. 866–874.

7   Walker, H. A. *A Dermatoglyphic Study of Autistic Patients*. In: *Journal of Autism and Childhood Schizophrenia* 7 (1978) S. 11–21.

8   Soper, H. V.; Satz, P.; Orsini, D. L.; Henry, R. R.; Zvi, J. C.; Schulman, M. *Handedness Patterns in Autism Suggest Subtypes*. In: *Journal of Autism and Developmental Disorders* 16 (1986) S. 155–166.

9   Delong, G. R. *A Neuropsychologic Interpretation of Infantile Autism*. In: Rutter, M.; Schopler, E. (Hrsg.) *Autism: A Reappraisal of Concepts and Treatment*. New York (Plenum Press) 1978.

10 Fein, D.; Humes, M.; Kaplan, E.; Lucci, D.; Waterhouse, L. *The Question of Left Hemisphere Dysfunction in Infantile Autism*. In: *Psychological Bulletin* 95 (1984) S. 258–281.

11 Courchesne. E., Yeung-Courchesne, R.; Press, G. A.; Hesselink, J. R.; Jernigan, T. L. *Hypoplasia of Cerebeller Lobules VI and VII in Autism*. In: *New England Journal of Medicine* 318 (1988) S. 1349–1354.

12 Anderson, G. M.; Hoshino, Y. *Neurochemical Studies of Autism*. In: Cohen, D. J.; Donnellan, A.; Paul, R. (Hrsg.) *Handbook of Autism and Pervasive Developmental Disorders*. New York (Wiley) 1987.

13 James, A. L.; Barry, R. J. *A Review of Psychophysiology in Early Onset Psychosis*. In: *Schizophrenia Bulletin* 6 (1980) S. 506–525.

14 Damasio, A. R.; Maurer, R. G. *A Neurological Model for Childhood Autism*. In: *Archives of Neurology* 35 (1978) S. 777–786.

15 Hetzler, B. E.; Griffin, J. L. *Infantile Autism and the Temporal Lobe of the Brain*. In: *Journal of Autism and Developmental Disorders* 11 (1981) S. 317–330.

16 Ridley, R.; Baker, H. *Is There a Relationship Between Social Isolation, Cognitive Inflexibility, and Behavioral Stereotypy?* In: Miczek, K. (Hrsg.): *Ethopharmacology: Primate Models of Neuropsychiatric Disorders*. New York (Liss) 1983.

17 Rumsey, J. M.; Hamburger, S. D. *Neuropsychological Findings in High-functioning Men With Infantile Autism, Residual State*. In: *Journal of Clinical and Experimental Neuropsychology* 10 (1988) S. 201–221.

18 Fein, D.; Pennington, B.; Markovitz, P.; Braverman, M.; Waterhouse, L. *Toward a Neuropsychological Model of Infantile Autism: Are the Social Deficits Primary?* In: *Journal of American Academic Childhood Psychiatry* 25 (1986) S. 198–212.

19 Folstein, S.; Rutter, M. *Infantile Autism: A Genetic Study of 21 Twin Pairs*. In: *Journal of Child Psychology and Psychiatry* 18 (1977) S. 297–321.

20 Fish, G. S.; Cohen, I. L.; Wolf, E. G.; Brown, W. T.; Jenkins, E. C.; Gross, A. *Autism and the Fragile-X Syndrome*. In: *American Journal of Psychiatry* 143 (1986) S. 71–73.

21 Kolvin, I.; Ounsted, C.; Roth, M. *Studies in the Childhood Psychoses. V. Cerebral Dysfunction und Childhood Psychoses*. In: *British Journal of Psychiatry* 118 (1971) S. 407–414.

22 Konstantareas, M. *Early Developmental Backgrounds of Autistic and Mentally Retarded Children. Future Research Directions*. In: *Psychiatric Clinics of North America* 9 (1986) S. 671–688.

23 Stubbs, E. G. *The Viral-autoimmune Hypothesis. Does Intrauterine Cytomegalovirus Plus Antibodies Contribute to Autism?* In: Wing. L. (Hrsg.) *Aspects of Autism: Biological Research*. London (Gaskell, Royal College of Psychiatrists) 1988.

24 Wing, L. *Mentally Retarded Children in Camberwell (London)*. In: Hafner, H. (Hrsg.) *Estimating Needs for Mental Health Care*. Berlin (Springer) 1979.
25 Gillberg, C.; Anderson, L.; Steffenburg, S.; Borjesson, B. *Infantile Autism in Children of Immigrant Parents. A Population-based Study in Göteborg, Sweden*. In: *British Journal of Psychiatry* 150 (1987) S. 856–858.

Anmerkungen zu Kapitel 6

1 Gesell, A.; Amatruda, C. S. *Developmental Diagnosis – Normal and Abnormal Development*. 3. revidierte Auflage. New York (Harper & Row) 1974.
2 Kanner, L. *Follow-up Study of Eleven Autistic Children Originally Reported in 1943*. In: *Journal of Autism and Childhood Schizophrenia* 1 (1971) S. 119–145.
3 Lockyer, L.; Rutter, M. *A Five to Fifteen Year Follow-up Study of Infantile Psychosis: IV. Patterns of Cognitive Ability*. In: *British Journal of Social and Clinical Psychology* 9 (1970) S. 152–163.
4 Waterhouse, L.; Fein, D. *Developmental Trends in Cognitive Skills for Children Diagnosed as Autistic and Schizophrenic*. In: *Child Development* 55 (1984) S. 236–248.
5 Selfe, L. *Nadia: A Case of Extraordinary Drawing Ability in an Autistic Child*. London (Academic Press) 1977.
6 Wiltshire, S. *Drawings: Selected and With an Introduction by Sir Hugh Casson*. London (Dent) 1987.
7 O'Connor, N.; Hermelin, B. *Low Intelligence and Special Abilities. Annotation*. In: *Journal of Child Psychology and Psychiatry* 29 (1988) S. 391–396.
8 Asarnow, R. F.; Tanguay, P. E.; Bott, L.; Freeman, B. J. *Patterns of Intellectual Functioning in Non-retarded Autistic and Schizophrenic Children*. In: *Journal of Child Psychology and Psychiatry* 28 (1987) S. 273–280.
9 Ohta, M. *Cognitive Disorders of Infantile Autism: A Study Employing the WISC, Spatial Relationship Conceptualization and Gesture Limitations*. In: *Journal of Autism and Developmental Disorders* 17 (1987) S. 45–62.
10 Carraher, T. N.; Carraher, D. W.; Schliemann, A. D. *Mathematics in the Streets and Schools*. In: *British Journal of Developmental Psychology* 3 (1985) S. 21–29.
11 Donaldson, M. *Wie Kinder denken*. Bern (Huber) 1982.
12 Hermelin, B.; O'Connor, N. *Psychological Experiments With Autistic Children*. Oxford (Pergamon) 1970.
13 Frith, U. *Studies in Pattern Detection in Normal and Autistic Children: I. Immediate Recall of Auditory Sequences*. In: *Journal of Abnormal Psychology* 76 (1970) S. 413–420.
14 Aurnhammer-Frith, U. *Emphasis and Meaning in Recall in Normal and Autistic Children*. In: *Language and Speech* 12 (1969) S. 29–38.
15 Frith, U. *Studies in Pattern Detection in Normal and Autistic Children: II. Reproduction and Production of Color Sequences*. In: *Journal of Experimental Child Psychology* 10 (1970) S. 120–135.
16 Shah, A. ; Frith, U. *An Islet of Ability in Autistic Children: A Research Note*. In: *Journal of Child Psychology and Psychiatry* 24/4 (1983) S. 613–620.
17 Kolinsky, R.; Morais, J.; Content, A. *Finding Parts Within Figures: A Developmental Study*. In: *Perception* 16 (1987) S. 399–407.
18 Witkin, H. A.; Goodenough, D. R. *Cognitive Styles: Essence and Origins*. New York (International University Press) 1981.

Anmerkungen zu Kapitel 7

1 Bemporad, J. R. *Adult Recollections of a Formerly Autistic Child*. In: *Journal of Autism and Developmental Disorders* 9 (1979) S. 179–198.

2 Frith, U.; Baron-Cohen, S. *Perception in Autistic Children*. In: Cohen, D. J.; Donnellan, A.; Paul, R. (Hrsg.) *Handbook of Autism and Pervasive Developmental Disorders*. New York (Wiley) 1987.

3 Borges, J. L. *Das unerbittliche Gedächtnis*. In: *Gesammelte Werke. Erzählungen Band I*. München (Hanser) 1981.

4 Schopler, E. *Early Infantile Autism and Receptor Processes*. In: *Archives of General Psychiatry* 13 (1965) S. 327.

5 Hermelin, B.; O'Connor, N. *Psychological Experiments With Autistic Children*. Oxford (Pergamon) 1970.

6 Ungerer, J. A.; Sigman, M. *Categorization of Skills and Receptive Language Development in Autistic Children*. In: *Journal of Autism and Developmental Disorders* 17 (1987) S. 3–16.

7 Lovaas, O. I.; Koegel, R. L.; Schreibman, L. *Stimulus Overselectivity in Autism: A Review of Research*. In: *Psychological Bulletin* 86 (1979) S. 1236–1254.

8 Weeks, S. J.; Hobson, R. P. *The Salience of Facial Expression for Autistic Children*. In: *Journal of Child Psychology and Psychiatry* 28 (1987) S. 137–152.

9 Park, D.; Youderian, P. *Light and Number: Ordering Principles in the World of an Autistic Child*. In: *Journal of Autism and Childhood Schizophrenia* 4 (1974) S. 313–323.

10 Grandin, T.; Scariano, M. *Emergence Labelled Autistic*. Tunbridge Wells (Costello) 1986.

11 Frith, U.; Hermelin, B. *The Role of Visual and Motor Cues for Normal, Subnormal and Autistic Children*. In: *Journal of Child Psychology and Psychiatry* 10 (1969) S. 153–163.

12 Perec, G. *Das Leben. Gebrauchsanweisung*. Reinbek (Rowohlt) 1991.

13 Frith. C. D.; Done, D. J. *Stereotyped Behavior in Madness and in Health*. In: Cooper, S. F.; Dourish, C. T. (Hrsg.) *The Neurobiology of Behavioral Stereotypy*. Oxford (Oxford University Press) im Druck.

14 Berkson, G.; Davenport jr., R. K. *Stereotyped Movements of Mental Defectives: I. Initial Survey*. In: *American Journal of Mental Deficiency* 66 (1962) S. 849–852.

15 Murphy, G. *Self-injurious Behavior in the Mentally Handicapped: An Update*. In: *Association of Child Psychology and Psychiatry Newsletter* 7 (1985) S. 2–11.

16 Asendorpf, J. *Nichtreaktive Streßmessung: Bewegungsstereotypien als Aktivierungsindikatoren*. In: *Zeitschrift für experimentelle und angewandte Psychologie* 27 (1980) S. 44–58.

17 Ridley, R.; Baker, H. F. *Is There a Relationship Between Social Isolation, Cognitive Inflexibility and Behavioral Stereotypy? An Analysis of the Effects of Amphetamine in the Marmoset*. In: Miczek, K. A. (Hrsg.) *Ethopharmacology: Primate Models of Neuropsychiatric Disorders*. New York (Liss) 1983.

18 Frith, U. *Cognitive Mechanisms in Autism: Experiments With Color and Tone Sequence Production*. In: *Journal of Autism and Childhood Schizophrenia* 2 (1972) S. 160–173.

19 Boucher, J. *Alternation and Sequencing Behavior, and Response to Novelty in Autistic Children*. In: *Journal of Child Psychology and Psychiatry* 18 (1977) S. 67–72.

Anmerkungen zu Kapitel 8

1　Paul, R. *Communication*. In: Cohen, D. J.; Donnellan, A.; Paul, R. (Hrsg.) *Handbook of Autism and Pervasive Developmental Disorders*. New York (Wiley) 1987.

2　Schopler, E.; Mesibov, G. (Hrsg.) *Communication Problems in Autism*. New York (Plenum Press) 1985.

3　Fay, W. H.; Schuler, A. L. *Emerging Language in Autistic Children*. Baltimore (University Park Press) London (Arnold) 1980.

4　Baron-Cohen, S. *Social and Pragmatic Deficits in Autism: Cognitive or Affective?* In: *Journal of Autism and Developmental Disorders* 18 (1988) S. 379–402.

5　Tager-Flusberg, H. *A Psycholinguistic Perspective on Language Development in the Autistic Child*. In: Dawson, G. (Hrsg,) *Autism: New Directions on Diagnosis, Nature and Treatment*. New York (Guildford Press) im Druck

6　Bartak, L.; Rutter, M.; Cox, A. *A Comparative Study of Infantile Autism and Specific Developmental Receptive Language Disorders: I. The Children*. In: *British Journal of Psychiatry* 126 (1975) S. 127–145.

7　Cantwell, D.; Baker, L.; Rutter, M. *A Comparative Study of Infantile Autism and Specific Developmental Receptive Language Disorders: IV: Analysis of Syntax and Language Function*. In: *Journal of Child Psychology and Psychiatry* 19 (1978) S. 351–362.

8　Schuler, A.; Prizant, B. M. *Echolalia*. In: Schopler, E.; Mesibov, G. B. (Hrsg.) *Communication Problems in Autism*. New York (Plenum Press) 1985.

9　Kanner, L. *Irrelevant and Metaphorical Language in Early Infantile Autism*. In: *American Journal of Psychiatry* 103 (1946) S. 242–246.

10　Bartak, L.; Rutter, M. *The Use of Personal Pronouns by Autistic Children*. In: *Journal of Autism and Childhood Schizophrenia* 4 (1974) S. 217–222.

11　Karmiloff-Smith, A. *Language and Cognitive Processes From a Developmental Perspective*. In: *Language and Cognitive Processes* 1 (1985) S. 61–85.

12　Snowling, M.; Frith, U. *Comprehension in „Hyperlexic" Readers*. In: *Journal of Experimental Child Psychology* 42 (1986) S. 392–415.

13　Grandin, T.; Scariano, M. *Emergence Labelled Autistic*. Tunbridge Wells (Costello) 1986.

14　Curcio, F; Paccia, J. *Conversations With Autistic Children: Contingent Relationships Between Features of Adult and Children's Response Adequacy*. In: *Journal of Autism and Developmental Disorders* 17 (1987) S. 81–93.

15　Baltaxe, C. A. M. *Pragmatic Deficits in the Language of Autistic Adolescents*. In: *Journal of Pediatric Psychology* 2 (1977) S. 176–180.

16　Baltaxe, C. A. M.; Simmons, J. Q. *Prosodic Development in Normal and Autistic Children*. In: Schopler, E.; Mesibov, G. (Hrsg.) *Communication Problems in Autism*. New York (Plenum Press) 1985.

17　Sperber, D.; Wilson, D. *Relevance, Communication and Cognition*. Oxford (Blackwell) 1986.

18　Nach dem Roman *Being There* von Jerzy Kosinski, London (Black Swan) 1980.

Anmerkungen zu Kapitel 9

1   Volkmar, F. R.; Sparrow, S. S.; Goudereau, D.; Cicchetti, D. V.; Paul, R.; Cohen, D. J. *Social Deficits in Autism: An Operational Approach Using the Vineland Adaptive Behavior Scales*. In: *Journal of the American Academy of Child Psychiatry* 26 (1987) S. 156–161.

2   Hermelin, B.; O'Connor, N. *Psychological Experiments With Autistic Children*. Oxford (Pergamon) 1970.

3   Rutter, M. *Cognitive Deficits in the Pathogenesis of Autism*. In: *Journal of Child Psychology and Psychiatry* 24 (1983) S. 513–531.

4   Knobloch, H.; Pasamanick, B. *Some Etiologic and Prognostic Factors in Early Infantile Autism and Psychosis*. In: *Pediatrics* 55 (1975) S. 182–191.

5   Sigman, M.; Ungerer, J. A. *Attachment Behaviors in Autistic Children*. In: *Journal of Autism and Developmental Disorders* 14 (1984) S. 231–244.

6   Sigman, M.; Mundy, P.; Sherman, T.; Ungerer, J. *Social Interactions of Autistic, Mentally Retarded, and Normal Children and Their Caregivers*. In: *Journal of Child Psychology and Psychiatry* 27 (1986) S. 647–656.

7   Mundy, P.; Sigman, M.; Ungerer, J; Sherman, T. *Defining the Social Deficits of Autism: The Contribution of Non-verbal Communication Measures*. In: *Journal of Child Psychology and Psychiatry* 27 (1986) S. 657–669.

8   Loveland, K. A.; Landry, S. H. *Joint Attention and Language in Autism and Developmental Language Delay*. In: *Journal of Autism and Developmental Disorders* 16 (1986) S. 335–349.

9   Curcio, F. *Sensorimotor Functioning and Communication in Mute Autistic Children*. In: *Journal of Autism and Childhood Schizophrenia* 8 (1978) S. 281–292.

10 Hobson, R. P. *The Autistic Child's Appraisal of Expressions of Emotion*. In: *Journal of Child Pyschology and Psychiatry* 27 (1986a) S. 321–342.

11 Hobson, R. P. *The Autistic Child's Appraisal of Emotion: A Further Study*. In: *Journal of Child Pyschology and Psychiatry* 27 (1986b) S. 671–680.

12 Ricks, D. M.; Wing, L. *Language, Communication and the Use of Symbols in Normal and Autistic Children*. In: Wing, L. (Hrsg.) *Early Childhood Autism: Clinical, Educational and Social Aspects*. Oxford (Pergamon) 1976².

13 Attwood, A. H.; Frith, U.; Hermelin, B. *The Understanding and Use of Interpersonal Gestures by Autistic and Down's Syndrome Children*. In: *Journal of Autism and Developmental Disorders* 18 (1988) S. 241–257.

14 Astington, J. W.; Harris, P. L.; Olson, D. R. (Hrsg.) *Developing Theories of Mind*. Cambridge (Cambridge University Press) 1988.

15 Premack, D.; Woodruff, G. *Does the Chimpanzee Have a Theory of Mind?* In: *Behavioural and Brain Sciences* 4 (1978) S. 515–526.

16 Wimmer, H.; Perner, J. *Beliefs About Beliefs: Representation and Constraining Function of Wrong Beliefs in Young Children's Understanding of Deception*. In: *Cognition* 13 (1983) S. 103–128.

Anmerkungen zu Kapitel 10

1   Nicolson, B.; Wright, C. *Georges de la Tour*. London (Phaidon) 1974.

2   Wimmer, H.; Perner, J. (siehe Kapitel 9, Anmerkung 16).

3   Baron-Cohen, S.; Leslie, A. M.; Frith, U. *Does the Autistic Child Have a „Theory of Mind"?* In: *Cognition* 21 (1985) S. 37–46.

4   Leslie, A. M.; Frith, U. *Autistic Children's Understanding of Seeing, Knowing and Believing*. In: *British Journal of Developmental Psychology* 4 (1988) S. 315–324.

5   Perner, J.; Frith, U.; Leslie, A. M.; Leekam, S. R. *Exploration of the Autistic Child's Theory of Mind: Knowledge, Belief and Communication*. In: *Child Development* im Druck

6   Baron-Cohen, S.; Leslie, A. M.; Frith, U. *Mechanical, Behavioural and Intentional Understanding of Picture Stories in Autistic Children*. In: *British Journal of Developmental Psychology* 4 (1986) S. 113–125.

7   Landolfi, T. *Gogols Frau*. In: *Nachtschatten. Erzählungen Band I*. Reinbek (Rowohlt) 1987.

8   Leslie, A. M. *Pretense and Representation: The Origins of „Theory of Mind"*. In: *Psychological Review* 94 (1987) S. 412–426.

9   Wing, L. *Language, Social and Cognitive Impairments in Autism and Severe Mental Retardation*. In: *Journal of Autism and Developmental Disorders* 11 (1981) S. 31–44.

10 Premack, D. *Gavagai! Or the Future History of the Animal Language Controversy*. Cambridge (MIT Press) 1986.

Anmerkungen zu Kapitel 11

1   Perner, J.; Frith, U.; Leslie, A. M.; Leekam, S. R. *Exploration of the Autistic Child's Theory of Mind: Knowledge, Belief and Communication*. In: *Child Development* im Druck

2   Coleman, M.; Gillberg, C. *The Biology of Autistic Syndromes*. New York (Praeger) 1985.

3   Sperber, D.; Wilson, D. *Relevance, Communication and Cognition*. Oxford (Blackwell) 1986 S. 15.

4   Rutter, M; Bartak, L. *Special Education Treatment of Autistic Children: A Comparative Study: I. Follow-up Findings and Implications for Services*. In: *Journal of Child Psychology and Psychiatry* 14 (1973) S. 241–270.

5   Howlin, P.; Rutter, M. (mit Berger, M.; Hemsley, R.; Hersov, L.; Yule, W.) *Treatment of Autistic Children*. Chichester (Wiley) 1987.

6   Nyhan, W. L. *The Lesch-Nyhan Syndrome*. In: *Developmental Medicine and Child Neurology* 20 (1978) S. 376–378.

7   Gesell, A.; Amatruda, C. S. *Developmental Diagnosis – Normal and Abnormal Development*. 3. revidierte Auflage. New York (Harper & Row) 1974 (1. Auflage 1941).

8   Rutter, M. *Cognitve Deficits in the Pathogenesis of Autism*. In: *Journal of Child Psychology and Psychiatry* 24 (1983) S. 513–531.

Index

Y

Z

SPEKTRUM

John R. Anderson
Kognitive Psychologie
432 Seiten, DM 66,–
ISBN 3-89330-703-6

John D. Barrow
Theorien für Alles
288 Seiten, DM 48,–
ISBN 3-86025-045-0

„Alles" ist ein großes
Wort. Dennoch glauben
moderne Naturwissen-
schaftler, sie hätten ei-
nen Schlüssel zur ein-
heitlichen Theorie des
Mikro- und Makrokos-
mos gefunden. Die phi-
losophischen Probleme
einer solchen physikali-
schen Theorie sind The-
ma dieses Buches.

Robert Kail
**Gedächtnisentwicklung
bei Kindern**
160 Seiten, DM 48,–
ISBN 3-86025-043-4

Die vorliegende Einfüh-
rung in die Entwick-
lungspsychologie des
Gedächtnisses vermittelt
Studenten einen ausge-
zeichneten Überblick
über Lernen und kogniti-
ve Entwicklung bei Kin-
dern.

Robert Kail,
James W. Pellegrino
**Menschliche
Intelligenz**
192 Seiten, DM 38,–
ISBN 3-89330-702-8

Marion Kauke
Spielintelligenz
199 Seiten, DM 68,–
ISBN 3-89330-666-8

Spiel ist ein komplexes
Geschehen. Aber das Le-
sen des Buches ist
gleichwohl ein spieleri-
sches Vergnügen, das
neugierig auf mehr Ver-
ständnis macht.

Irvin Rock
Wahrnehmung
232 Seiten, DM 68,–
ISBN 3-922508-71-5

Roger N. Shepard
**Ansichten und
Einblicke**
248 Seiten, DM 54,–
ISBN 3-89330-660-9

Sally P. Springer,
Georg Deutsch
**Linkes Gehirn /
Rechtes Gehirn**
288 Seiten, DM 49,80
ISBN 3-86025-007-8

Die Neuauflage dieses
eingeführten Lehrbuches
vermittelt grundlegende
Erkenntnisse zur Hemi-
sphärenasymmetrie aus
der Split-Brain- und der
neuropsychologischen
Forschung.

**Wahrnehmung und
visuelles System**
Mit einer Einführung von
Manfred Ritter
224 Seiten, DM 38,80
ISBN 3-922508-36-7

Robert W. Weisberg
**Kreativität und
Begabung**
208 Seiten, DM 38,–
ISBN 3-89330-698-6

Spektrum
AKADEMISCHER VERLAG

SACH- UND FACHBÜCHER